注意力交響樂：
運用音樂活動改善
孩子的注意力

蕭瑞玲、孟瑛如　著

作者簡介

蕭 瑞 玲

學歷：國立清華大學特殊教育研究所碩士

　　　美國維吉尼亞州 Shenandoah 大學音樂治療學士

現職：社團法人新竹聲暉協會音樂治療師

　　　個人工作室

經歷：財團法人新竹市天主教仁愛社會福利基金會音樂治療師

　　　長庚醫療財團法人高雄紀念醫院音樂治療師

　　　中國文化大學推廣部講師

專長：音樂治療

譯作：《音樂治療的經營管理方針：行政管理與領導力》（合譯）

孟 瑛 如

學歷：美國匹茲堡大學特殊教育博士

　　　美國匹茲堡大學教育輔導碩士

現職：國立清華大學特殊教育學系教授

專長：學習障礙、情緒行為障礙

作者序（一）

　　南韓棋王李世乭與 Google 人工智慧程式 AlphaGo 的「世紀之戰」是最近受人矚目的新聞，但是引起我注意的是李世乭所說的一段話。他表示：「機器不同於人的是，人需要時間適應與不能鬆懈的全然專注度，且心理情緒不易受到影響」，這段話清楚道出注意力的持續度和全然的專注並不是一件容易的事情。

　　很開心這次能有機會藉由這本書介紹音樂治療，也可以讓大家了解善用音樂本身的優勢來設計活動是可以協助個體的注意力問題，而過程中是有趣的、歡樂的和沒有壓力的。希望藉由此書的介紹，讓讀者感受到音樂並非難以親近，就如同創造性音樂治療中心的思想：也就是每個人心中都住著一位「音樂兒」（music child）。在這本書中，不教樂理，所以也不要求一定要將所有的音樂術語和樂理背起來，只要懂得速度有快有慢、音量有大有小，以及聲音有高有低，外加會走會跑會跳，就已經具備基本能力了！

　　這本書緣起於我的碩士論文，而最初始的題目與對象是希望以學習障礙學童為主，但是因緣際會下的一個選擇，修改了自己的論文題目，迎接我的卻是「狂風暴雨」。論文題目在計畫口試後再度調整方向，2015 年的過年與寒假就在修正中渡過，這樣才能趕上預定的研究進度。回想自己的研究過程並不順利，許多非預期中的事情接續發生，因此題目和研究對象就必須做改變，且研究過程也需要調整。相對的，孟教授也針對相關狀況做出建議與調整，也陪著我一起在驚濤駭浪中完成了論文。

　　在寫這本書時，我想所有發生的事情都有它的原因，就看自己要如何面對與解決。也因為種種狀況，孟教授和我需要做很多的思考與調整。倘

　　若沒有上述的驚濤駭浪，自己不會往另一層面去思考與調整，也就看不到這也可以是一種介入模式。轉個方向、換個方式，原來不僅是操作性活動，我也可以把它發展為紙本活動。如果沒有發生的所有事情，也就沒有這一本書。由衷感恩指導教授孟教授給予機會，與我合作此書，讓我完成心中的一個夢想；也很感謝孟教授一路的指導與協助，最為感謝的是暑假期間孟教授的一段話讓我豁然開朗，想通了很多事情。

　　從 1995 年改變主修轉為音樂治療起，無形中似乎有一把鑰匙讓我去打開不可預知但應該會很精采且具有挑戰的門。「就這樣嗎？」、「我永遠只要面對一台鋼琴嗎？」1993 年冬天，正在練琴的我抬頭看著前方唯一的一扇小窗，學校琴房外面正在下著雪，腦海中卻浮出了這樣的想法。

　　原先到美國念書是主修鋼琴教學（keyboard pedagogy），但一次想法的轉變，於是在 1995 年轉學到母校改攻讀音樂治療。從第一堂課就經驗不同於過去的課程，心情非常雀躍，也覺得轉為主修音樂治療是正確的選擇。音樂治療讓我與過去的世界告別，進入新世界、開啟新視野，讓我有機會接觸更多不一樣的領域。母校的音樂治療課程很著重實務，還有獨立思考能力，也以最嚴格的方式訓練學生。理論的學習需要立即能運用在實務上，每學期與學長姐合作到獨立帶領，從概論課程的二分鐘開始直到獨立三十分鐘的課程，從二分鐘短活動到一學期獨立帶領個別與團體課程，這是很難忘記的經驗。記憶猶新的第一學期小考就是在班上，但是第二學期的期末考就到學校附近的長者安養中心應試。看似名為看書考試（open book）和提早給考試大綱，但是每一個考試都是一場硬仗，都會讓我頭皮發麻。所謂的「書」是在眾多音樂治療期刊選一本就考試的題目做申論，且這過程必須不斷連結實務操作過程。因此，考試過程都讓我痛苦萬分、精疲力盡，但是每次考完試都收穫滿滿，是一種煎熬，卻是快樂開心的。

　　攻讀音樂治療最大的收穫是我自己，音樂治療改變我對自己的看法，

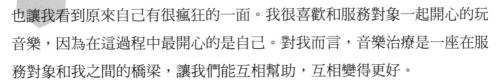

也讓我看到原來自己有很瘋狂的一面。我很喜歡和服務對象一起開心的玩音樂，因為在這過程中最開心的是自己。對我而言，音樂治療是一座在服務對象和我之間的橋梁，讓我們能互相幫助，互相變得更好。

後來，卻開始對多年的職場生活有些疲憊，疲憊於音樂治療推廣所遇到的人事物，尤其腦海裡有太多的問題希望得到一個答案。原來這一切與自己想的不一樣，許多事情並不是自己積極與盡心盡力就可以的。某一年到美國參加年度研習，遇到大學教授，腦海裡開始思索，所以再度離開，回到母校。原定是希望修得音樂治療碩士學位，又因故而必須放棄，雖然只有一年的時間，卻讓我得到喘息與充電的機會，而這一年我所獲得的收穫卻遠遠超過自己的想像。

我想，在這充滿變化的選擇歷程裡，每次的變化都會帶來另一種緣分。就如同走在路上，突然轉個彎，出現在前方的道路可能險峻，但景色卻是迷人的。雖然所做的一系列決定都讓我遇到更多的挫折，相對也必須要付出更多努力，但是也因為如此，所得到的卻是讓自己滿心喜悅。

就如同因故需要放下學位而回國，但也因此有機會認識陳寶珠主任而到新竹工作。當我要到新竹教育大學念特殊教育研究所時，也因為寶珠主任的引薦，我才有機會成為孟瑛如教授的指導學生。以後種種也才能讓今天的我有機會完成心中的一個夢想——將十四年的工作生活做個總結。

當然，一個段落的結束，不會是永遠的結束，而是另一個起點的開始，因為我已經知道我要繼續往前走去的方向！

認識寶珠主任要回到 2006 年這一年，休學回國前正借住在同學家思考下一步時，突然閃過的一個想法是讓我在六月底於人力網輸入資料找尋工作，也就這樣遇到了寶珠主任。在臺灣要有一份專職的音樂治療工作並不容易，在 E-mail 和電話往返過程之際，也到網站搜尋相關訊息，為把握住機會就決定先回國到新竹與寶珠主任見面。這樣的機會也開啟自己能夠

在和醫院不一樣體制下的社會福利機構工作，為自己增加工作實務經驗的視野。

很幸運能在財團法人新竹市天主教仁愛社會福利基金會工作的六年生活中，有機會一直處於自由的空間，而能夠思考要如何運用音樂治療到各領域，想要知道它的極限。從中累積的不僅有音樂治療實務，還有行政經驗的學習。從創辦人葉神父到景神父到現在的董事長，新竹仁愛基金會一直秉持尊重專業，不會任意干涉，從執行長、寶珠主任到卉君組長都願意給予提醒、協助和支持。寶珠主任最常問我的就是「音樂治療不能只是在教室內有用，音樂治療要如何能夠類化到生活層面」。確實，音樂治療不能只是在教室中執行，離開音樂治療情境之後的服務對象，要如何能夠運用在音樂治療情境所習得的或是所產生的行為於日常生活中呢？這句話是一個很好的思考點。

自己在仁愛的工作過程中發現，原來我也不是個很乖的音樂治療師，總是試圖找尋體制外的可能。自己常在想：「真的某一種治療方法只適合某一種狀況嗎？如果我把它用在另一種狀況，就沒有用嗎？」所以，自己會借用其他理論到另一種診斷類別的服務對象，例如：將運用於聽損兒的理論協助自閉症兒童的聽知覺問題。而也因為這樣，能夠看到服務對象的能力表現。

我比較不喜歡說我在做音樂治療，而比較喜歡說：「我在玩音樂治療。」我不喜歡告訴小朋友「我要你必須怎麼做」，我喜歡小朋友告訴我「他們想要做什麼」和「為什麼要這麼做」。自我決策的能力也是音樂治療的評估項目之一，不管個體在哪個年齡，他們都有做決定的權利，縱使他們是 2 歲或 3 歲，相信他們有這能力，就可以看到不一樣的表現。我也希望在音樂治療的情境中能讓服務對象習得獨立思考能力，唯有能獨立思考，才能看見自己。所以，音樂治療不是我的工作，它是我看這世界的工

具，也因為這樣，我喜歡上許多不同的課程，這樣我才可以知道如何讓我的工具變得更多元，而我所服務的對象也可以玩的很快樂，例如：在仁愛工作期間有機會參加藝術治療研習，讓我學習到不同媒材，也有機會思考並發現可以融入音樂治療活動的介入點。

也因為有機會參加藝術治療，記得當時講師說了一段話：什麼是「專業？」治療師們是看到「人」，我們陪伴、傾聽和接納。我們是治療師，但不是偵探，不是老師，是友善的，但不是朋友。身為一位治療師，必須要清楚「承認懂」和「自以為懂」之間的不同。一位真正的大師級治療師不會讓人覺得他／她厲害，而是治療師讓個案覺得自己厲害。我也很喜歡講師提到：承認自己不懂，承認自己有限，看到自己的渺小。因為唯有謙卑，縮小自己，知道自己的不足、自己的渺小、自己不是全能的，自己才能更積極的求知找方法，不斷的尋找答案。看不到自己的不足和不承認自己懂的少，人會變得自以為是和自大，我們應該讓受傷的人提出他們的需要。當然，有人會說：他們怎麼有能力判斷？因為不相信，所以就認為他們沒有能力，若是我們沒有細心觀察，就會忽略我們所服務的對象正在告訴我們「他們想要什麼？」我們究竟是陪伴者、傾聽者、支持者和接納者？還是我們把自己設立在保護者的角度呢？角度和心態不同，給予的也就不同。以上這些話也一直放在我的心中，提醒自己在音樂治療這一條路上要謹慎，時時保持客觀而不主觀，這是我對自己的期許和努力方向。

在表達性藝術治療裡，包括舞蹈、視覺藝術和音樂等治療。視覺藝術治療和音樂治療有同樣的信仰，視覺藝術治療相信每個人心中都有一個「藝術家」，而音樂治療相信每個人心中都住著一位「音樂兒」。不管是藝術家或是音樂兒都等待著被喚醒，只要你／妳願意，就做得到。音樂和視覺藝術在大家眼中是一門很難的科目，大家都覺得要有良好的技巧才能表現音樂和視覺藝術。就像許多怕音樂的人一樣，我也很怕美術之類的項

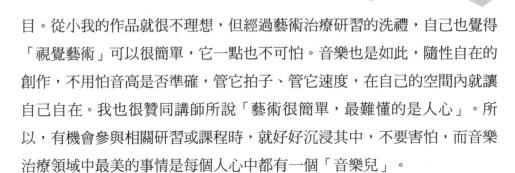

目。從小我的作品就很不理想，但經過藝術治療研習的洗禮，自己也覺得「視覺藝術」可以很簡單，它一點也不可怕。音樂也是如此，隨性自在的創作，不用怕音高是否準確，管它拍子、管它速度，在自己的空間內就讓自己自在。我也很贊同講師所說「藝術很簡單，最難懂的是人心」。所以，有機會參與相關研習或課程時，就好好沉浸其中，不要害怕，而音樂治療領域中最美的事情是每個人心中都有一個「音樂兒」。

因此，我不期許自己成為一位大師，而縱使不是一位大師，我都可以讓服務對象覺得自己很厲害，對自己有信心，相信自己是有能力的。不是家長們與服務對象成就我，而是我藉由我的專業成就服務對象和家長們。

在不算短的十四年工作生涯裡，接觸過很多家長，而這些家長都讓我在工作上有所成長。最為感恩的是，家長們在工作上的支持、鼓勵與信任。身為一位協助者，卻受惠於這些家長很多的鼓勵，是一件很幸運的事情。我想身為音樂治療的一分子，最感激的還是這些家長們願意深入了解何謂音樂治療，懂得其中差異。

在音樂治療專業上很感謝怡欣和綺慧。認識怡欣十年間，無論自己任何時候需要協助和傾聽時，她總是願意騰出時間給我，並提供音樂治療上的建議。綺慧，我的好同學兼室友，從我們在美國認識，在音樂治療這一條路上，十多年來一直都互相鼓勵與支持。我喜歡她的樂天知足，有一顆感恩的心；除了音樂治療外，綺慧給我許多人生話語所出現的時機點總是恰到好處。當然，還要感謝的人很多，像是譽齡、婷婷、文姿、歆敏、釗雯和又瑄等等，都是音樂治療上的良伴與良師。而音樂工作路上的好友，十多年的相識從沒有因為任何難題而離開，仍然幫我渡過難關，也因為她們，自己才能走到今天，謝謝怡伶、惠琪和芸如。

最後，謝謝讓我有機會到美國念書的父母，對於從鋼琴教學執意轉到音樂治療的我，因為不同領域，在不能完全抵學分的狀態下，幾乎要重新

開始，也必須要離開原本的學校。但是，雖然需要花更多的時間才能完成
大學學位，超乎預期卻也支持我，讓我做自己覺得應該做的事情。

蕭瑞玲　謹識

2016 年 3 月 25 日

作者序（二）

我一向很喜歡收非特殊教育科系畢業的研究生，因為他們總能帶給我不同的視野，所以我曾經請會計系畢業的研究生探討特教經費運用的合理性、請資管系的學生作無障礙環境的 APP、請資科系的學生做資訊融入特教領域教學，或者請數學系、英語系、中文系、物理系或化學系的學生，做學習障礙的各領域補救教學策略等，更喜歡看到這些學生與我們特殊教育系的畢業生一起工作，在特教領域實現科際整合。每位學生都帶給我很大的驚喜，他們就像一塊塊璞玉，有著勇敢的心，希望帶我走向全世界；雕琢的過程是辛苦的，要忍受無數學術孤寂與溝通的時刻，但當他們終於閃閃發亮，成為寶石的一刻，每每讓我激動不已！

多年以來，在各領域間的轉換，如同日常生活中的角色轉換般，好像不同的自己在輪流工作，又輪流休息一樣，流轉替換間總是讓我充滿能量。2013 年新竹仁愛啟智中心的陳寶珠主任，一位令人尊敬總是無私付出的特教工作者，打電話要我在當年考上的研究生中一定要空出缺額擔任指導教授，收一位音樂治療專業的研究生，於是瑞玲來到了我的生命中！

藝術、遊戲、園藝、動物、音樂治療等都是特殊教育所常運用的媒介與整合的領域，她自己又有豐富的工作經驗，原本應該一帆風順，但不知怎麼了，像老天爺在開玩笑似的，瑞玲在寫論文的過程中發生了許多不能預期的事，讓她備感挫折，但我總在想：「已經有這麼多壞事，好事就快來了吧！」、「比賽看最後，只要我們一直往前，就會脫離原先的壞環境！」、「做自己想做的事，自在最重要！」

2013 年，我正與簡吟文老師整理我們自 2005 年以來所累積的注意力訓練理論與教材，合作撰寫《孩子可以比你想得更專心：談注意力訓練》

一書，以及搭配一本實務取向，可讓孩子自行練習操作的《孩子可以比你想得更專心：我的注意力遊戲書》，同時決定編製一套「電腦化注意力診斷測驗」（Computerized Attention Diagnostic Assessment，簡稱 CADA），希望能篩選出誰需要接受注意力訓練，再配合撰寫的注意力訓練書籍，期待每位孩子都比父母和老師想得還要更專心！瑞玲也表達了對此主題的高度興趣，我也很樂於看到瑞玲將音樂治療的因素注入注意力訓練中。2014年，注意力訓練的書籍及「電腦化注意力診斷測驗」都由心理出版社出版了，但瑞玲卻因許多事情的發生不斷卡到各種瓶頸，當時焦頭爛額的我們只想著穩定心情與解決問題，沒想到關關難過關關過的情形下，因著付出比別人更多的心血，瑞玲寫論文的過程有了質與量的重大變化。

　　口試過後，我們兩人覺得既已付出許多心血，決定運用原先寫論文時所發展出來的音樂模式注意力訓練，將它合作寫成一本書。又經過一年多的努力與修正，我們在第一章先討論什麼是注意力？但延續我一貫研究的主題，較偏向處理認知問題部分的注意力；第二章則討論感覺處理和注意力導入音樂模式，在增進感覺處理與調節以提升注意力的可能性；第三章探討特教領域中有注意力問題的學習障礙、注意力缺陷過動症（ADHD）、智能障礙、自閉症、中樞聽覺處理異常、聽力損害與聽力障礙等六類學生的注意力問題之特質，以及運用適性音樂模式提升注意力的可能性；第四至七章則專注介紹音樂模式可以改善注意力的理論與原因、人類音樂行為的發展、音樂心理學及音樂治療介紹；第八至十章則說明音樂模式注意力訓練課程、課程教學注意事項，以及音樂模式注意力訓練課程教案，提供現場實務工作者參考，同時為讓音樂模式注意力訓練更多元及生活化，我們也在第十一章提供了音樂遊戲的設計供參考。另外，本書的學習手冊更提供實務上可立即在現場教學採用的音樂模式注意力訓練紙本學習單。

　　透過此書，音樂治療融入注意力訓練不再是那麼理論與遙遠的事，若能對教育現場有些許貢獻，影響一些人與事朝正向發展，這會是我和瑞玲最有成就感的事。很高興此書終於付梓，更感謝心理出版社的再次協助，也謝謝在此書撰寫過程中無私協助的「有愛無礙」研究團隊成員們！

孟瑛如　謹識

2016 年 4 月 4 日

目次

前言

個體在日常生活中學習任何技能都需要具備高度注意力，因此兒童在學習上所投入的專注度是家長最為關切的問題。在〈國小階段注意力缺陷過動症學生行為特徵調查研究〉一文中指出，臺灣的教師及家長同時認為注意力缺陷過動症兒童出現頻率較高的症狀是「注意力不良」，而出現率最高的行為特徵是「容易受外界刺激影響而分心」（孟瑛如、陳季翎、謝瓊慧，2013）。因為注意力會影響兒童，致使其在學習成就上長期處於低迷的狀態，又或者因為注意力問題導致學校老師在聯絡簿上寫了滿滿的負面評語，所以家長也開始自問：到底自己的孩子對於需要習得的知識了解多少？為什麼已經為孩子安排各種不同的補習課程，孩子的分數還是沒有起色？到底是什麼原因讓孩子不能像其他孩子一樣乖巧的坐著上課？為什麼老師總是說我的孩子上課都在發呆？孩子為什麼就是不能專心上課學習呢？

「注意力」在整個成長歷程中扮演一個很重要的角色，因為不僅是學業上的學習需要注意力，人際關係的互動也需要注意力，職場工作或是家庭主婦做家事都不能沒有注意力，所以注意力是隨時都要具備的能力。個體是否能夠接收資訊進而理解所得到的訊息，第一道關卡就是決定於良好的注意力之能力。

「專心」、「專注」和「注意」是我們最常聽到大人提醒孩子，老師提醒學生的字眼，就像是：

「專心看前面！」

「要注意看黑板上課！」

「寫功課要細心一點！」

「不要玩鉛筆，注意上課！」

「你怎麼都不專心聽我說話！」

　　注意力表現佳的人可以不受環境變化而有影響，以致於他們能夠持續工作一段時間或是因為其他事情暫時離開原本的事務，在事情結束後卻仍然可以回到最初執行的事務上。相反地，當人的注意力控制能力不佳時，則會造成工作上執行的困難，例如：打開電腦時，有的人會先閱讀當天的新聞，之後再進行工作且心無旁騖的完成工作。然而，注意力不佳的人會因為當下所看到的訊息，而無法專心執行工作，又或者注意力問題而導致無法耐心與細心做事且總是忽略細節。

　　然而，什麼是注意力？注意力和專注力是一樣還是不一樣？又或是兩者間存在著某種延伸的相互關係呢？而導致兒童無法專心且安靜地在課堂中坐在椅子上聆聽教師講課的原因是什麼？注意力對於學習有哪些重要性？當兒童不能專注時，又會衍生哪些問題？以下加以說明。

　　首先，什麼是注意力？注意力（attention）意指注意到某項事務。注意力如同聚光燈，注意到的是一個點，就像是你與朋友相約在百貨公司門口，你看著來往的行人，正注意自己的朋友是否也在人群之中；當你注意到前方的朋友，這個聚焦點就消失了。然而，專注度（concentration）是指當你找到要注意的人之後，決定要花多少時間的注意力在這個人身上。就像當你找到走在人群中的朋友時，已經知道朋友依約前來，而決定繼續把目光放在朋友身上直到他走到你的面前，又或者因為已看到人而放心的把注意力轉移到看手機、自己的身體或是翻找包包等。所以，專注度是可測量的時間長度。

因此，以上述例子再回到所提出的兩個問題：

1.注意力和專注度是一樣還是不一樣？
2.注意力和專注度兩者間是否存在著某種延伸的相互關係呢？

就第一個問題而言，注意力和專注度是不一樣的，注意力是一個點，是使個體能夠聚焦在日常生活所需要的能力，而成功聚焦則仰賴每個人能夠控制自己的注意力在主要事務上。所以，注意力是一種心智功能，是一種察覺並關注周遭環境人事物的能力。鄭昭明（2010）指出，注意力是在從事某種作業時，心智活動的分配。個體在學習技能的過程中，從生疏到熟練一項技巧，是必須具有高度注意力且不能夠分心到其他事務上。而專注度則是一種時間持續的行為，是一種個體聚焦在所注意的人事物上之行為表現且有時間上的持續性，也就是所聚焦且投入當下關注人事物的時間長度。

就第二個問題而言，注意力和專注度存在著某種延伸的相互關係，因為專注度是一種行為表現，是可以藉由時間測量了解個體能夠持續專注在眼前任務有多久的時間。楊雅婷、陳奕樺（2014）表示，專注度主要是注意力的持續功能展現，具有情境的特定性。也因為如此，個體需要具備良好的注意力和持續專注行為，才能在學習過程中不受外界干擾而中斷。所以，注意力和專注度兩者是存在著某種延伸的相互關係。也就是說，個體先注意並聚焦在當下所出現的刺激物（可以是人、事、聲音等），並就所在的情境投入時間去執行，直到最後完成為止。

為什麼是音樂？

如上述所言，個體先注意並聚焦在當下所出現的刺激物（可以是人、

事、聲音等），為了提升注意力與專注度，利用音樂設計活動即是一項可行的介入方式。首先，音樂本身就具有完整性和持續性，例如：當作曲家創作了一首三分鐘的音樂，而演奏家則需要由始至終完整的呈現這一首三分鐘的音樂曲目。演奏家在這過程中，僅能聚焦與集中注意力在眼前的譜例，而不受任何狀況的影響，直到結束。除此之外，選擇音樂作為注意力訓練的理由尚有：

音樂可以讓人自然的跟著哼唱。

音樂可以讓人自由擺動，與音樂共舞。

音樂可以喚起過去的美好記憶，而讓人心情愉悅。

音樂可以喚起過去的悲傷時光，而讓人心情頓時憂傷。

音樂可以提供有效性的刺激，不分年齡、不分性別、不分能力。

音樂可以是一個討論主題，讓一群人因為相同的主題而有所交流。

音樂可以是轉變氣氛的媒介物，沉悶的團體氣氛因為音樂而有所轉變。

以聆聽音樂來說，不管是兒歌或是流行樂的樂曲長度常超過兩分鐘以上，而一首古典音樂一般有三個樂章，所以聆聽一首完整的古典音樂需耗時二十分鐘以上也是常有的事，這過程就不只有注意力，還包括專注行為。

再進一步地說，音樂之所以能夠吸引個體注意力而專注聆聽，始自於音樂本身的組成就是多元性，包含：音高、音量、速度、節奏和拍子等。與音樂有關的樂器更是多樣化，而樂器的多樣化碰上構成音樂的不同異質元素所擦出的火花，更是讓音樂充滿無限的變化與可能。與其他介入方式的最大差異，在於當我們能夠有效的利用這些變化而設計多元活動時，個案可以在同一時間因為所提供的多感官活動，而接受到視覺、聽覺等多感

官刺激。

　　更確切的說，為什麼是音樂呢？人類之音樂行為與兒童發展歷程有其相互對應的關聯性，並不是如傳統觀念所認為的，音樂行為表現是一種先天的能力。我們可以透過人類之音樂行為發展了解箇中原由，也就像創造性音樂治療法所相信的哲學思想——每個人心中都住有一位「音樂兒」，音樂本就存在於每個人的心中。

音樂能夠改善注意力嗎？

　　市面上有許多文章或是 CD 都宣稱聽音樂可以提升注意力，聽古典音樂能提升工作效率，然而是什麼原因讓音樂具有這樣的功能呢？為什麼音樂可以對注意力有所助益？坊間許多音樂教室也強調學音樂可以提升孩子的注意力，究竟為什麼學音樂可以提升注意力？學音樂真的就可以提升注意力嗎？

　　現今有研究指出，音樂家與非音樂家的腦部有所差異，這應該與音樂家長期接受音樂訓練有關，例如：利用核磁共振探究音樂家和非音樂家的腦部研究發現，不管是音樂家或是非音樂家在聽白噪音（white noise，指非常固定的頻率和音調之音樂）時，雙側顳橫回區（bilateral transverse gyrus）的活化較弱。當兩者接受音樂刺激時，雙側聽覺皮質區明顯活化。然而，與非音樂家不同的是，音樂家出現在左側顳區，活化區也擴及至楔葉（cuneus）、楔前葉（precuneus）、內側額葉（medial frontal），以及左枕中回（left middle occipital gyrus）。該項研究結果顯示：音樂家和非音樂家之間有不同的神經路徑（崔恒武等人，2005）。另有研究顯示，長期且密集的樂器訓練能夠提供發展中的腦部在經由訓練下促使行為改變的機會，研究結果指出：幼兒在接受十五個月的音樂訓練之後，腦部

會得到改變；研究結果也支持成年音樂家與非音樂家的大腦差異，應該與其密集的音樂訓練有關（Hyde et al., 2009）。同樣是利用核磁共振影像所做的研究，該研究分析了232名6至18歲的受試者腦部，以了解學習演奏樂器與大腦之間的關係性。結果顯示：受試者腦部皮質會因為音樂訓練而增加皮質層厚度成熟率（Hudziak et al., 2014）。綜上所述，音樂家與非音樂家的腦部結構發展之所以呈現差異，原因在於一方有長期接受音樂訓練的刺激，而另一方沒有。

音樂訓練之所以能夠讓受試者的腦部結構有所改變，是因為當個體在接受樂器訓練時，他們需要同時運用到各種感官動作（例如：視覺、聽覺、動覺和觸覺等）。樂器彈奏是一種多感官與動作同時進行的活動經驗，也因為如此，個體需要在同一時間運用各種能力才得以應付彈奏樂器的活動。彈奏樂器所需要的能力包含：(1)閱讀複雜的符號系統（樂譜），並且將其有順序的轉換；(2)雙手的動作須結合多重感官回饋；(3)結合測量的精準度發展精細動作技能；(4)記住長的音樂段落；(5)以規定的音樂元素即興創作（Schlaug, Norton, Overy, & Winner, 2005）。簡單來說，彈奏樂器需要利用視覺接收到的音樂符號，透過動作控制轉為聲音，也需要利用聽覺來同步監控所彈奏的聲音（Gaser & Schlaug, 2003）。由此可見，樂器訓練是一種多感官動作的經驗，此也表示個體動作和聽覺能力的改變與音樂訓練是有密切關係。其他研究結果亦證明腦部具有可塑性，所以無論是音樂家或其他領域專家的成人腦部結構，可能會經由訓練而讓腦部結構產生變化，影響箇中差異（Hyde et al., 2009）。除此之外，因為彈奏一種樂器會牽涉到動作計畫和協調、視覺空間能力，以及情緒和衝動調節區域，而這些與彈奏樂器能較快速地增加腦部皮質層厚度成熟有相互關係（Hudziak et al., 2014）。因此，音樂訓練之所以可以讓個體腦部有所改變，在於樂器演奏需要同時投入多項能力，諸如視覺、聽覺和動作計畫

等。

　　舉例來說，試想個體在建立讀五線譜的能力時，首要的是什麼能力呢？答案是利用視知覺建立讀譜能力。讀譜是一種個體透過視覺，將接受到的音樂符號輸入到大腦的能力，讓大腦解讀眼睛看到的符號名稱；而與讀譜最有關係的就是五線譜。音符放在五線譜上的不同位置，名稱就會不一樣，因此要看懂五線譜，就需要透過視知覺辨識音符在五線譜上之線與間的空間位置。

　　五線譜由五線四間所構成，當線與間不夠使用時會往上或往下加線或加間。音符在五線譜上的位置有高有低，讀譜時，視線須由左到右，上下移動，讀完一列譜後，視線要迅速移回左邊，再不斷上下移動。除此之外，音樂符號包含各種音符、休止符和音樂表情符號，處理這些資訊需要的不是視力，而是視知覺（蕭瑞玲，2015）；也就是說，當個體在讀譜時，需要藉由視覺追視譜例上，那些由左到右、由上到下的各種符號。因為音樂譜例有很多不一樣的符號交替出現，所以在讀譜過程中，除了需要視覺注意力以持續注意眼前變化多端的視覺訊息之外，同時個體也需要視覺區辨能力來區辨眼前的音樂符號之圖像差異，這樣才會知道音樂符號是否有所改變。此外，音樂所用的譜表不僅有單一譜表，還有鋼琴所用的大譜表，以及交響樂團會使用的總譜等，這時就需要視覺空間和視覺前景／背景概念，以協助個體在眾多相似的音樂符號中找到所要讀譜的位置。

　　一旦加入樂器彈奏時，就不只是視知覺能力，動作控制能力也需要加入。以彈鋼琴為例，個體需要練習手指精細動作的敏捷度，以求音樂的流暢性和音樂速度的變化，而音樂速度變化也不只仰賴手指敏捷度，還有力度上的掌握。當音樂在強弱中轉變時，手指必須控制彈奏的力量來做到力度的變化，以避免音量過大或過小。彈奏過程中不可或缺的感官就是聽覺能力，就如上述研究所提到，個體需要仰賴聽覺接收到的聲音，並同時透

過聽覺處理以監控音樂，也就是個體需要透過聽覺能力，判斷自己是否正確彈出所看到的視覺訊息。

由上述例子可以了解到，彈奏樂器並不僅僅是把譜放在樂器前、做出動作，它所需要的能力包含多感官知覺和動作控制，也需要認知能力解讀所傳入的訊息。

然而，我們必須了解的是，音樂訓練並非僅有單一樂器的訓練。無論是音樂家或是音樂系的學生，他們接受的音樂訓練之涵蓋範圍是非常廣泛的，例如：視唱、聽寫、樂理、和聲學、指揮學、音樂欣賞、伴奏、合唱，以及主副修兩種樂器，這些訓練需要視覺、聽覺和動作控制同步合作，課程所建構出的能力才可以相互支持與配合，就像個體需要基礎樂理概念讓自己能夠同時進行讀譜和彈琴；彈奏樂器時需要了解樂譜內容，所以要懂得曲式分析；而樂理與和聲學是基本概念，但在學習和聲學之前，就必須先學會樂理。

舉例來說，音樂訓練的視唱練習，意指個體必須要把眼前沒有看過的樂譜立即唱出，這也是音樂班（系）學生的基礎音樂訓練課程或是部分音樂檢定的項目之一。在建構視唱能力的過程中，個體在練習時若是為了確定音準，可能會一邊彈琴一邊唱譜（歌），且在每個音唱出的同時，耳朵也要打開聆聽與判斷每個聲音的準確度和節奏正確度。在此過程中，個體不僅要注意聆聽，也必須投入一定的時間直到完成該項練習。因此，為了完成視唱練習，個體需要投入完全的專注力，這樣才能夠建立起視唱能力。

再回到樂器彈奏，我們可以先想像個體在彈奏樂器過程中：第一，會被要求抬頭挺胸且背要打直；第二，眼睛要讀譜；第三，耳朵要聽著自己所彈奏的音樂；第四，手指（精細動作）的敏捷度與手臂和身體的彼此運用（大動作），同時牽涉到動作計畫能力；第五，需要利用記憶功能完成

背譜。除了基本的肢體與認知功能以外，個體在整個練習過程中，必須全然投入耐心和細心，不管是基礎練習或是詮釋曲子，都需要他們對曲子的內部構造仔細分析，這過程考驗他們是否能找到曲子中必須要注意的細節。也因為如此，當個體在準備練習時，需要投入數小時練習一首曲子，甚至反覆練習與咀嚼一段樂曲，直到自己覺得完美為止。上述過程所需的耐心和細心，與個體的注意力和持續專注度有極大的關係。Chermak（2010）表示，音樂能夠活化的大腦區域包括額葉、顳葉、頂葉和皮層下，而這些區域則與工作記憶、語義和語法處理、動作功能和情感處理有關；音樂同時也可以加強各種功能，例如：注意力、學習、溝通和記憶，因此音樂訓練在神經復健中提供了相當大的幫助。

綜合上述所言，樂器練習和各項音樂訓練不僅需同時運用感官動作以完成音樂訓練，更需要個體的完全投入，才能讓該項活動得以完整執行，讓個體的練習過程有良好品質；也因為音樂訓練能夠加強個體的注意力、學習、溝通和記憶等，換句話說，這些能力就可以在練習與演奏樂器的過程中慢慢被建立起來。

本書試圖討論「音樂模式注意力訓練」，當讀者看到「音樂模式」四個字時，可能會直覺產生是和樂器練習、學習音樂或樂理訓練等與音樂教育有關的想法。然而，本書並不是一本音樂教育書籍，其所要談論的是如何運用音樂與樂器作為介入工具，以協助特殊需求者能夠改善注意力問題。因此，本書所提及與分享的活動教案都不是在教導音樂，所以引導者可以視特殊需求者的能力決定是否一定要學習各種音符名稱。也因為如此，引導者更不需要執著地等到特殊需求者在理解音符名稱與音樂符號之間的關係後才進行音樂活動，也無須要求特殊需求者要學會精準的音樂速度、正確的拍子與節奏等。

　　在前段曾經指出：注意力和專注度是不一樣的，且注意力和專注度兩者之間是存在著某種延伸的相互關係，而專注度則是一種持續性行為，例如：個體能夠透過注意力聚焦在閱讀上連續三十分鐘，是一種可藉由時間來測量個體的專注行為表現。因此，注意力與專注度不同，但是又彼此相互影響。唯有良好的注意力，個體才能夠持續專注於正在進行的活動上；唯有良好的注意力，個體才能在各種情境下都保持持續專注的行為，直到活動結束為止。也因為這樣，本書即是以注意力為主要方向。

　　本書第一篇會先就「注意力」做討論，也會討論注意力與感覺調節之間的關係，接著在第二篇會探討本書所依據的音樂治療相關理論，並說明音樂模式注意力訓練課程。第三篇的音樂模式注意力訓練課程分為兩種型態，分別是動作性質的樂器和肢體動作相關活動，共十二堂課程，此即是第十章的內容；另一種則是靜態性紙本類型的音樂遊戲之練習，此即是學習手冊的內容。最後，第十一章則是補充又或是說擴展性質的音樂遊戲，若是在進行課程的過程中，引導者需要因應個體能力做調整時，就可以採用第十一章的音樂遊戲。本書分享筆者所運用的音樂活動與說明該音樂活動可以如何協助改善注意力問題，期待藉由這樣的說明，可以讓讀者更了解音樂是如何協助改善注意力問題，也讓需求者多一種選擇——一種有趣和開心的選擇。

第一篇

注意力的探討

第一章
什麼是注意力

「注意力」一詞看似簡單，實際上卻很複雜，且在個體整個成長歷程中扮演著重要角色。不僅學生在學業上的學習需要注意力，過馬路時注意紅綠燈與左右來車、在家做家事、職場上工作與人互動，甚至在外遊玩，都需要注意力。沒有注意力，上課無法好好學習、過馬路容易陷入危險、沒有看到身旁的水桶會被絆倒、無法聽完他人的話語而影響職場關係等。當個體與他人互動時，容易因為無法完整聆聽他人的話語，以致於產生理解上的困難與對話上的誤會等狀況的發生。因此，注意力一直是長期被注意的議題。

注意力在個體認知功能上也占有一席之地，其所扮演的其中一個角色為訊息刺激是否能夠被大腦接受與記憶的重要關鍵。許多認知處理過程與人類的心智（例如：決策、記憶、情感等）是有關的，又因為注意力與知覺是如此緊密連繫在一起情況之下，所以注意力被認為是具體的。因此，可以說注意力是認知功能的一個出入口（The Geisel School of Medicine at Dartmouth, 2013）。學習事物需要注意力，而專注度則會影響其他認知功能的發展（李玉琇、蔣文祈譯，2010）。所以，外在訊息是否能夠順利進入大腦儲存會受到注意力的影響。然而，注意力的定義會因為不同學派所建構的理論而有所不同。我們也可以透過學者在研究過程中利用比喻的方式表現所發現的注意力理論，來了解什麼是注意力。

在前言中曾經提到，注意力和專注度存在著某種延伸的相互關係，而

專注度則是一種時間上持續性的行為。因此，在了解注意力的定義之同時，我們也再一次複習之前所提到的「注意力」和「專注度」之意義與關係。就如同楊雅婷、陳奕樺（2014）所指出，「專注度」主要是注意力的持續功能展現，具有情境的特定性，是注意力的進階表現，也就是說，專注度需要個體把注意力放在當下的一項工作上（例如：保母照顧嬰孩或是學生寫的功課），並且不受外在（例如：說話聲或走動的人等）或內在干擾因素（例如：生氣、難過或痛苦等）所影響，才得以持續當下的工作任務。由此可知，注意力和持續專注表現讓個體可以有效率的執行任務。本章先從注意力的定義開始了解注意力，再逐一介紹其相關理論（涵蓋注意力的類型和功能）、發展歷程、內外在影響與重要性。

壹、注意力的定義

　　什麼是注意力？注意力（attention）的字源來自拉丁文的「attendere」，原意是向外延伸，將我們與世界相連接，進而創造與規劃我們的經驗（周曉琪譯，2014）。關於注意力的研究已有很長久的時間，起源則可以從 William James 在 1890 年所寫的《心理學原則》（*Principles of Psychology*）一書中針對注意力所寫的一段話，而這段話很清楚地點出注意力的意涵：

　　　　每個人都知道注意力是什麼，注意力是一種個體在心智清楚明確的狀況下，在同一時間發生的事物或是所產生的一連串思維之中，都能夠挑選出心裡認為最可能的答案。

　　　　聚焦（focalization）、集中（concentration）與意識（consciousness）是注意力的本質，它意味著從一些事情中抽離，以

和其他人有效率的處理，而這卻是一種處於困惑、茫然和丟三落四等的相反狀況。這行為在法國被稱為分心（distraction），在德國則是恍惚（zerstreutheit）。（引自 Campbell, 2015）

除此之外，鄭昭明（2010）對「注意力」也賦予三個方面的意義：第一是選擇性（selectivity），即就外界的許多事物中，只注意某些事物，而不注意其他的事物；第二是持續性（persistence），即能依照意願，持續地注意某些事物，不會受到其他刺激的干擾而分心；第三是注意力的轉移（attention shift），即能依照需要，從對一件事情的注意轉移到對另一件事情的注意。郭美滿（2012）指出，「注意力」的定義是個體必須在覺醒（arousal）的狀態，對眾多刺激中的某些特殊刺激做出反應，此時個體的注意力是具有選擇性的；當個體能不受其他刺激的干擾，而能對正在從事的任務持續保持注意力時，此時個體的注意力是具有持續性的。而 Goodwin（1989）則在其所撰寫的《神經心理學辭典》（*A Dictionary of Neuropsycholgy*）一書中表示，注意力意指：

> 　　不會被外在環境其他刺激分神而能注意一個特殊刺激的能力；排除不相關刺激；保持個體可以對任何刺激反應的清醒狀態；清醒是注意力的必要條件；清醒不表示專注；是邊緣系統、新皮質、上升活化功能的複雜互動；自動化、被動的，但對選擇性知覺是集中性、有資源性；受損時導致短暫性注意力、易分心，以及混淆之可能性。（引自郭乃文，2003）

綜合上述學者對注意力的說明，我們可以了解個體要在變化萬千的動態環境中，讓自己保持在清醒的狀態下，才能施展自己的注意力，這樣也

才可以對環境中的人事物變化有覺醒（awareness）能力，也才能進一步認識與回應周遭的環境。因為當個體的大腦是在清醒狀況下運作時，它們才能知道當下正在發生的事情並做出回饋。也因為個體對所處的周遭環境有所覺察，個體才能夠了解與思考自己應該要如何面對與處理當下的事情。也因為個體的心智狀態清醒，注意力讓個體有能力處在任何環境之中，都能在選擇與控制自己要關注的人事物之同時，也可以忽略周遭會造成干擾的事物。因此，個體在大腦處於渾沌、困惑與分心的情況之下，且同時要在眾多訊息中排除不必要干擾時，只能注意到關鍵訊息是會產生難度的。就如同個體在上課時，並不會因經過的人或出現的聲音而分心，這是因為個體選擇自己應該要注意前方黑板的資訊和聽老師的說話內容（主要是視覺與聽覺訊息）。又因為個體有能力選擇且也能排除自己所處環境的吵鬧聲或是走廊上走動的人（干擾訊息）之影響，也有轉移能力讓自己可以一邊聽著老師講課、一邊看著黑板上的資訊，或是一邊聽老師講課、一邊寫筆記。所以，當個體具有以上能力時，也就有足夠的注意力讓自己可以持續專注於前方的主要訊息（老師、黑板與筆記）。

專注度則是注意力的延續，是一種持續性行為，是個體聚焦在所注意的人事物上之行為表現且有時間上的持續性，也就是個體聚焦且持續投入於當下關注人事物的時間長度。當個體有足夠的注意力讓自己維持在一種清醒的狀態，頭腦也就有足夠的容量認識、吸收、回應、記憶和理解周遭的環境。當個體有足夠的注意力避免自己受到干擾，相對的，所投入的專注時間也就會持續的更久。因為如此，當我們能夠注意周遭環境的變化，對所接受到的訊息刺激也有能力篩選與思考時，個體就有更多空間能夠激盪更多的想法，而有能力規劃一系列的活動或計畫，個體也會有機會如上面所言，有足夠能力與世界接軌。相反地，缺乏注意力的個體在環境中不能自主的選擇，無法快速地對一連串的指令做出反應與動作。就如同當老

師下達一連串的指令時，學生會因為注意力問題而來不及記憶指令。個體
也因為難以接受環境的變化而影響其對環境的適應力，常處於霧裡看花的
狀態，也就無法達到工作上的效率，甚至完全無法執行任務。總而言之，
專注度和注意力是相互支援，這樣個體才能完整發揮自己的才能。

　　不同學者針對注意力提出想法且建構出不同的理論模式，有關這部分
會在「貳、注意力理論」做說明。也因為有不同的理論模式，所以學者也
藉由比喻方式帶出注意力的定義。透過比喻方式，可將注意力比喻為過濾
器、聚光燈和資源：當注意力如同過濾器（attention as filter）時，它讓個
體能一次只專注於一件事；當注意力像是聚光燈（attention as spotlight）
時，它讓個體能把焦點放在需要注意的地方；當注意力是資源（attention
as resource）時，它讓個體依照自己的經驗與能力把自己的工作任務以簡
單─複雜／困難─容易來分配資源（李玉琇、蔣文祁譯，2010；黃秉紳，
2006；Castle & Buckler, 2009; Fernandez-Duque & Johnson, 2002）。總而言
之，學者們常以不同比喻來凸顯注意力所具有的功能。

　　無論注意力是過濾器、聚光燈或資源，其實都象徵著注意力讓個體具
有選擇的能力。無論是過濾或是聚光都是一種選擇的過程，注意力也就讓
個體在所處的環境中展現過濾周圍次要感官訊息的能力。也就是說，個體
在大量的各種訊息中過濾非必要的訊息，從大範圍縮減到小範圍。個體能
夠在複雜的選擇項目中，利用條件篩選或限制以縮小範圍，而得到答案。
個體之所以需要注意力這項工具，也如同李仁豪、葉素玲（2004）所表
示，外界眾多龐雜的刺激經感官進入大腦，卻只有少部分會接受更精細的
處理。注意力被視為是這個選擇過程的主要機制，它會忽略或過濾大部分
不重要的刺激，只處理少部分與個體認知或行為目標相關的刺激，好讓高
階的認知功能做進一步的運作，或直接讓運動系統做出適當、有效、快速
的反應，例如：一位品管員藉由產品的一定規格為篩選條件，而能夠在眾

多樣品中挑選出有瑕疵的產品；一旦品管員因身體不適或情緒狀況不佳等理由而導致注意力無法集中，而未挑選出眼前的瑕疵品時，則可能會導致後續的消費糾紛。

也因為注意力像是過濾器或聚光燈，個體可以在眾多聽覺訊息或視覺訊息中過濾掉不必要訊息之後，聚焦在主要的感官訊息上。所以，個體在過程中不會輕易被旁邊的其他物品影響而轉移注意力的同時，也能因為注意力可以在日常生活中有效性的聚焦在重要事務上，而看到所要看到的、聽到所要聽到的和做到該做的。隨著過濾與聚焦，也表示個體具有思考與選擇的能力，讓他們能夠注意到他人或是具備處理事情的能力，且是一種察覺並關注周遭環境人事物的能力，以應付與解決當前的問題。就像在課程中，當個體聽到「拿到鈴鼓後，要回來坐好」的指令時，個體會在找到鈴鼓後，回到位子上坐好。個體並不會受到鈴鼓旁邊彩色音磚的影響，而忘記自己應該要依循指令拿鈴鼓並回位子上坐好。個體的注意力容量與需要花費多少注意力在處理任務上，則會因為事情的難易度而有差異，例如：當個體正在構思撰寫一份有挑戰性且未經驗過的新企劃案時，她／他需要更多的注意力在企劃案上，以致於她／他沒有多餘的能力同時欣賞自己喜歡的音樂。但是，如果個體是在做上網看新聞這類簡單的事情時，她／他可以有多餘的注意力容量讓自己可以邊聽音樂、邊讀網路新聞。

貳、注意力理論

雖然注意力一直是被廣為討論的主題，然而不同學派所建構的理論模式也會因不同角度而有所差異。相對的，各學派的理論對解讀注意力的運作模式也就有差異。不論是 Zimbardo 於 1985 年的研究描述，或是 Luck 與 Vecera（2002）以及 Wang、Fan 與 Johnson（2004）等多位學者的研究，都

指出注意力是一個高度複合的概念、是意識的本質、是感覺輸入的過濾器、是一種程度的問題、是輸入和知識的綜合，也是一個有限的處理容量（引自林鋐宇、周台傑，2010）。注意力的理論基礎分別有：(1)認知心理學之過濾模式、容量模式（Capacity Theories）和多元等三種模式；(2)橫跨多項專業的神經心理學觀點，包含有兩個模式：注意力網路模式和注意力監控模式；(3)整合理論。

　　因為本書也利用「雙耳分聽」作為活動設計的理論依據，所以在了解各種注意力理論之前，在此先針對「雙耳分聽」做說明。

　　過濾模式始於 Cherry 在 1953 年所執行的雙耳分聽實驗，此實驗情境是在進行選擇性注意力的研究，而 Cherry 則是利用一個稱為遮蔽（shadowing）的實驗進行研究。而在這個研究之後，不同階段也有其他認知心理學家針對與過濾模式有關的雙耳分聽進行相關研究，例如：Broadbent 也在 1954 年操作雙耳分聽實驗，其研究是讓受試者在實驗研究的過程中戴上耳機，讓雙耳透過耳機同時收聽主要訊息與次要訊息（又或是環境干擾因子）兩種不同的訊息。受試者在此實驗情境中會聽到兩種不同的訊息，並需要在聽到其中的一項訊息後快速唸出來。研究結果顯示，聲音強度相同，受試者也只能在同一時間注意到一種訊息（李玉琇、蔣文祈譯，2010；鄭昭明，2010；Eysenck, 2004; Knox, Yokota-Adachi, Kershner, & Jutai, 2003）。Corteen 與 Woody 在 1972 年時也讓受試者接受雙耳分聽實驗，要求受試者只注意聽一耳並忽略另一耳的訊息。該研究結果顯示，雖然訊息被忽略，但是因為所聽到的字詞與先前聽到的有所關聯，故仍然會處理到語意層次（阮啟弘、呂岱樺、劉佳蓉、陳巧雲，2005）。Hachinski 與 Hachinski（1994）的雙耳分聽研究是基於交叉偏側腦，也就是身體右側是由左腦所控制，反之亦然。

　　Cherry 在研究中發現，選擇性注意力在分耳呈現不同訊息的情況下，

遠較雙耳呈現不同訊息的情況容易（李玉琇、蔣文祈譯，2010；阮啟弘等人，2005）。也就是說，當兩個不同訊息同時出現時，個體必須要跟著其中一個訊息，而忽略掉另一個訊息。當個體有能力解讀先接收的訊息時，就有足夠的注意力與時間處理下一個訊息。相反的，當個體需要花許多時間解讀先收到的訊息，甚至於無法順利解讀當下的訊息時，就沒有餘力兼顧後續不斷接踵而來的訊息。個體在這樣的情形下更沒有辦法有良好的表現。

因此，音樂的獨特性對左右兩邊耳朵的刺激，也說明了大腦左側或右側半球的專業化。1964 年，雙耳分聽的先驅與各種團體進行了大量的研究，其研究結果一致顯示：大腦右半球的優勢在於鑑別旋律、和弦、環境聲音、語調輪廓和複雜的音調。雖然過濾模式與減弱模式的彼此主張不同，但是兩者都主張注意力的選擇是發生在訊息處理的早期，至少是在刺激時或是之前（鄭昭明，2010）。畢竟，主要訊息必須要在第一時間可以被接收，才能夠傳達到後方的處理步驟。

 一、理論類別

（一）認知心理學

認知心理學是研究心智運作過程的學問，心智過程涵蓋知覺、思維、學習和記憶，特別是對發生在感覺刺激和行為表現之間的內在事件（Merriam-Webster's Medical Dictionary, 2015），也是研究個體對於訊息如何知覺、學習、記憶及思考的學問（李玉琇、蔣文祈譯，2010）。認知心理學家主要是在研究個體如何接收和了解外在訊息刺激、個體是如何思考和學習，以及個體又如何把學到的知識輸入與記在大腦中。

　　訊息處理是認知心理學的重要理論基礎，因此在了解由認知心理學家所發展的注意力模式之前，先從人類認知系統歷程（如圖 1-1 所示）了解訊息處理的過程。訊息處理過程開始於個體輸入外界訊息刺激，而輸入的第一步需要先透過感官管道（眼睛、耳朵、皮膚和鼻子）登錄，隨著訊息的登錄，再把訊息轉入記憶區（涵蓋短期記憶、工作記憶與長期記憶）等。但並不是所有的訊息都要進入記憶區作儲存，而個體要如何知道哪些訊息要保留，哪些則是不必要儲存的呢？這時，注意力就是一項工具，個體需要注意力來協助其決定所有訊息的去留。因此，學者們也相繼針對注意力在認知心理學觀點上所扮演的角色做探討，陸續從不同角度提出不同的注意力理論，而這些理論可以相互彌補理論本身的不足。

　　認知心理學發展的注意力理論涵蓋早期—晚期選擇理論，刺激信號阻斷或信號減弱過濾器的觀點接續出現，再轉向注意力資源分配的論點。在這個論點上，由於個體在處理訊息的容量或資源有限，注意力機制的運作可以幫助個體更有效地處理有用的資訊，並避免訊息處理系統的過度負荷（李玉琇、蔣文祁譯，2010）。Johnston 與 Heinz 在 1978 年綜合瓶頸理論（Bottleneck Theories）和容量理論後提出多元理論，此理論強調個體具有選擇的彈性，可視情況對注意力做最佳使用（鄭麗玉，2006）。多元理論

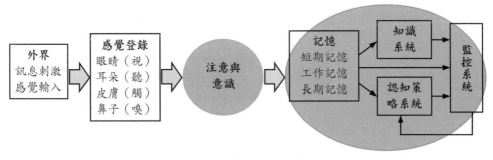

圖 1-1　人類認知系統歷程
資料來源：鄭昭明（2010）

指出，當外界刺激輸入之後，個體首先透過感官記憶對刺激進行感覺分析，有必要才進一步進入工作記憶進行語意分析。感覺分析所耗費的注意力資源相當的少，語意分析則要耗費大量的注意力資源（林鈜宇、周台傑，2010）。

1. 瓶頸理論

過濾模式（Filter Model）：這可以說是早期的選擇模式，是由英國心理學者 Broadbent 在 1958 年根據 Cherry 從遮蔽中發現雙耳分聽的研究結果，利用訊號處理的概念來看選擇性注意力的處理歷程，而這也是注意力理論第一次被詳細地提出（Eysenck, 2004）。Broadbent 認為，注意力容量是有限的，因此對於輸入的訊息會有所選擇，訊息必須經過過濾器篩選之後再進行處理（林宜親等人，2011）；而未經注意力處理的刺激既不會受到語意層次的分析，也不會被知覺或是意識到（李仁豪、葉素玲，2004；Serences & Kastner, 2014）。也就是說，注意力充當一個過濾器，只有有限的訊息可以通過，不被注意的訊息就完全被隔絕在外，其功能就如同一個開關器一樣，可以對右耳開、左耳關，或是倒過來處理（黃秉紳，2006）。綜合上述所言，過濾模式認為，為了讓腦部不會因為接受各種訊息而負荷過大，導致個體不能夠迅速的處理訊息，所以需要注意力有如過濾器的功能讓個體把訊息阻擋在外，而這些沒有被注意到的訊息也沒有經過處理，只短暫存在於感官記憶之中。

減弱模式（Attenuation Model）：這是由 Treisman 在 1969 年針對自己的研究結果提出之理論。Treisman 的研究是讓參與者雙耳聽兩篇不同的文章，且進行到一半時間時，在參與者不知情的狀況下會互相交叉，由另一耳接聽後半段。結果顯示，參與者有時候仍然可以繼續聆聽複誦後半段的文章（鄭昭明，2010）。這也就表示，雖然該訊息不是該耳朵需要去注意

的，但是此訊息仍然會被處理，也因為這樣，參與者有時還是能聽到不需要聽到與處理的訊息。因此，Treisman 認為外界訊息進到處理系統後，並非如 Broadbent 的理論所認為，那些不被注意的訊息就完全的被排除在外，而是一個逐漸削弱的歷程。她認為那些沒有被注意到的訊息可能是以一種逐漸減弱的方式消失，而非完全的被排除在整個處理系統之外（阮啟弘等人，2005）。也就是說，從外界進來的訊息不可能在感覺的層次上就被過濾掉，因為如果是這樣，我們就永遠沒有辦法知覺到這些訊息，而認出它們的顯著性（李玉琇、蔣文祁譯，2010）。綜上所述，減弱模式認為訊息不會在不受注意的情況下完全被排除掉，訊息信號僅是變弱，但個體仍然可以聽到或看到不需要去注意的訊息，且也能夠辨識，例如：當個體在音樂廳欣賞交響樂團演出時，旁邊的聽眾竊竊私語，此時個體能夠辨識以讓自己注意前方的樂團演出（必須要注意的訊息），同時個體也能辨識旁邊聽眾的說話聲（不需要注意的訊息）。

　　選擇模式（Memory Selection Model）：這是由 Broadbent 後續的學者針對研究所提出的發現。Deutsch 與 Deutsch 認為選擇性是必要的，主要是需要視工作記憶處理訊息的速率而定。他們認為，所有的訊息進入時都依據其重要性有不同的比重，而只有最重要的訊息可以進入接下來的處理歷程，例如：記憶的儲存及動作的反應（阮啟弘等人，2005；郭美滿，2012；Quinlan & Dyson, 2008; Serences & Kastner, 2014）。也就是說，個體要對接踵而來或同時出現的訊息做出選擇，其在新舊訊息之間的選擇速度，則會因為舊經驗已經在知覺處理之下，而比新訊息刺激的反應要快。

　　知覺負荷量模式（Perceptual Load Model）：這是由 Lavie 針對早期選擇和晚期選擇注意力模式之爭論而提出的一個新理論，且澄清了認知控制在選擇性注意上的角色。根據知覺負荷量模式，在知覺處理歷程有其資源容量的限制時，所有在知覺處理能力範圍內的訊息會非自願的被自動處

理，而被強制執行（Lavie, Beck, & Konstantinou, 2014）。注意力的分配機制涵蓋兩種：一為自動處理機制（automatic processing），以不受意識控制的方式進行；二為控制處理機制（controlled processing），是由個體心中的目標、意向所決定，且是自主性的注意力配置。當個體在面對環境中的訊息時，會同時採用這兩種機制進行認知資源的配置，兩種機制並存在一項活動當中，但可能由其中一種機制進行主導（朱穎君、陶振超，2011）。

Lavie 認為，注意力選擇作用的時機在早期或晚期並不是固定不變的，而是依據作業（task）本身的困難度來決定。他認為作業的難易程度造成知覺負荷量的不同，於是決定了注意力選擇的階段是在早期或晚期（阮啟弘等人，2005）。而這些神經機制之證據在最近幾年透過腦部造影的研究而得到支持。研究發現，選擇的階段與作業所需的知覺量有密切的關係。當作業所需要的知覺量較高時，注意力選擇的階段會發生在知覺的層次（早期選擇）；相反的，若作業所需的知覺量較低時，注意力選擇的階段會發生在語意的層次，或甚至是在動作開始前的層次（晚期選擇）（Lavie, 2005; Lavie et al., 2014）。

2. 容量理論

容量模式（Capacity Model）：這是由 Kahneman 所提出。Kahneman（1973）主張，注意力是一種有限的心理資源，是分類和辨認刺激的認知處理單元，而個體是以此有限的認知資源（cognitive resource）來處理訊息。容量模式假設個體所能夠選擇與支配的注意力是固定的（林鈜宇、周台傑，2010），若是把注意力想像成日常使用的保溫杯，當個體想要喝水，但是在保溫杯容量有限制下，只有等到保溫杯再出現空間時，個體才能再去裝水。因此，能容納多少內容物就需要視其本身的容量而定，但是

該保溫杯的容量大小，是固定不變的。在這樣的狀況下，個體必須特別注意倒進去的水量，一不小心，保溫杯中的水就會滿溢出來。在這樣的情況下也顯示，注意力能容納的資源數量是不變，接收與容納的訊息是有一定的限制。

此外，容量模式的建立為早期選擇和晚期選擇理論之間的爭議做出了一個結論。Kahneman 認為，注意力應該是單一容量且是無法被分割的處理容量，目的是為了解決早期選擇與晚期選擇理論之間的爭議，其主要看法是不再把早期選擇與晚期選擇理論視為兩種相斥的理論立場，而是把它們視為一個連續變化的兩端，皆是在探討當個體面臨多於一種的訊息管道、刺激、作業或反應時，所必須做的選擇（陳烜之，2007）。所以，注意力並非頑固不變，如機械般地被限制；相反的，注意力是一個更靈活的系統，因為它是會受複雜性任務與個體意圖所影響（Park, 2013）。也就是說，個體在接收訊息之後，無論選擇的階段是處於早期選擇理論的知覺階段，又或是晚期選擇理論的語意或動作開始前之階段，都需要做出必要性的選擇。注意力並不是不會改變，而影響這些選擇過程的因素會與工作難易度和個體本身的想法有關。

個體本身在一種有限的心智資源下，就必須運用有限的心智資源處理訊息，這又稱為注意力分配模式（allocation model）。注意力分配模式是當我們同時進行兩件事時，只要這些活動不超過所需的資源數目，我們便能同時進行這些活動，但是當這些活動所耗費的總資源超過既有的容量時，若要同時進行第二件事，必然會使第一件事的反應退步（溫卓謀，1999）。也就是說，要有效的運用有限資源，分配上就需要拿捏得宜，過多或過少都可能影響下一步的安排。因此，個體會利用個人的經驗、需求和技能，把所有接收到的工作以難易度或複雜度做分類。因為簡單不複雜的工作不需要耗費太多的注意力，所以個體就會有多餘的注意力同時做其

他的事；相反的，困難複雜的工作需要個體花費更多的認知資源完全投入時，個體的認知資源耗損的快，他們對新出現的刺激也無力去注意與處理（林鋐宇、周台傑，2010；郭美滿，2012；黃秉紳，2006；鄭麗玉，2006；Kahneman, 1973; Park, 2013），例如：個體可以同時聽音樂和騎腳踏車；司機可以同時開車和注意交通安全。但是，如果個體才剛開始學習騎腳踏車或開車，對他們而言，這些會是一項複雜、困難與不熟悉的工作。這些任務會需要他們完全注意和投入，也就沒有多餘的心力聽音樂，且兼顧周遭的交通安全也就會是一項挑戰。

多重資源模式：這是由 Wickens 在 1984 年所提出。Wichens 針對容量模式之假設提出不同想法，其研究結果發現：主要作業的難度增加並不會影響次要作業的表現，而且兩項不同的作業是可以一同抑或是分開進行。當一個作業的結構有了改變時，對同時進行的作業干擾也產生了改變，即使結構改變的作業，其困難度並未增加。兩項難度不同的作業分別與第三項作業同時進行時，難度較高的作業在形成雙重作業時會產生較低的干擾（引自陳烜之，2007）。之後，「多重」認知資源庫的概念在 1970 年代後期興起。在人類的知覺過程中，不同感官可能有各自的認知資源庫。當面對多個「相同感官形式」的訊息時，所有資訊處理作業即共享一個認知資源庫，其容量限制容易出現；當面對多個「不同感官形式」的訊息時，各個資訊處理作業由不同的認知資源庫支援，其容量限制較少出現（陶振超，2011）。在上述所提出個體對於兩項不同作業是可以同時進行，無關難易度，即使提高難度也不會對另一項作業造成影響，例如：個體可以同時聽音樂和唱歌，抑或是個體可以邊看書且把所看到的文字朗誦出來。而多重資源模式是針對既有的單一容量模式，進一步修正無法解釋之現象而發展出注意力容量修正模式，企圖解決容量模式所無法解釋的現象（林鋐宇、周台傑，2010；孟瑛如、簡吟文，2016）。

3. 多元理論（Multi-mode theory）

多元模式：這是由 Johnston 與 Heinz 在 1978 年綜合瓶頸理論和容量理論所提出的模式，且該模式也使用雙耳分聽的實驗來支持他們的理論（鄭麗玉，2006）。多元模式認為，當個體的認知資源有一定的限制容量時，個體可以依當下所需而選擇所接收到的訊息要在哪一個階段處理。當有兩個或兩個以上的刺激必須同時處理時，如果個體不需要對第一個刺激做完整的語意分析，只需透過感覺分析就可以歸類時，由於其耗費相當少的注意力資源，故剩餘更多的注意力資源來處理第二個刺激，因此會有較好的作業表現。反之，如果第一個刺激較為複雜且無法透過感覺分析來歸類時，就必須進入語意分析。刺激一旦進入語意分析就必須耗費大量注意力資源，也因此沒有足夠的資源來處理第二個刺激，故作業表現相對降低（溫卓謀，1999）。所以，多元模式所賦予的意義是個體有選擇的彈性，可視情況對注意力做最佳使用（鄭麗玉，2006；Park, 2013）。

（二）神經心理學

神經心理學結合神經內科學、心理學、神經解剖學、神經生理學、神經化學，以及神經藥理學等專業，是一門探討腦部如何組織和運作社會認知功能、情緒與行為的科學（花茂棽等人，2011）。神經心理學是藉由神經心理測驗來評估人類的知覺、認知與行為等腦部功能。注意力缺陷過動症者常是注意力研究的對象之一，經由過去神經心理學研究發現，他們的行為問題是由於腦部異常所導致，其中前額葉與紋狀體迴路相關的神經心理功能是被研究最多的部分。研究顯示，與他們最有關聯性的神經心理功能障礙，包括：抑制功能、工作記憶、延遲嫌惡、視覺記憶、時間知覺（商志雍、高淑芬，2011）。Grawe 以「神經心理治療」來指稱神經科學與影像技術二者的結合，提出以「大腦為基礎」（brain-based）的原則為

取向的心理治療，並提出重要原則，包括：重視個體的生理與環境互動、經驗歷程、記憶系統、認知與情緒、人際關係與大腦功能的相互關係，以及想像如真實般影響大腦等（廖御圻、郭乃文、陳信昭，2015）。也就是說，神經心理學是一門跨專業，而在科技技術日新月異的現在，神經心理學家也同時利用許多影像設備進行研究，例如：核磁共振技術。

因此，有研究利用核磁共振影像設備所蒐集的證據顯示，注意力缺陷屬於多元性的腦部損傷。透過核磁共振影像研究發現，注意力缺陷過動症者在執行抑制注意力任務時，其額葉、顳葉、頂葉會有功能障礙（商志雍、高淑芬，2011；Hart, Radua, Nakao, Mataix-Cols, & Rubia, 2013）。在注意力方面，額葉損傷最常見的症狀是：(1)對注意力反應失去應有的抑制能力；(2)影響注意力在不同情境間的轉換；(3)自我空間定向；(4)視覺搜尋；(5)眼動能力之表現；(6)分配注意力功能；(7)無法下意識地追隨大家所凝視的共同焦點，所以在社交能力上顯現出缺陷（林鋐字、張文典、洪福源，2011；葉品陽、陳彰惠、吳景寬、粘晶菁，2014）。顳葉受損者在接收視覺或聽覺方面的刺激時，無法有效的進行區辨選擇（孟瑛如、簡吟文，2016；孟瑛如、簡吟文、陳虹君，2016；孟瑛如、簡吟文、陳虹君、張品穎、周文聿，2014）。因此，當他們無法篩選或過濾主要訊息與忽略不必要訊息時，他們很容易被周遭不相關的訊息刺激而吸引。相對的，他們在學習上或執行任何重要任務時，也就很容易被各種聲音或視覺刺激干擾而分心。頂葉損害相關的注意力問題是集中在注意力或刺激定向方面（孟瑛如、簡吟文，2016；孟瑛如等人，2016；孟瑛如等人，2014），而造影研究顯示，頂葉損害對注意力轉移機制會產生嚴重影響，也會對集中性、持續性與選擇性等注意力向度之表現產生影響（林鋐宇等人，2011）。後頂葉皮層強調在空間感的作用、視覺動作控制或定向的注意之外，也具有維持警戒狀態的作用（Malhotra, Coulthard, & Husain,

2009）。除此之外，影像研究也已經證明額葉和頂葉皮層區的活化主要發生在右大腦，此部分與持續性的注意力能力有關聯（Sarter, Givens, & Bruno, 2001）。由上可知，大腦損傷位置不同所影響的注意力問題也會有差異。

　　在神經心理學領域中，注意力理論有注意力網路與注意力監控系統二種模式。過去由 Petersen 與 Posner 所提出的神經認知模型注意力網路理論中的注意力有三種，分別為：(1)維持在一個警醒狀態並隨時準備好去做出一個與動作反應有關的警覺（alerting）注意力；(2)著重在以所選擇的方式或位置做為優先處理順序的導向（orienting）注意力；(3)負責監控及調控所有訊息之處理的執行（executive）注意力。Posner 表示，注意力功能不是只有一種面向，而是應該要包含不同面向，並且可能有不同之大腦機制以進行處理（林宜親等人，2011；Rueda, Checa, & Cómbita, 2011）。在二十年後，他們所發表的一篇文章〈人類大腦的注意力系統：二十年後〉（The Attention System of the Human Brain: 20 Years After），除了回顧過去所提出的神經認知模型網路理論，也把回顧的範圍延伸到與注意力相關的新領域，也就是可控制自己思想、感覺和行為的自我調控（self-regulation），對成人則是經常被稱為自我控制（self-control）。因此，目前神經認知模型之模式涵蓋四種注意力網路理論（Petersen & Posner, 2012）。

　　Norman 與 Shallice 於 1986 年提出注意力監控系統模式，此模式主要描述個體訂定計畫、調控和驗證時，會涉及競爭程序化及監督性注意力兩種系統（王立志、張藝闡、何美慧，2011）。此模式主張，個體處理外界與內在訊息的策略區分成兩類：第一類即個體對例行性事務所進行的自動化處理過程；第二類即「監督性注意力系統」，此系統會在個體處理非例行性事務時，透過由上而下的即時修改或抑制，使事務更具效率或滿足特殊需求（林鋐宇、周台傑，2010）。

（三）整合理論

　　除了上述理論，我們也需要思考是否單就神經心理學或認知心理學就能了解注意力。畢竟，如同上述所言，注意力有過濾、選擇、腦容量理論，是否就僅有如此。「專心行為」或是「分心行為」常與注意力一起討論，是否也表示不能僅考量注意力問題。因此，若是再從另一角度思考，我們可以看到注意力與行為之間的關係。也就是說，上述理論不應該各自存在，而當我們在討論注意力問題時，所想的就不能只是生理與心理學理論，而是必須要整合理論並同時納入行為理論，才能更加解釋注意力和持續專注的狀況。

　　德國心理學家 Lauth 與 Schlottke 是以行為治療的角度思考探究注意力，並在 1993 年作為活動設計基礎之理論。他們認為注意力是行為，注意力缺失則表示行為能力是不足的。除了要透過神經心理學研究與發展之外，也不應該忽略社會行為和學習的經驗值。也就是說，Lauth 與 Schlottke 在他們的整合理論中劃分了層級，首要提到的是調節活動的神經／生理、心理／生理基礎的缺損。兩人也利用生物行為理論說明，當中樞調節神經系統受損所帶來的後續影響，注意力問題會影響後續的行為與適應力。其所提出的整合理論之五個層級分別為：(1)調節活動的神經／生理、心理／生理基礎的缺損；(2)自我控制能力受侷限；(3)行為掌控能力及行為的組織力差；(4)環境中負向的回應；(5)孩子對訊息不利的解釋（楊文麗、葉靜月譯，2003）。由此可見，感覺調節對注意力問題是具有影響性的。

　　由此，我們也能更夠經由德國心理學家所提出的整合理論相對應於神經心理學和認知心理學，例如：當個體無法順利過濾四面八方的刺激物時，只好全面接收。也因為如此，個體會產生基本能力不足的問題，例

如：個體無法接受到正確的訊息、閱讀時該看字卻被圖畫吸引。因為全面接收所有刺激物，在頭腦容量有限下，重要的訊息可能都無法放進腦中儲存，個體也因此無法掌控全局，只能接受片段訊息，最後會導致目標無法完成。當不能過濾、不能選擇和腦容量空間不足時，個體即無法有確實的目標方向去執行任務，甚至無法思考就行動。在無法過濾和無法選擇的全然接收下，個體的組織力會受到影響。

從上述所言，我們可以清楚知道注意力無法以單一理論就能詳盡說明，而是需要綜合各種生心理學角度和相關理論相互彌補彼此的不足，這樣才能讓大家都能夠更加了解「注意力」，而不是僅依賴口語提醒「要注意」或「要專注」就夠了。

🥟 二、注意力的類型

不同理論所發展的注意力向度也有所不同，認知心理學領域的學者認為，注意力系統不是單一而是複合性的能力，它至少涵蓋持續性注意力（sustained attention）、選擇性注意力（selective attention），以及分配性注意力（divided attention）等三種向度（李宏鎰、趙家嬅、黃淑琦、蔡靜怡，2006；孟瑛如、簡吟文，2016；鄭昭明，2010）。在神經心理學之注意力網路模式中，區分為導向、執行與警覺等三種注意力網路系統，詹雅雯、陳信昭、郭乃文（2006）將此模式下的注意力劃分為五個向度，分別為：集中注意力、搜尋注意力、抑制性注意力、抗拒分心，以及轉逆原則。由 Sohlberg 與 Mateer 在 1987 年所提出的注意力臨床模式，則分為集中性、持續性、選擇性、交替性，以及分配性等五種注意力向度（林鋐宇，2011）。

除了過去的文獻指出注意力是多向度之外，注意力也涉及與特定視

覺、聽覺、動作或高層次作業有關的視覺、聽覺、運動和聯合區皮質中的神經活動（李玉琇、蔣文祈譯，2010）。所以，當注意力的功能與末梢神經系統的感覺體系結合時，人類也因此具有視覺、聽覺、味覺、前庭覺、本體覺和觸覺等方面的注意力（王立志，2010；何美慧，2010；楊坤堂，2000）。就感覺輸入管道而言，也分有視覺注意力和聽覺注意力：視覺注意力是指付出心力去注意視覺刺激中最明顯或最需要聚焦的部分，而聽覺注意力則是利用各種方法去聆聽聽覺刺激中最需要被特別劃分出來的部分（王立志，2010），例如：在學生無法過濾和選擇聽覺刺激訊息時，他們也容易受外界任何干擾之聲響而分心。

上述不同理論所歸納的注意力類型會因為分類論點之不同而有所差異。王立志等人（2011）表示，Cohen 透過訊息處理歷程及注意力成分進行統整，以刺激進入的時間序列，而提出：感覺選擇歷程、初始注意力、反應選擇歷程、持續注意歷程。筆者把 Cohen 之觀點與上述理論所提出的注意力類型之功能做統整，其注意力歷程相對應如圖 1-2 所示。

圖 1-2　注意力時間序列架構與注意力功能分類之統整

資料來源：王立志等人（2011）

三、注意力的功能

神經心理學角度的注意力網路模式認為，注意力的功能分別為：(1)頂葉皮質區關係到注意力的感覺選擇，稱之為後注意力系統，其功能是由

下而上的歷程，牽涉到感覺訊息的表徵與處理；(2)前腦扣帶則是關係到注意力的專注強度與控制，稱之為前注意力系統，其功能是由上而下的歷程，牽涉到行動計畫的表徵與處理，並可協助後注意力系統的運作，並影響到持續性注意力系統，包括：警醒、維持注意力（王立志等人，2011）。而認知心理學家認為注意力具有四個功能，分別為警戒和信號偵測、搜尋、分散性注意力，以及選擇性注意力（李玉琇、蔣文祈譯，2010；詹元碩，2015），描述如下。

　　警戒和信號偵測：行人過馬路是一個例子。個體必須要對交通號誌之變化保持警戒，以偵測燈號轉換正確的行為，例如：紅燈走，綠燈停。當心不在焉，讓警戒和信號偵測能力下降時，個體過馬路就可能會產生交通事故。若是以學生考試為例，監考教師會需要長時間保持警戒，同時開啟雷達偵測以注意刺激物的出現（學生考試作弊的行為），而信號偵測則是教師已經看到且知道目標可能出現，例如：偵測到有人的眼睛四處張望且身體傾向旁人，此時教師可能會繼續觀察以確定其行為。所以，警戒與偵測的功能也是相互支援。

　　搜尋：這是指個體在尋找主要目標物，例如：個體需要透過搜尋能力在自己的衣櫃中，找出想要穿的衣服款式；學生在抄寫時需要依賴搜尋能力，在課文中找出所要抄寫的圈詞。在特徵整合理論中提到，特徵搜尋意指我們了解物體外在的特徵後，會在視野範圍中尋找是否有任何的相關刺激物存在；而在相似理論中提出，偵測的難易度會因為同一範圍內出現眾多特徵相似之物體而有不同。引導搜尋理論認為，搜尋涉及兩個連續階段，也就是說個體可以在眾多物體裡排除干擾物而看到範圍中的主要目標，接者再找出所有範圍內的主要目標物。不僅視覺搜尋如此，聽覺也是。就如同小朋友聽到家人的聲音時，會四處張望尋找聲音的來源。

　　分散性注意力：意指個體能夠分配好自己的注意力，以便讓自己在同

一時間處理多項事務，例如：學生可以邊聽課邊抄寫筆記、家庭主婦能在切菜、炒菜時，還能夠留意正在煮的湯是否滾了。

選擇性注意力：這也是一種抑制的能力，是個體能在多種刺激同時出現或分別出現時，能夠注意主要刺激而忽略不必要的刺激；能夠在任何形式的刺激物出現時，持續只注意到主要的訊息；能夠聽到或看到或想到某一狀況而抑制想要的行為，繼續執行當前的事務，例如：個體正在寫功課，但又想要玩 iPad，此時就必須要選擇主要事項為寫功課，抑制想玩 iPad 的衝動，直到功課完成為止。

由上述可了解，無論是神經心理學所提或認知心理學所言之注意力功能，不管注意力功能與運作模式對於個體的影響為何，解決提升個體注意力可能會遇到的問題，都需要了解上述功能，以利執行者設計適合的課程內容來協助個體。

參、注意力的發展歷程

注意力會隨著個體的感官神經發展成熟而開始發展，所以注意力在發展歷程中是有其階段性的發展，並非一蹴即成。個體在出生第二個月開始會注意到橫向與縱向移動的物體，在進入第三個月則會開始控制自己的注意力，且有意識地將注意力從某物轉移到另一個物體（毛佩琦譯，2014），例如：個體的注意力在眼前的玩具，但是聽到媽媽的叫聲（外界刺激且出現警覺性）之後，就把注意力從玩具轉移到媽媽身上。這項很早即開始發展的能力稱之為導向注意力，此能力是讓個體能夠在外界刺激下而由某一點轉移到另一點，可以說導向注意力具有一種能夠引導個體轉移的作用。也就是說，隨著外界各種人、事、物等環境刺激，能協助個體在不同的外來刺激之間轉移。所以，當個體因為外界刺激出現而產生導向反

應（orienting response）時，感到驚覺的個體會把目光轉向刺激物，也因此個體的心跳和腦波會開始有所變化（游婷雅譯，2009），且此項能力也能協助個體因為好奇而開始認識世界。

　　一般幼兒的共享式注意力（joint attention）約在出生 9 至 18 個月左右開始發展，個體此時對外在事物及他人的互動也會開始有重要的改變。首先，他們會出現與他人一起共享關注（joint engagement）的行為，接著，會出現手指指示追隨及目光追隨等「回應性共享式注意力」的行為。之後，個體也會逐漸出現主動企圖改變他人注意力的「主動性共享式注意力」。所以，共享式注意力是分為主動性和回應性二種。但是無論是哪一種共享式注意力，都需要個體利用視覺去注意他人或他人臉部表情的反應以及物體，例如：能主動對他人笑；能主動看向他人的臉部；能用動作、聲音等行為吸引成人的注意力到自己身上而和成人眼神對視；能以肢體動作對成人尋求協助或提出要求（江淑蓉、彭雅凌、姜忠信、林家慶，2012；李惠藺，2015；鄒啟蓉，2015；Geraldine et al., 2004）。舉例來說，當小名聽到爸爸說：「小名，你看，那是什麼？」和同時指向某處時，小名會對自己的名字有反應而看向爸爸，並能夠依循著爸爸手指所指的方向。當小名看到或還未找到爸爸所指的物體時，小名會再回頭看著爸爸，目光在爸爸和爸爸所指的方向之間轉移。所以，共享式注意力是新生個體除了導向注意力之外，在發展過程中所需要的一項能力。

　　值得注意的是，無論是導向或共享式注意力的發展，上述這些過程所需要的能力也都牽涉到個體必須由視覺追蹤的能力去搜索各種感官刺激。導向注意力發展是個體能把注意力導向周邊物體且投注（engagement）在目標物，再慢慢抽離原本的注意力位置（disengagement），並將目光重新導向到新的周邊刺激物，這也就是轉移性注意力（shifting attention）。因此，隨著嬰兒眼動控制的日趨成熟，而逐漸發展出內隱性的轉移性注意力

及持續性注意力，此時嬰兒逐漸可以持續的注意物體，暫時不會被旁邊不相干的物體干擾（林宜親等人，2011）。而共享式注意力的建立是會受到新生個體出現的新能力所強化，這項能力也就是視覺追蹤某焦點能力（毛佩琦譯，2014）。個體接收訊息的感官通道主要是藉由視覺接收，而視覺接收注意力決定的訊息時則會反應在眼球運動上。所以，注意力和眼球運動之間是有密切的連結關係，而注意力的存在是為了隨之而來欲執行的眼動做準備（劉佳蓉，2006；Gottlieb, 2012）。研究也指出：回應性共享式注意力可以是自閉症診斷的方向之一，而其視覺追蹤測量是一種很精確和標準化的工具（Navab, Gillespie-Lynch, Johnson, Sigman, & Hutman, 2011）。綜合上述所言，就如同一開始所說，注意力的形成是隨著個體的神經系統發展才能發展的，所以個體的共享式注意力在建立的過程中會受到視覺追蹤能力所強化，不難了解視覺追蹤對於個體發展共享式注意力有其重要性，相對也不能夠忽略視覺追蹤能力對個體建構注意力的影響性。因此，在個體的發展過程中，更不能忽視視覺對各種聲響和物體追蹤能力的觀察。

除了上述的發展狀況，個體注意力的時間長度也會隨著年齡而有所改變，但是活動本身的有趣度、對活動之選擇性或被指定性，以及個體本身的個性，都會影響個體參與活動的動機和個體注意力在活動操作上所要的時間長度。一位 2 歲幼兒在實際操作活動上可以專心持續 7 分鐘的時間（楊坤堂，2000），而 3 歲幼兒對於有興趣的活動則是可以持續 3 至 8 分鐘，且也能夠完成簡單的活動。3 歲半幼兒可以在活動中獨立操作，如果是一系列不同的活動時，個體能夠讓自己在活動中持續到 15 分鐘。4 歲幼兒則能維持 7 至 8 分鐘在單一活動上，如果是新的或特別感興趣的活動，個體是可以盡可能持續到 15 分鐘。另外，當一位 4 歲幼兒在小團體的時候，也能夠在沒有被打斷下花 5 至 10 分鐘在團體中玩耍。4 歲半幼兒則可

以獨立操作，此時可以對成人所選擇的事情持續活動 2 至 3 分鐘的時間，諸如：要穿的衣服或玩具。大部分 5 歲幼兒能夠忽視次要的干擾物，也能夠專注 10 或 15 分鐘在單一種有趣的活動上。如果指定的事情是簡單的，個體也可以花 4 至 6 分鐘在該活動上（引自 Sirpal, 2013）（如表 1-1 所示）。

表 1-1　平均注意力長度

年齡	平均注意力長度
3 歲	可以持續 3～8 分鐘在有興趣的活動上。
3 歲半	如果提供個體一系列不同的活動時，能持續 15 分鐘投入其中。
4 歲	能維持 7～8 分鐘在單一活動上，如果是新的或特別感興趣的活動，個體能讓自己在活動中持續到 15 分鐘。也能夠在沒有被打斷下，持續 5～10 分鐘在小團體中玩耍。
4 歲半	持續活動 2～3 分鐘的時間在成人所選擇的事情上，像是要穿的衣服或是指定的玩具。
5 歲	大部分能夠忽視次要的干擾物，也能夠專注 10 或是 15 分鐘在單一種有趣的活動上。如果指定的事情是簡單的，個體也可以花 4～6 分鐘在該活動上。

資料來源：Sirpal（2013）

　　但是，2 歲幼兒雖然可以表現出良好的集中性注意力，但注意力的持續時間卻是短暫的，也無法順應環境要求做適當的轉移；大約到 6 歲左右，個體才能發展出成熟的注意力，以因應進入小學從事大量的認知學習活動（郭美滿，2012）。國小學生注意力發展趨勢之探究在針對注意力與年齡之間的關係，雖然不同向度的注意力發展歷程不一致，但多數研究結果均顯示：個體 10 歲以後的注意力表現幾乎與成人無異。持續性注意力與交替性注意力會隨著年齡的增長而改變，學生的持續性注意力在 10 歲以後仍有成長的空間，但是交替性注意力會隨年齡增長逐漸趨緩。而分配

性注意力的研究顯示：當個體須同時執行兩件任務時，年齡因素對任務的執行效率便具有決定性影響（林鉉宇等人，2011）。綜合上述所言，注意力的各種向度會隨著個體發展歷程逐漸成熟而得以延展其持續專注的時間。雖是如此，我們也不能忽視個體本身的動機，以及活動本身影響個體在活動中的持續專注之時間長度。

肆、注意力與認知雙重處理系統

認知雙重處理系統（dual process models of cognition）涵蓋自動化處理與控制處理兩種機制，而這兩個機制是否能夠正常運作也會影響注意力。

一、雙重處理系統

與認知心理學觀點有關的注意力理論指出，個體認知資源是有一定的容量。因為容量有一定的限制，若是要進入容量內，就必須經過篩選的程序，這表示個體需要熟悉與能夠判斷各種外界刺激的重要性與其價值性，再視其必要性而排除與選擇放進容量中。此過程所要花費的時間也與刺激的難易度有關，相對也就會影響注意力的耗損。因此，當個體對外界的各種訊息刺激有足夠的認識與了解，處理的速度就會比較快。又當個體需要同時處理不同的訊息且在注意力容量有限的狀況下，就必須要進行資源上的分配。認知歷程中的自動化處理（automatic processes）與控制處理（controlled processes）則是具有資源分配功能的機制（陶振超，2011）。這樣的機制能協助個體有效分配注意力資源，以避免個體因為注意力的耗損而無法有效學習。也因為如此，這兩種認知處理機制對個體是很重要且有一定的影響性，也會影響注意力的表現。

　　自動化與控制處理機制最初是由 Schneider 與 Shiffrin 所提出，是關注與操作相關的技能，經過大量、一致的練習後，能從仰賴人自主性的處理（控制處理機制），轉變為反射性的進行（自動化處理機制），此稱為「自動化」（陶振超，2011）。自動化處理歷程不需要刻意努力、不受到意識的控制，且所消耗的注意力資源微不足道，其處理的速度非常快且花費的時間較少。控制處理歷程需要刻意的努力、完全的意識察覺，且耗費許多的注意力資源，處理的速度和花費的時間也相對比自動化處理要慢很多（李玉琇、蔣文祁譯，2010；Kiefer, 2007, 2012）。LaBerge 與 Samuels 則指出，自動化的發展有「錯誤期」、「正確期」和「自動期」等三個階段（陳惠琴、楊憲明，2008）。以閱讀為例，當處於「自動期」的個體能自動化的識字，他們就有能力把注意力集中在理解閱讀的材料上；然而，處於「錯誤期」或「正確期」的個體為避免產生閱讀上的問題，所以必須把注意力花費在文字解碼上，以致於朗讀時會出現長時間暫停、持續重複、文字辨認錯誤，以及只能少量理解文本的狀況（陳惠琴、楊憲明，2008）。

　　如上所述，注意力是否能夠發揮其功能讓個體能有效學習，與各種訊息的難易度和複雜度有關。若是從注意力的容量理論來分析，一個程序（或工作）需要多少注意力，端視其熟練程度而定，愈熟練的程序，需要的注意力愈少，而極度熟練的程序可以完全不需要注意力（翟敏如、謝妃涵，2010）。此表示個體在學習閱讀時，因為不認識或不夠熟悉文中的部分字形（也許是剛學習的新單字或單詞），這時即需要解碼，也就會影響閱讀的速度。相對的，個體就需要花費較多的注意力在此階段。但是，經過反覆的練習，個體對原本不熟悉的語詞轉為熟悉與了解後，藉由所累積的經驗和知識，讓個體的閱讀速度能夠流暢與理解。在此情形下，個體是不需要花費很多的注意力在這個階段。不管是在學習閱讀或是由閱讀中學

習，我們可以發現解碼自動化跟注意力資源決定了大部分學生閱讀技能的成敗關鍵，彼此之間有著相輔相成的關係（陳惠琴、楊憲明，2008；鄭昭明，2010）。

筆者在此以學習樂器為例。當一位音樂的初學者正在認識音符和琴鍵上的位置時，在剛開始的學習階段，個體會先進入控制處理歷程。在這個歷程的個體因為要把每個音彈在正確的琴鍵上，需要把注意力分配到視覺、聽覺和動覺上，也需要花很多的時間反覆練習。當個體在「錯誤期」時，對於音符、拍長和音的位置等還在建立階段，所以容易出現錯誤；當進入到「正確期」時，個體對琴譜中的音符已了解它們的琴鍵位置，也知道應該要彈奏的速度和正確的拍子。但因為個體還沒有熟悉，就需要在練習過程集中精神和注意力以避免錯誤。一旦個體透過反覆的練習與訓練，熟能生巧，個體開始熟悉此項練習作業，已經清楚知道每個音符和琴鍵相對位置，彈琴時也已經不再需要一邊看琴鍵一邊看琴譜，個體就能很自然地直接在鋼琴上彈奏。由此可知，個體已從控制歷程進入自動化歷程，也就是進入 LaBerge 與 Samuels 所提出的自動化第三期之自動期。

除了上述例子之外，在日常生活中也有許多生活經驗與工作技能是自動化的，像是吃飯、拿筷子、穿衣服、打開電視和穿鞋子等。對自動化歷程最有幫助的是習慣化（habituation）和去習慣化（dishabituation），而這一行為會出現在個體出生後幾個小時（李玉琇、蔣文祁譯，2010）。從上述例子能夠了解，作業的困難與複雜度並不會讓個體一直停留在控制處理，在經過不斷反覆練習，會從控制轉到自動化處理歷程。相對的，注意力分配也會有所不同，這也表示當個體進入自動化歷程時，就會有空間再去學習與經驗新的知識。

二、習慣化與去習慣化

「習慣化」對注意力的發展有其影響性,因學習有助於認知能力的提升,而是否能有效的學習則會受到注意力的影響。在這樣的情況下,習慣化對於注意力的能力表現有相對的影響性。習慣化可被定義為一個學習的過程,個體能從中學會忽略環境中不具有價值的刺激;也可說個體定向反應會直接朝向新穎且在環境中扮演著重要角色,此也顯示個體的定向反應與習慣之間是相互連接的(Balkenius, 2000)。習慣化是一種神經系統對相似的東西產生認證的過程;在細胞的層級中,當神經元已經產生活化,個體在過一段時間之後即不再對相似的模式多加注意。個體需要習慣化去處理一天當中大量的刺激,而在沒有習慣化的能力下,容易被持續出現的新刺激影響而分心(曾美惠、陳姿蓉譯,2008)。因此,當個體持續因為新刺激而分心,容易影響自己在新事物的學習時間與深入細節的探究;相對之下,無論是效率或需要習得的知識與技能,就需要比一般人花費更久的時間。習慣化讓個體把相似刺激在腦中的資料庫裡建檔,因此個體不需要再像初始階段花很多的時間與注意力再做出反應。也因為如此,當外界的訊息刺激出現時,個體可以把眼前的訊息以重要性和熟悉度做分類,再決定如何選擇與區分,也同時決定要花多少時間與投入多少注意力在此訊息上。

當注意力扮演好過濾訊息的角色,並協助個體持續聚焦在主要訊息上時,個體就不會輕易的被影響而分心。這樣的過程除了讓個體有良好的學習外,也影響個體的學習效率。雖然注意力的資源數量不變,能接收、容納與處理的訊息也就有一定的限制,但良好的注意力讓個體有多餘的空間處理其他的事情或學習新資訊,以致於不會受困於單一任務或無法提升其

學習能力。因為良好的注意力讓個體需要處理多項工作時，也能夠依照工作的難易程度將注意力分配在不同工作上。已經習得的能力，例如：個體經反覆學習後已儲存於記憶區的事件，即可視為簡單的任務，而困難的工作可能是因個體第一次的學習，而會覺得生疏。然而，「習慣化」便賦予個體這樣的能力，也就是再困難或複雜的工作也會透過個體反覆練習與學習，而變得簡單。所以，習慣化對個體在認知或其他事物的學習和注意力二者之間有一定的影響性與重要性。

　　雖然各種外界刺激也許不一定會讓個體產生生理與行為上的改變，神經系統也會放大該刺激的感知程度，以促進注意力處理程度。相反地，刺激的重複輸入會造成相等的感知程度，此時神經模式會消除對該刺激的感知，以避免有限認知資源的一再浪費（游婉雲、陶振超，2009）。假設習慣化出現問題時，是否也會讓個體的注意力和學習面臨挑戰呢？

　　原本強烈的指向反應會因刺激不斷重複而逐漸減弱，這種行為反應的歷時衰減現象被稱為「習慣化」（游婉雲、陶振超，2009）。習慣化涉及我們對刺激變得習以為常，以致於愈來愈不注意它。當刺激物反覆出現時，刺激物會由陌生轉為熟悉，個體在這個過程也會因此開始習慣此刺激物，而這個歷程在兒童發展過程中是很重要的。當個體有注意力問題時，對於很多刺激的習慣化會產生困難，而習慣化是支持個體的注意力系統之一項因素。相對的，「去習慣化」則是一個熟悉刺激的改變，會促成個體再次開始去注意這個刺激（李玉琇、蔣文祁譯，2010；游婷雅譯，2009）。換句話說，當個體對自己的工作或環境聲響已經熟悉的情況下，會開始慢慢不再把所有的注意力放在當前的工作上。但是，若是在已經熟悉的工作上做些小變動之後，個體會因為變動而重啟注意力在該項工作上。許多利用核磁共振影像蒐集證據的研究顯示，嬰幼兒和成人的認知神經習慣化技巧提供了敏感能力的增強，而這技巧並不是單純地隔離。又，

習慣化技巧也提供一種間接探討知識的方式和更多知識類型的訊息，而這對嬰幼兒的認知發展是特別的重要（Turk-Browne, Scholl, & Chun, 2008）。如上述所言，同一訊息刺激的反覆出現會讓個體產生「習慣」，習慣了環境中反覆出現的刺激。當新刺激轉為舊刺激，也就降低個體對此刺激的好奇，相對就不會刻意注意該刺激。習慣化是透過刺激反覆出現方式存在於個體，而不是把個體與刺激隔離。也因為反覆出現，個體才能夠透過不斷反覆學習，直到對此刺激熟悉為止。

我們可以試想，在學校上課或在一場會議中，如果台上的人一直以同樣的音調說話，沒有音高變化、沒有抑揚頓挫的轉折點，在經過一段時間之後，聽眾已經熟悉與習慣這樣的狀況下，其注意力會開始備受挑戰，有的人可能開始不耐煩，也許會開始進入發呆的狀態。然而，若是在一段以平淡音調講話的時間之後，講者在此時突然用唱的方式表達出所要說的話，或刻意把某音拉長後停頓，又或者說話速度快慢交替變換，這時所出現的小變動都會讓聽眾去習慣化，而重新開啟他們的注意力。筆者在自己的實務課程中常會採用這些策略，讓課程中的服務對象自然地在互動中重新投入注意力，尤其是處在團體中的服務對象，也不會因此覺得不好意思，或是覺得丟臉而生氣。另一個例子是，當個體第一次聽到兒歌「小星星」時，因為是初次聆聽與學習，所以會非常注意聆聽。但隨著時間過去，周而復始的反覆聆聽之下，個體因為習慣化而熟悉這首歌。因此，當個體再聽到音樂且知道是「小星星」時，會因為習慣化而失去好奇心就不會太注意聆聽音樂，而減少注意力在聆聽音樂上，並利用多餘的注意力同時去處理另一件事情。但是，如果引導者在「小星星」這首歌裡加上許多不可預期的元素，例如：把音樂速度變快，或是在兒歌中加入休止符讓音樂間歇性的停止，此時個體的聽覺因為去習慣化，會重新開啟注意力聆聽舊曲新編的「小星星」，讓個體必須要重新學習。

　　習慣化讓個體有餘力可以同時處理多方訊息刺激，但是當一件工作成為習慣性，不需要花費過多注意力，又或是如上述所舉的例子，是否也會讓個體逐漸減少集中注意力在當下的工作，再隨著時間慢慢失去注意力。另外，是否也因為習慣性而讓個體對當下工作處在原有模式，反而忽略其中的變化。就如同數字排列有其一定的順序，當筆者讓服務對象邊看數字邊敲樂器時，他們都會因為看到「12345」的順序性排列而開心，多數會直接反應且以記憶性快速敲奏。然而，他們所忽略的是「12345<u>3</u>」，最後一個音是 3 而不是 6；又或是在「1234<u>3</u>6」的順序中，還隱藏著一個 3 在 5 與 6 之間。

　　就上述所舉的例子而言，習慣化讓個體不需要不斷的反覆處理各種外界之訊息刺激，也因為如此，個體才能有多餘的注意力處理新問題。因為習慣化支持注意力系統，所以當習慣化產生問題時，個體勢必在處理訊息上也會出現困難。學者也針對習慣化損害深入研究與探討可能造成的影響。正常發展的新生兒比認知發展遲緩的高危險新生兒，更能有效率的習慣化與去習慣化。相反的，唐氏症者或腦傷者無法習慣化和去習慣化，或者是說唐氏症者或腦傷者會比正常發展新生兒的習慣化和去習慣化較處於低效率性。當嬰幼兒在有效率的習慣化驅使下，相較於使用簡單的模式，會比較喜歡用複雜的模式來展現優越的感覺動作發展、迅速地探索周遭環境、用較複雜的方式玩耍、快速解決問題和易概念化、優越的動作學習和圖案配對等（Kavšek & Bornstein, 2010）。針對注意力缺陷過動症兒童的大腦習慣化問題做深入探究的結果也顯示，注意力缺陷過動症兒童在視覺習慣化有損害的情況，並表示習慣化損害與注意力缺陷過動症兒童的分心行為有關（Balkenius, 2000; Jansiewicz, Newschaffer, Denckla, & Mostofsky, 2004）。另一份成人的研究也顯示，注意力缺陷過動症成人對於外界刺激的習慣化較一般人慢，而此發現意味著習慣化的損害或許能夠解釋與成人

注意力缺陷過動症有關的臨床症狀（Massa & O'Desky, 2012）。也有研究發現，發展為自閉症的高危險嬰幼兒在神經反應上出現較少的習慣化，且對頻率變化的敏感性也降低，感官習慣化出現困難讓自閉症兒童對外界刺激會過度的敏感，所以習慣化不佳對於外界刺激的過度反應（例如：容易因為聲音而驚嚇），也許能夠解釋自閉症者的非典型感官行為（Guiraud et al., 2011）。

　　筆者在實務上也遇到許多自閉症兒童對聲音處於高敏感狀態，且容易因聲響受到驚嚇。但不可避免的是，在音樂情境中會存在很多不同樂器聲響，筆者也觀察到這一群個體對不同音頻樂器的習慣化時間並不同，但相較習慣化較快的個體，仍然要花更多、更長的時間重複接觸這些樂器，方能稍微習慣樂器音色。也因為如此，筆者並不會刻意避免使用一些樂器，而會以個體較能接受的樂器一起使用。過程中的樂器音量和出現頻率也會視狀況而定，例如：有些個體會害怕手鐘（如圖 1-3 所示）的音高與音色，但是可以接受手鼓的聲音。在此狀況下，筆者並不會強制，亦不會不使用該種樂器。相反的，筆者會選擇以最小音量開始，且次數會依觀察個

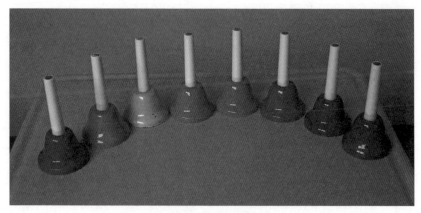

圖 1-3　手鐘

體的臉部表情、行為和情緒而定，漸進式進行以讓個體的聽覺感官能夠慢慢習慣這些樂器的聲音。我們不能因為要讓個體建立習慣化技巧而忽視其心理情緒，也不會強制個體要完全處於該聲響環境中。然而，個體也可能在稍微能習慣各種樂器聲後，因為請假而需要再重新建立該能力，但是因為之前已對各種樂器音色有些熟悉度，則會比剛開始所花的時間要再快些。

就上述所言，因為習慣化是讓外界刺激反覆出現，讓個體產生適應性，而不是採用隔離的方式。又因為習慣化讓個體從中學會忽略環境中不重要的刺激，注意力依賴習慣化的作用，而能忽略與過濾環境中不需要注意的訊息。

伍、注意力問題的影響

由圖 1-1 人類認知系統歷程所顯示，外界刺激經由感官通道被接收，會透過注意力選擇，再把訊息一步步的往後面傳送。若是個體在注意力上出現問題，會讓後續能力蒙上一層灰，好像處於層層濃霧當中。因此，當個體的注意力這道關卡發生問題，可能衍生的困難會有哪些呢？

注意力理論中有提到，注意力是有不同的神經網絡系統。注意力功能有其對應的神經網絡系統，但在經過不斷的練習之後，是可以增進神經之間的連結，而大腦神經網絡的改變，是可以展現在與注意力相關的行為表現上（林宜親等人，2011；Maunsell & Cook, 2002）。個體神經元對外在刺激集中注意力時，會出現更加強烈的反應，其行為表現也決定於感覺神經元的活性（Maunsell & Cook, 2002）。因此，在大腦神經系統的連結發展正常時，個體會經由各種環境刺激而累積的經驗，讓他們在日常生活的工作與學習上有能力控制自己的注意力，即使注意力因外界干擾或情緒壓

力影響下而降低，行為表現也比較不容易受到影響。相反的，有注意力問題的個體在控制自己的注意力以持續專注在主要工作上是有其困難性。一旦個體的注意力出現問題，他們會因為無法順利排除外界干擾因子而導致分心與影響訊息的接收，此過程會直接造成學習、工作執行的困難。

　　另外，也可藉由 Yerkes-Dodson 法了解注意力影響行為表現，此法則指出作業的難度、行為表現與動機或情緒激動三者之間的關係（鄭昭明，2010；Diamond, 2005）。換句話說，當個體面對作業的緊張程度，會與個體投入多少心思在上面有極大的關係。當個體對於當下作業是有信心，且是自己能力所能夠負擔的，所投入的注意力與最後的表現會呈現正比。但是若因為簡單就毫不在乎、動機不佳，個體相對也不會放太多注意力在當下的作業上。又或是，個體面對複雜有難度的作業時，在不確定自己是否能夠做好的狀態下，愈在乎就愈緊張自己的作業表現，而處於過與不及的狀態，猶如拉緊的橡皮筋，也會讓個體的狀態不佳導致表現不如預期。當個體因為在複雜作業中受挫，日積月累下可能會讓個體自信心下降，久而久之，動機也會被影響。就如同 Barkley 與 Murphy（2006）針對注意力缺陷過動症者所列出的其中一項特徵表現描述：因為較難抑制自己對事件的情緒反應和調控情緒，對沒有吸引力的工作難以產生內在動機下，也會難以調控自己在情境中維持警醒度。由上述所言，筆者以一個三角形來呈現作業難易度、注意力資源分配，以及個體行為表現三者之間的相互關係，如圖 1-4 所示。

　　舉例來說，在大家所生存的環境中隨時都有可能出現一個促使環境改變的因素，例如：電話聲、額外的工作、坐錯公車或錯過班機。當個體正在執行某項活動時，電話聲響起，在接完電話後是否還記得回到原本正在執行的活動上？對於增加的工作分量是否會因為在預期之外、工作可能出現的難度，或是打亂原本安排的行程而影響心情？是否會因為錯過公車與

個體行為表現（如情緒、動機）

作業難易度　　　　　　　　　　注意力資源分配

圖 1-4　注意力的三角關係

班機，面對突然性的轉換而不知所措，或是一時不知道如何解決問題而焦慮不安？

　　無論成人在工作上（撰寫企劃、會議討論或勞動性質的打掃等）或是學童的學習上（寫功課、閱讀、考試），每個人在執行任一件事物都需要注意力，以讓工作或學業能夠準確且順利的被完成或學習。就像個體在接完電話後，除了記得回到原本的工作外，還知道剛剛暫停的地方。雖然個體可能因為額外的工作或複雜的工作有一時的情緒，但還是有能力穩定自己的情緒、建立動機，而再度重新投入工作。個體能夠立即調控因為錯過公車或班機可能帶來的後續影響（簽約、面試或考試等），迅速調整自己與整理出下一步計畫，而想到可能的因應對策。以上都需要個體擁有良好控制的注意力能力，他們才不容易受環境變化影響而能面對事情的變化，也能夠持續工作一段時間。相反的，當注意力能力不佳時，則會造成他們工作上執行的困難，例如：因為上述事件需要耐著性子、穩定情緒、細心處理，在此情況下可能讓個體無法專注在當下，不斷到處走動、情緒不佳，或是呈現慌亂的樣子，也會影響個體沒有能力面對與解決上述所發生的事情。

　　當個體的注意力出現問題，除了會有訊息接收完整性的問題外，也會

產生記憶問題。因為個體需要接收完整且正確的訊息，才能把正確的訊息留存在大腦的記憶區。記憶可分為短期記憶、工作記憶與長期記憶，若工作記憶讓個體不能記住所要做的事情時，相對記憶時間的長度也會被影響。外在的訊息必須透過注意的機制（例如：專心地看或聽），才得以進入感覺記憶中停留幾秒的時間，而持續的注意或使用機械性複誦，將可使注意到的訊息暫時保留在短期記憶中。短期記憶中的訊息在被遺忘之前，如果持續複誦或進一步與過去知識產生連結（如使用故事聯想來輔助記憶），則可以將訊息永久地保留在長期記憶中（陳湘淳、蔣文祈，2011）。注意力是訊息處理的前哨，而有注意力障礙的兒童較難對所要學習的事物集中注意力，因此很難讓所要學習的事物進入短期記憶和長期記憶，所以學習成就通常會比一般的兒童要差（王欣宜等人，2016）。一旦個體無法順利把訊息從短期記憶，轉進工作記憶，再把訊息傳達與儲存在長期記憶區，個體也就無法順利習得知識與技能。當個體無法順利儲存所學，在需要時也就無法從腦中提取，認知學習長期下來也會受到影響，導致學業和工作都不理想。因此，當個體無法注意和持續專注，也就無法記憶與學習，認知系統也就無法發揮其功能。注意力影響記憶，而學習需要注意力有效學習外，也需要記憶力儲存已習得的知識。由此可見，注意力不佳時，記憶和學習效率會被影響。

　　教室在操場旁邊的小明正處於無法過濾在操場上體育課的學生吵鬧聲，此時，正在上課中的小明無法專注於當下的課程內容，一直不斷往窗外看著操場的學生。又或是小安的座位方向是面朝外面走廊，正在上課的小安剛好看到走廊走過去的人，眼睛跟著前方人的移動而忘記正在上課，也就無法順利聽到老師上課的內容，這會造成其片斷性的接收訊息，導致不能理解學習內容和不清楚要複習的範圍。小則因為教室內的電風扇轉動而忘記注意聽進老師上課內容和白板上所寫的字。因此，個體必須在所處

的環境中具備完備能力，以能夠選擇當下重要的訊息，並忽略、抑制或過濾環境不必要的影響因素。

綜合上述所言可以了解，注意力問題會讓更多問題猶如骨牌效應的接踵而至。注意力運作狀況不佳除了會影響個體在生活上無法順暢運作和學校的課業低落外，也會影響工作表現，例如：當工作效率落差大，容易讓人無法產生信任感，又或是完成速度快，卻是缺乏細節上的處理，反而錯誤百出。個體無論是在工作上或學習上的表現與情緒和動機是相互影響的。這些表現也會影響個體決定要投入多少注意力在作業上，同樣的，在面對較難的作業所產生的情緒與行為也考驗著個體的動機程度，而動機的高與低則影響個體投入注意力的多寡或是直接忽略此項作業。

當在討論注意力問題時，注意力缺陷過動症者會是一直被關注與研究的對象。注意力缺陷過動症之主要症狀包括：注意力不足、衝動及過動，這同時也是診斷 ADHD 的主要依據（Barkley & Murphy, 2006）。許多研究報告也指出，注意力缺陷過動症者的腦部異常區域與注意力、計畫、工作記憶、行為抑制、覺察錯誤及動機、執行功能，以及報償迴路等是有其相關性（商志雍、高淑芬，2011）。這些核心症狀會隨著年齡增長而有所改變，但是注意力問題並不會因此而消失不見。當注意力缺陷過動症兒童變成青少年之後，過動可能不明顯，但是注意力缺乏的問題仍然存在，他們的學業成績不佳，仍然容易衝動，也缺乏組織技巧與時間觀念（許正典，2014）。Kane、Mikalac、Benjamin 與 Barkley 也列出注意力缺陷過動症成人在求診時，最常被抱怨的十項行為如下：(1)找工作及保住工作有困難；(2)工作表現低於能力水準；(3)表現不及在校時的智力水準；(4)不能專心；(5)缺乏組織；(6)不能建立及維持計畫表；(7)沒有紀律；(8)憂鬱、低自尊；(9)記憶力差；(10)無法條理思考（引自李宏鎰，2007）。表 1-2 則呈現了注意力缺陷過動症者從兒童時期到成人時期的行為轉變。

表1-2　注意力缺陷過動症者不同時期的注意力問題行為

	兒童時期	成人時期
注意力不足	注意力不足	難以長期維持住工作，無法注意到規則或法令而容易違規等
衝動	衝動	喜歡冒險，判斷及決策力變差，造成生活不穩定
過動	跑來跑去或爬上爬下	坐立難安、經常抖腳、轉筆

資料來源：引自李宏鎰（2007）

　　由此可知，注意力問題不能被小覷，或是誤以為長大成人後就會改善或消失。注意力問題不僅會影響兒童時期，當個體進入青少年再到成人之後所要面對的問題則會更多，相對也更複雜。無論是兒童時期或成人，所處的環境是一個團體生活的社會型態。團體社會不可避免的是人與人之間的互動，而互動可以是與朋友聊天、工作開會或學業討論等。當人與人之間在對談、開會或學業上的小組討論時，若無法專注的聆聽當前的聽覺訊息，其所聽的訊息容易是片段性，這過程會讓聽覺訊息處理有難度。若是需要負責工作會議或學校小組討論的記錄，個體則需要同時聽、看與寫（打字），記錄也必須要有條有理，完整記錄。當無法專注和注意力分配得宜，也就會影響工作表現，長期下來容易被質疑能力有問題。除此之外，當長期無法在對談上有所聚焦時，容易在人際關係中被質疑其對待他人的真誠度。長期在工作上的挫折、被質疑對人的真誠度，或是家庭不能理解下而缺乏對個體的正向支持時，個體的內在自我也許會因為外在因素影響而動搖，例如：低落的自信心、自我存在的價值、與人互動的動機、學習的慾望等。

陸、注意力的重要性

　　要讓個體的注意力能持續專注於當前的主要刺激物，而避免引起分心的情境事物，包括：外在的干擾（如他人的說話聲）及個人內在的干擾（如個人的思考或感覺），是一項重要的事情。良好的注意力有助於人際互動，也會影響人與人之間的情感交流，然而，對有注意力問題的個體卻是一項困難。因此，注意力正扮演一個不可缺少的重要角色。

　　個體的注意力在於有能力選擇，與持續對外界有反應與連結，以避免無法對所處的環境有存在感，以及對一連串指令做出應有的反應。將注意力放在相關訊息而忽略分心的事情是大腦核心功能，當個體沒有能力去聚焦和過濾篩選「噪音」的能力，也就不能有效地與環境產生互動（The Geisel School of Medicine at Dartmouth, 2013）。因此，當個體出現注意力問題時，他們需要花時間在自己被分心的事務外，還要再讓自己回到應該要注意的事情，而忙著周旋在各種分心刺激訊息和當下的重要人事物上。

　　個體在上述的過程中需要不斷要求自己不可以分心，且要把注意力放在當下，例如：個體可能正在寫功課、開會或是與人聊天等，但是同空間中卻有人正在交談、喝水、走動或打字輸入開會訊息等。以注意力的進階表現為「專注力」，代表一個人是可以將意志或焦點集中在某件事物上，而且不被外在環境等刺激所干擾的能力（陳惠華、郭紘嘉、曾麗蓉，2011）。注意力運作不但要啟動許多神經元來集中注意，同時也必須抑制不重要的訊息，以避免干擾已有的注意內容（孟瑛如、簡吟文，2016）。一旦沒有注意力，也就會影響要記住的問題或對方說的話，個體在這樣的情況下也就難以對環境中所產生的一連串人事物有所反應。所以，注意力讓個體有能力對周圍的人事物做出適時合宜的反應。

　　注意力之所以重要在於它是決定個體是否能夠記憶、儲存，進而理解所接收到之外界訊息的一道關卡。當外界有很多訊息接踵而來或是同時發生時，注意力會開始刪減與取捨哪些訊息是當下需要注意的，再把訊息往記憶區輸送。注意力經由中樞神經系統以調節和優先處理外來刺激，就像是心智（mind）的守門員（Sterr, 2004）。因此，來自四面八方的訊息在經過注意力這位守門員的看守之下，讓不該進球的進球，要得分的球進入得分區。就如同葉品陽等人（2014）表示，當大量刺激物經過感官系統進入大腦時，個體要如何選擇哪些訊息需要進一步被處理，此與注意力的運用有關。也因為如此，注意與學習兩者之間的關係是密切的，因為注意力把重要的訊息留下、排除不必要的，這樣個體才能有足夠的腦容量繼續學習與容納新事物。鄭昭明（2010）表示，沒有注意也就沒有辨識、學習與記憶。感官記憶是個體憑藉感覺器官獲得刺激時所引起的短暫記憶，其在對所得到的訊息予以處理的歷程中，「注意」使訊息得以轉換進入短期記憶模式，外來訊息若是未處理則會被遺忘（張春興，2013）。因此，注意力有個重要的工作，就是做好守門員的角色，把不該得分的球攔住，且把握住要得分的球。

　　因為注意力會忽略或過濾掉來自各方且是不重要的訊息，所以注意力會是選擇訊息過程中的主要機制。這樣的機制讓個體能夠在處理外在刺激之餘，仍然能夠進行學習或處理重要的事務。因為個體有能力可以選擇而忽略環境中任何干擾的人事物，故在處理工作的過程中更能夠專注於當下。也因為個體能夠持續專注執行任務，相對的也就較能夠準時或縮短完成的時間，且在學習上或工作事務處理上更有效率。反之，個體因為難以在充滿變化的動態性環境中順利處理來自四面八方的各種感官訊息，其工作或學業上的效率較弱，甚至影響完成任務的進度。就如 Sternberg、Jarvin 與 Grigorenko（2010）提到，注意力是我們主動處理有限訊息的方式，

是一種將心理資源專注於某個時間最明顯的訊息和認知歷程的方法。可想而知，注意力在個體的生存環境中是多麼重要的一件事情。

綜合上述所言，注意力之所以重要的原因如下：

1. 能轉換重要訊息以進入記憶區。
2. 對環境周遭各種感官訊息有察覺能力。
3. 能專注、準確且順利的完成當前任務。
4. 能在充滿變化的動態性環境中有效率的執行任務。
5. 能過濾訊息而不被干擾下，有耐心做事並注意每個細節。
6. 能夠忽略環境中的視覺性或聽覺性干擾因子而專注於當下。
7. 在不斷接踵而來的一連串訊息中，可以獲取重要訊息。
8. 有能力對周圍的人事物做出適時合宜的反應，例如：能專注聆聽與記住對方的提問，以利個體能夠回答問題。

雖然良好的注意力對於個體很重要，但是個體是否能夠順利吸收所得到的外來資訊，再進入到理解所得到的訊息，也是很重要的。在此先回想之前所提到的圖 1-1，也就是個體是透過感覺管道接收外來的訊息，而個體仰賴注意力接受重要訊息。然而，如果感覺管道因為先天或後天因素造成感官損傷個體在回想之前所提到的（視覺和聽覺障礙），這是否也會影響個體無法仰賴注意力所扮演的過濾和聚焦等功能，而無法持續專注在當下？針對注意力缺陷兒童做的一份研究顯示：注意力有問題的兒童之感覺功能與學業成就和認知處理過程之間呈現正相關（Ghanizadeh, 2011），這也表示感覺功能問題是會影響學業和認知處理能力。當個體在訊息輸入上有問題時，因為無法過濾和選擇聽覺刺激訊息，相對的他們會無法集中注意力而分心。

除此之外，筆者也看到許多肌肉張力低的個體傾向躺著，並且避免將大肢體伸直，也就是能坐下就會坐著，或是站著時候，能有可讓身體倚靠

的地方就會倚靠著（如牆壁或椅背），也會想要找牆面靠著。因此，他們在學校上課期間可能為了讓自己可以順利坐直身體，而需要調整姿勢，又或是他們的動作協調問題和要調整身體姿勢過於頻繁下，而影響其注意力或被誤會是注意力出現問題。然而，不成熟的感覺調節能力是否會影響個體的注意力？關於這部分，Dunn（2007）認為感覺調節意指兒童接到外界感覺訊息時，他們有足夠能力調整，以便讓身體產生合宜的心理情緒和行為反應。而要使感覺調節的功能發揮到最大，則需要有肌肉耐力與張力、身體姿勢與動作、活動量、感覺調節影響之情緒反應、視覺影響之情緒反應與活動量等五項領域。因此，在第二章會針對感覺調節能力做討論，以了解感覺調節是否會影響注意力。

第二章
感覺處理和注意力

外在刺激會藉由我們的感覺通道輸入，再藉由注意力執行任務後，進行後續步驟的傳遞。然而，「感覺通道」並不是僅有我們所熟悉的五種感覺，而可將其劃分為外部感覺和內部感覺兩種。接收體外感覺訊息的感覺系統稱為「外部感覺」或是「環境感官」，也就是觸覺、味覺、聽覺、視覺和嗅覺；而內部感覺可說是以身體為中心，雖然無法意識到這些感覺，但是它們卻一直伴隨著我們，我們也無法讓這些感覺停止運作。這些內部感覺有觸覺、前庭覺、本體覺（嚴慧珍譯，2011）。感覺處理（sensory processing）是指，個體對基礎感覺系統（如視覺、聽覺、前庭覺、觸覺、多重感覺處理、口腔感覺）的反應（曾美惠、陳姿蓉譯，2008）。何美慧（2010）指出，注意力有五項功能，包含：(1)對外界刺激的接收（視覺、聽覺、觸覺、嗅覺、味覺、前庭覺、本體覺）；(2)對接收了的刺激做出分析及認知；(3)對同一時間不同的外來刺激做出排序；(4)將精神集中在其中一項事情或事物上；(5)安排及順序地做出反應（如記憶等）。我們試想，個體第一步是先透過各種感覺接收訊息，注意力則是扮演篩選的角色，那要如何才能讓注意力的功能發揮最大效能呢？個體對於基礎感覺系統的反應會影響注意力的功能表現，也就是良好的感覺處理能力也會影響注意力機制和專注度發揮之功能，而注意力對於訊息處理又有一定的重要性，這兩者之間也存在著相互合作的關係。

訊息進入感覺通道之後要順利抵達大腦做後續的處理，此過程我們可

以先想像：要開車上路時，需要先用鑰匙發動引擎或按下 POWER 鍵打開電腦，但是執行以上動作後，車子與電腦是否能夠順利啟動作業呢？此時電流要能暢行無阻，所要依賴的則是車內與電腦內的主機板和線路之間的連接過程。我們的腦部內部構造也是如此，大腦神經網絡系統之間需要連接良好，才能暢行無阻，但前提是大腦神經網絡系統需要發展完全且沒有損傷。

壹、感覺處理能力

　　大腦神經網絡系統的整合和成熟度需要依靠發展成熟的感覺訊息處理能力，有成熟的感覺訊息處理能力，才得以讓個體能因應環境變化做出適當的反應。我們的神經系統組織、處理及詮釋是來自周遭環境的感覺訊息，或來自我們的身體（包括內臟、皮膚、肌肉關節及內耳前庭接受器）之感覺訊息，以讓我們對周遭環境及自我的動作或身體位置有正確認識後，才能夠與外界做適當互動和學習（曾美惠，2004）。感覺處理能力是個體對基礎感覺系統所做出的反應，是指各感覺訊息經由大腦中樞神經系統做有效的處理之後，加以辨識、整合所表現的適應性行為，也是我們學習的基礎及影響動作發展的重要因素（吳孟窈等人，2007；Adams, Feldman, Huffman, & Loe, 2015）。在我們的感覺發展歷程中，最早也最原始影響我們的感覺為前庭覺（於內耳接收）、觸覺與本體運動覺（從關節與肌肉中接收），此三種又稱為身體近端感覺；而較晚影響我們的感覺系統，例如：視覺與聽覺，則又稱為身體末端感覺系統（黃惠聲，2011）。如上所言，感覺處理能力會在我們的成長過程中逐漸發展，再透過各種經驗刺激慢慢整合，並在整體發展過程中扮演著一個很重要的角色。因此，我們可以了解感覺訊息處理能力會隨著個體發展而逐步建構，無法躁進；也因

為如此，為促進感覺訊息處理的發展與整合能力，我們必須要提供適當的活動，以協助成長中的兒童達到感覺訊息處理能力的整合。這樣的目的在於讓他們能有足夠的刺激協助各項感覺之間的相互連結，以協助他們在感覺訊息處理上的整合。

感覺統合模式是由 Ayres 博士所提出，意指利用某一感覺系統的感覺刺激來影響另一感覺系統。感覺統合是一種「大腦功能」，「在某一個時間點」大腦同時接收、分析、整合、應用身體各種感覺，以便形成認知思考反應或動作系統反應的關鍵性能力（黃惠聲，2011）；亦即是大腦組織感覺訊息的能力，其中包含：視覺、聽覺、觸覺、味覺、嗅覺、前庭覺、本體覺等。個體所收到的訊息會先傳達到腦幹，進行組織、整合與分析，再由大腦皮質指揮身體做出反應，以表現出適當的行為（陳秀佩，2011）。在採用感覺統合理論模式的職能治療過程中，孩童主動參與兩種或兩種以上的感覺刺激活動，利用一或兩個感覺系統的運作，支持孩童在挑戰另一個感覺系統的活動中產生適應反應（adaptive responses），隨著孩童在難度逐漸增加的活動裡做出成功的反應，其適應反應亦隨之發展（曾美惠，2004）。而個體需要有良好的感覺統合能力才能夠促進各種知覺和語言認知的發展，並有益於良好且適當的情緒管理及行為控制（吳端文，2013）。因此，感覺統合的重要性之一是讓我們有能力調節（modulation），以發揮情緒和行為的調控（regulation）能力；感覺統合的重要性之二是讓我們有能力區辨（discrimination）空間位置、物體形狀和大小，以及物體多寡等，而這部分和感官知覺能力是有相關的。知覺能力是一種讓個體有能力辨識和解釋感覺訊息，並對感官刺激賦予意義的心智能力，而知覺則是一種可以透過後天習得的技巧（張世彗等人譯，2012），諸如聽知覺、視知覺和運動知覺等。

我們能經由上述「**感覺處理**」和「**感覺統合**」兩個名詞釋義所陳述的

內容，了解兩者為同一件事情，但是因為不同的專業角度與理論架構，所選用的名詞也就不盡相同，其目的在於能貼切所要討論的議題和自己的專業取向，又或者說建立一個名詞是為了有助在各個專業之間可使用的共同語言，並且可以讓跨專業之間的討論更能相互理解。目前，職能治療先進提出新的疾病分類系統，並採用「感覺處理障礙」來取代「感覺統合障礙」，其理由如下：第一，神經生物學文獻通稱感覺訊息的接收、詮釋，以及對感覺訊息做適當反應的障礙為感覺處理障礙；第二，「處理」（process）一詞是指做某件事的特殊方法，通常包括數個步驟或操作過程，以產生特定的結果。因此，感覺處理障礙（Sensory Processing Disorder，簡稱 SPD）即為新的診斷名詞（曾美惠，2004）。

筆者在本書中也會選用「感覺處理」一詞作為論述方向：第一個原因是「感覺處理」一詞較符合本書所設計的課程活動方向，且也符合筆者所強調的唯有循序漸進且確切了解個體所需要改善的部分，才有辦法點與點連成一條線。也期待大家不因為「感覺統合」一詞而忽略了我們需要獨立看待各種感覺，且更需要了解感覺與感覺之間的相互作用，進而了解彼此之間的整合過程與其重要性。而這些會是在引導者評估與了解後，針對個體設計活動時所需要確切思考的部分。第二個原因是大眾對「感覺統合」一詞的印象是範圍廣大與多重的，也就是每項活動是一個大圓，許多的活動都想要同時顧及每種感覺，都想要同時處理每種感覺，又或是認為感覺統合就是跑跑跳跳。無論是哪種想法，都可能忽略個人的能力問題而放大目標，所耗費的時間也就會比較久。

無論是「感覺處理」抑或是「感覺統合」，都是在告訴我們需要有整個腦部系統的統整，才得以讓我們能夠面對、處理與學習生活環境中變化萬千的訊息。有組織的感覺系統才能夠把多種感覺（視覺、聽覺、本體覺、前庭覺）輸入整合在一起（Zimmer & Desch, 2012）。整個感覺訊息

處理的過程即是：我們需要透過感覺神經接受器（觸覺、本體覺、前庭覺），將外在感覺訊息傳入大腦中樞神經系統，經腦幹（網絡系統、延腦、橋腦、中腦等）傳入小腦邊緣系統（杏仁核、海馬迴、乳頭體）及大腦皮質（頂葉、額葉、顳葉、枕葉），這樣才算完成感覺統合（感覺處理）的歷程（吳端文，2013）。因為感覺處理問題主要在於對回應感覺刺激上，例如：對訊息的偵測、調節或解釋。一旦我們的感覺處理能力出現問題的時候，所衝擊的問題是個體每天日常生活所要面對的感覺事件之外，Owen 等人（2013）也表示，感覺處理障礙影響了 5～16%的兒童，且可能造成這些孩童智力和社交發展上的長期損害。

　　感覺處理問題類型分為感覺過度反應或過度敏感。也就是說，個人對任何類型的感覺刺激所做的反應，都比一般所期待的更快一些、時間較長或較為激烈，而這些過度回應可以是針對任何一種感覺刺激（Ghanizadeh, 2011）。關於感覺處理障礙分類，Miller 等人把它分為三種模型，分別為：感覺調節障礙（過度反應、感覺反應不足和感覺尋求）、感覺區辨障礙，以及以感覺為基礎的動作障礙（姿勢控制和動作協調）（Zimmer & Desch, 2012）。而黃惠聲（2011）則是從感覺調節問題、感覺區辨與知覺問題、前庭與本體運動覺整合問題，以及大腦動作計畫問題等四個觀點，來探討感覺處理出現狀況時可能會導致的問題來做主要分類。因為本書主要目的在於運用音樂模式課程協助注意力問題的提升，以及感覺調節問題對於注意力的影響，同時課程活動也是以此方向來設計內容，所以本書所討論的主要重點會著重在感覺調節能力。綜合上述所言，個體是否有良好的感覺整合能力會影響調節和區辨，也與調控和知覺能力的發展有極大關係。

貳、感覺調節能力

　　雖然本書的目標在於利用音樂模式提升注意力，但是如本章所言：感覺處理過程對注意力問題也有其影響性，所以課程活動設計也會考慮到個體在感覺處理能力上的問題。再者，感覺調節能力更是首當其衝，會影響後續的知覺區辨能力，所以我們可以看到本書的活動設計與感覺調節能力有很大的關聯性。以下先針對「調節」與「調控」之間的差異和相互關係做解釋，也會說明感覺調節的內涵，以讓大眾能了解音樂模式活動設計與感覺調節之間的關係。而了解感覺調節、感覺調控與自我調控所指的並不是同一件事情，對於引導者在過程中所需要做的觀察、目標設定方向和活動設計是重要的。

一、調節和調控的不同

　　無論是調節或調控，兩者所具有的作用就像是電子琴的調整器。我們現在可以先想像眼前有一臺音響，上面除了有總開關之外，還有子開關，功能有音量控制鍵、節奏型態、樂器音色、音樂速度、音樂曲風，以及節拍器等，而這些是為了讓各種元素都處在一個剛剛好的平衡狀態。然而，每種調整器都負責一種作用，例如：音樂聲音太大或太小、音樂速度太快或太慢、樂器音色尖銳刺耳或低沉等。當我們打開總開關，就可以開始彈琴，可以自由選擇任何一種樂器音色，再搭配想要的速度。總開關雖然像是啟動器一樣重要，但是在彈奏音樂的過程中，真正要控制整體的調整器是音量鍵，而它就如同是我們的調節功能。即使我們在編曲過程放進各種想要的音樂速度、樂器音色和聲音高低元素等，但是沒有音量鍵就無法呈

現。音量鍵可以讓整體聲音消失不見，也可以把聲音開到最大音量，這就如同個體無法調節自己，就會對外在刺激沒有太大的感覺，又或是過於刺激。因此，電子琴上的音量鍵就如同調節器，能協助我們在感覺處理過程中可以處於一種平衡狀態。

　　「調節」就像是個控制音量的開關，而此開關的作用讓每個人在自己所設定的時間、情緒和聽覺舒適度等狀況下，都能夠隨時做適當的調整，以達到一個內在平衡。「調節」是大腦由促進或抑制反應來調整神經訊息，亦是一種能夠針對感覺輸入的程度、強度和性質做調整和組織之能力（Miller, Reisman, McIntosh, & Simon, 2003）。當「調節」產生作用時，神經系統會對某些刺激做出反應而選擇去忽略其他刺激，則孩童會針對情境做出適當的適應性反應（Dunn, 1999，引自曾美惠、陳姿蓉譯，2008）。透過調節作用，讓我們有能力調控自己，以致於有適當的警醒度，並持續專心在工作與日常事務上。因此，調節與調控之間的不同，在於「調節」較偏向個體的神經調節問題是因為生理的缺陷所造成的，而「調控」則偏向是因為神經調節問題下所造成個體在情緒、感情與行為上的問題。亦即是，調節出現問題時，會讓個體的調控能力產生困難；所以，自我調控能力會在個體具有調節能力之後產生，讓個體有足夠的能力對自己做監控的動作，並觀照自己在認知、動機、情感及行為的表現狀況，進而做自我調整與改變。我們也可以透過筆者所製作的表 2-1 比較其差異，如下所示。

表 2-1　調節與調控的比較

名詞	定義	差異性
感覺調節[1]（sensory modulation）	係指大腦神經的調整能力，把外界刺激的大小、強弱、難易、新舊和長短等都調適到個體能接受的狀態，所以個體不會過度驚嚇，也不會極力追求刺激或對刺激沒有反應。這裡的「感覺」是指：觸覺、聽覺、視覺、前庭覺和本體覺等。	較偏向大腦神經網絡
自我調控[2]（self-regula-tion）	係指一個人可以調整與控制自己的情緒、行為和注意力之能力。自我調控的過程可以分為三大領域：感覺調控、情緒調控和認知調控。也就是說，對於當下所發生的各種反應（行為、情緒、慾望及動機等），都能因為個體具有自我觀察與自我監控的能力，再透過過去行為表現下所學習到的經驗，個體可以了解與判斷自己的行為與情緒是否得宜，並做出調整本身的行為與情緒表現之決策。	個體本身對自我的監控與修正
感覺調控[3]（sensory regulation）	係指當個體維持適當的警醒度時，個體會有能力調整在日常生活環境中所接收到的各種感官刺激，並以合宜的行為和情緒回應當下環境的訊息刺激。這裡的「感覺」：是情感、情緒和行為，有喜、怒、哀、樂，適切的行為與負向的行為。	較偏向情感／情緒、行為

資料來源：[1]為吳端文（2013）；[2]、[3]為 Kid Sense Child Development（2016）

二、調節、調控與注意力的關係

我們的感覺系統每分每秒都在接收外界刺激，個體要如何選擇哪些訊息做進一步的處理？注意力被視為是這個選擇過程的主要機制，此機制會

忽略或過濾掉大多數不重要的刺激，以便於大腦能將資源集中對少部分與個體認知或行為目標相關的刺激做處理（葉品陽等人，2014）。因此，個體在活動中的注意力和專注度，除了與其是否夠篩選或抑制不重要的感覺訊息、背景噪音，或視覺訊息的能力有關外，也需要考慮到個體本身的生理和情緒，也可以說這三者是有相互關係與交互影響（如圖 2-1 所示），例如：個體把部分注意力放在生理狀況不佳的地方，因此無法百分之百的注意當下訊息；在注意力被分散下，也相對失去專注度。當注意力不佳而無力掌握與處理當前狀況時，內在情緒可能會受到影響，就像在暗黑森林中失去方向而感到緊張、焦慮或害怕等。當個體處於上述的情緒狀況中，容易讓自己在當下亂了方寸，無法找出解決方式。Biederman 等人（2012）也表示，較弱的情緒調控與在許多情況下的生理調節困難是有關係的，例如：強烈情緒的存在、對正向或負向的情緒難以抑制不適當行為、由於強烈的情緒而難以再重新集中注意力，且藉由紊亂的行為反應內在被激發的情緒。此時個體本身需要有良好的「調節」能力，讓自己處在上述狀況時，能夠「調控」思緒且穩定心情，不會因此而失控。

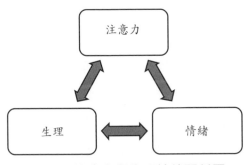

圖 2-1 注意力與生理情緒關係圖

個體的注意力和自我調控能力的問題也與大腦調節、抑制、習慣化，或感覺訊息的接收和行為反應處理過程中的問題有關。「自我調控」意指，個體會透過自身的觀察與經驗到外在行為的結果而進行判斷，並藉此修正自我的行為，亦即個體會藉由行為結果，對自己的認知、動機、情感及行為產生監控、評估與調整的功用（教育大辭書，2012）。兒童發展時期的情緒調控能力是透過照顧者或外部來源所產生；在成人則是運用同樣的自願功能系統（一般稱為自我控制）。但是，成人的調控能力還可以經由非自願方法，例如：藉由治療或鎮靜藥物協助其從恐懼中獲得平靜（Petersen & Posner, 2012）。因此，當個體有良好的自我調控以讓自己在自我監控下，便得以控制、調整與穩定自己紊亂的思緒、想法、感官刺激和行為。一旦個體的調節能力產生問題時，就會難以發揮功用，進而無法專注。個體也會因為調節能力影響習慣化能力，在無法發揮功用下，也就難以累積良好的經驗。當無法透過習慣化把生活經驗儲存於腦中，即使已經出現過多次的感官刺激，對個體而言都可能是個新體驗，此時個體在環境中的適應性相對也會顯得比一般人弱。在此種狀況之下，個體在各種環境聲響和事物的警醒度都可能會過高或過低，也容易會出現許多不適切的行為反應與情緒控制。

調節對於個體本身的控制或動作的控制力也是很重要，一旦具有調節能力的執行功能有問題，便會影響個體的抑制能力。良好的執行功能技巧能在心智上幫助個體有效地組織和計畫活動、規範自己的行為和情緒、引導注意力、控制分心與引誘、監控自己的思想，以幫助個人面對環境中的挑戰，使工作變得更有效率，最終完成目標；相反地，執行功能有缺陷的人，在兒童期會在認知、社會和學科表現上呈現全面性的障礙，到了青少年和成年期則會在日常生活中遇到困難，無法獨立且具生產性地面對生活中的事物（林芳如，2012）。抑制控制是執行功能中最基本的要素，會影

響其他功能的運作。抑制與控制能力是指，個體在面對不相關的目標或作業時，或是進行表徵性的辨認、衝突規則、抵觸干擾等情況下，有能力抑制思考過程或行為表現（林宜親等人，2011；Barkley, 1997, 2001）。Barkley 等人也因為觀察到自我控制力與抑制力有關，發現有注意力缺陷過動症的兒童都有類似的自我控制力不足，包括：無法控制分心以致於注意力不集中、無法控制內在思考以致於衝動，以及無法控制分心與內在思想行為以致於過動（曹純瓊、郝佳華、梁真今、董瑞林譯，2015）。

　　總而言之，當個體無法控制，也就無法抑制；當個體無法抑制時，也就會讓他們被各種訊息淹沒而無法做出反應。所以，抑制能力與調節能力是存在著相互影響的關係。

三、感覺調節問題

　　首先，我們先來了解本書的活動方向所著重的感覺調節能力之定義。感覺是知覺的基礎，知覺是認知的門戶，感覺是身體內外在刺激的訊息，藉此引發一系列的訊息處理，因此感覺調節在神經運作過程中占有重要的地位（蔡鴻儒，2012）。感覺調節係指，個體利用感覺處理的機制對傳輸進來的刺激做出適當地調節，再依據感覺的強度層級以合宜的行為做出反應，使人過濾或抑制不相關或不重要的環境刺激，而將注意力放在相關且重要的訊息上，讓個體對外在刺激的反應不會過與不及（吳端文，2013；Miller, Nielsen, & Schoen, 2012）。感覺調節是感覺處理障礙中常見的問題，它是中樞神經系統（Central Nervous System，簡稱 CNS）在時間掌控方面出現了問題。因為個體要及時抑制興奮的情緒，才能保持情緒的平衡，當情緒平衡之後，同時產生的感覺訊息才可以同步處理（嚴慧珍譯，2011）。因此，就如同前一段所言，感覺調節的功能在於讓神經系統可以

維持穩定的狀態。

當感覺調節能力出現問題時，個體的感覺處理機制對傳輸進來的刺激就沒有能力調節，也無法以適切的行為反應對感覺強度層級做出回應，所以個體對於外界刺激會過度反應、感覺遲鈍或尋求感覺刺激。當個體感覺過度反應使腦部無法有效抑制感覺時，他們會把注意力放在所有刺激上。對於感覺反應較為遲鈍的個體，則是需要大量的刺激才能夠讓他們達到一般正常的警覺程度；然而，感覺尋求的個體則需要不斷尋求大量的感覺經驗，來滿足他們對感覺刺激的需求（吳端文，2013；嚴慧珍譯，2011；Adams et al., 2015; Miller et al., 2012）。在這樣的狀況下，讓有感覺調節問題的個體處於動態變化萬千的環境中，他們會產生過濾或抑制不相關的環境刺激之困難。也因為如此，當個體沒有餘力可以兼顧時，要個體把注意力放在重要的訊息上會有困難。因此，當感覺調節能力無法發揮其功能時，傳導的不順暢會讓有注意力問題的個體在整體過程中出現接收過度或遲鈍的反應。除此之外，在無法順利過濾訊息下，也會導致無法辨識重要訊息，例如：當我們周遭環境中充滿許多不同感覺刺激，調節能力讓個體能夠在一個內在平衡與穩定下，讓訊息輸入並過濾與選擇當下應該要注意的訊息，以便能解讀出正確的訊息；當個體沒有良好的調節能力，可能會在無法適應環境各種聲響刺激下，以致於這些不同聲響的刺激讓個體產生焦慮，也有可能會產生驚嚇。然而，這樣的焦慮與驚嚇都會讓個體無法繼續處於當下環境的情形之下，個體可能會想要往外面衝出去，離開當下的環境或是躲在他們的旁邊尋求安全感。不管是用哪一種方式處理，個體已經無法把注意力放在當下的事物上，他們的注意力已經被那些干擾因子所占據，同時也影響其情緒與行為。

感覺處理能力的發展就如同皮亞傑（Piaget）把個體發展劃分為四個時期一樣，都是有階段性，也都是循序漸進的，且前後階段相連，而不是

完全沒有關係的各自發展。如上一段所陳述的感覺處理能力所言，我們可以了解從感覺調節、感覺區辨與知覺問題、前庭與本體運動覺整合問題，以及大腦動作計畫問題等，與個體的發展歷程是有相關性的。

　　根據認知發展理論，皮亞傑把人類發展分為四個時期，依序為 0 至 2 歲的感覺動作期、2 至 7 歲的前運思期、7 至 11 歲的具體運思期，以及 11 歲至成人的形式運思期，而感覺動作期會到 11 歲慢慢減弱（吳端文，2013）。上述的發展歷程就如同蓋房子一樣，一定需要從建造穩固的地基開始，從地基開始穩定且扎實地往上蓋，不能偷工減料，讓房子有倒塌的可能性。一旦其中一個環節有問題，也就會影響下一個環節的進行。相對地，個體的發展過程有一定的規則、持續性和相連性，猶如階梯般往上成長，而不能一飛沖天或越過任一個發展歷程。雖然人類的四個發展時期有其先後順序，但卻不是彼此毫無關係。相反地，感覺動作是整個發展歷程的立基點，再依序連續發展與堆疊。就如同俗諺所言：「一視二聽三抬頭，四握五抓六翻身，七坐八爬九發牙，十捏周歲獨站穩」，是有其道理的。個體的大腦神經系統就會在上述發展階段中，藉由不斷的接收、處理和整合外來的刺激訊息，再做出相對應的反應。也因為如此，我們整個發展歷程會是一個階段扣住一個階段的往上發展，是持續且前一個階段會影響下一個階段，而下一個階段會帶動上一個階段的成熟度。因此，這些階段彼此是環環相扣，相互影響的成長（如圖 2-2 所示）。

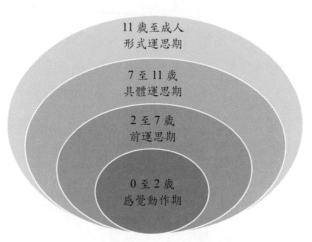

圖 2-2　皮亞傑之人類發展時期圖

第三章
有注意力問題的對象

　　造成注意力問題的原因很多，各方理論各有堅持。多數學者認為，注意力問題多會發生在有診斷證明的特殊需求兒童身上；然而，個體的注意力問題究竟是天生還是後天環境所造成的呢？如果引導者能夠確切釐清個體注意力問題的主要成因，是有助於引導者給予個體適當的建議和目標設定。除此之外，了解注意力問題之成因，才能讓引導者在設計注意力訓練課程活動時，能走在一條適合個體需求的軌道上。

　　誰會有注意力問題呢？注意力問題會因為不同腦葉的損傷而有差異。不僅注意力缺陷過動症學生會有注意力問題，學習障礙、智能障礙和自閉症等特殊需求學生也都有注意力問題。除此之外，個體也會因本身的感官障礙而有注意力問題，例如：聽覺障礙者、中樞聽覺處理障礙者，以及視覺障礙者等。另一種形成注意力問題之影響因子與環境也有很大的關係，例如：家庭習慣長時間提供聲光遊戲，缺乏實質互動，讓個體過於習慣快速豐富的視覺刺激；又或是個體長期處於父母與師長高、尖銳又音量大的說話聲，而所養成的聽覺習慣會不容易接收低、一般說話音調和音量小的說話聲。針對特殊需求學生之注意力表現探究的研究結果顯示，注意力缺陷過動症、學習障礙和輕度智能障礙三種特殊需求兒童與普通學生在整體注意力表現有其差異性，而智能障礙學生在五個向度都呈現其困難性，尤其在選擇性注意力上比其他國小特殊需求學生之情況顯著嚴重（林鋐宇、劉國政、張文典、洪福源，2012）。事實上，注意力問題也存在於許多未

被診斷出的兒童身上。除了兒童，目前也有開始討論成人的注意力問題，甚至長者的注意力也會因為腦部隨著年齡老化，而受到影響，但本書以兒童為討論範圍。

如何知道個體是否有注意力問題？我們除了可以參考 DSM-5 所列出的準則外，也需要思考個體是否早期已經藉由自己的特殊行為發出求救信號，但卻是被忽略，直到隨著年齡長大主動求診，才恍然大悟，原來自己是有注意力問題。因此，了解注意力與行為之間的關係可協助其尋求適切的方法，千萬不能認為「小朋友欠管教」而忽略特殊行為背後想要傳達的訊息，導致可能錯失的良機。

不同特殊需求兒童在臨床上的注意力表現看起來相似，但實質上是有其相異之處。以下即針對學習障礙、注意力缺陷過動症、輕度智能障礙和自閉症的注意力做說明。另外，也會針對因為後天環境可能引發注意力問題做說明。

壹、學習障礙

依教育部（2013）《身心障礙及資賦優異學生鑑定辦法》第 10 條對「學習障礙」的定義：

> 「本法第三條第九款所稱學習障礙，統稱神經心理功能異常而顯現出注意、記憶、理解、知覺、知覺動作、推理等能力有問題，致在聽、說、讀、寫或算等學習上有顯著困難者；其障礙並非因感官、智能、情緒等障礙因素或文化刺激不足、教學不當等環境因素所直接造成之結果。」

前項所定學習障礙，其鑑定基準依下列各款規定：

一、智力正常或在正常程度以上。

二、個人內在能力有顯著差異。

三、聽覺理解、口語表達、識字、閱讀理解、書寫、數學運
　　算等學習表現有顯著困難，且經確定一般教育所提供之
　　介入，仍難有效改善。」

　　學習障礙者在不同注意力向度之表現有其差異性，我們需要先了解學習障礙者所面對的注意力問題，才能針對問題給予協助。

　　學者針對學習障礙者的注意力做研究，以深入探討問題所在。王立志等人（2011）指出，學習障礙者以選擇性注意力、刺激選擇速度與轉移性注意力問題最為嚴重，其中以選擇性注意力是最該被注意的一項。林鈜宇等人（2012）也表示，學習障礙者的注意力問題主要發生在集中性、持續性、選擇性、交替性等四個向度。除了注意力向度之外，遲鈍的注意力轉移也是閱讀障礙者對於時間處理缺失的因素。所以，當閱讀障礙者面對快速的連續刺激時，他們的自動注意力系統從一個項目移動到下一個刺激是有困難的（Krause, 2015）。Sterr（2004）把研究對象分為受試組和對照組，並且利用「日常注意力測驗」（The Test of Everyday Attention，簡稱TEA）評估兩組的視覺選擇性注意、注意力切換、持續關注和聽覺言語工作記憶的結果顯示，受試組表現顯得較對照組弱。以第一章提到的 Cohen所提出的注意力時間序列架構來分析，學習障礙者若要重新將注意力切換到其他目標時，需要花較長的時間進行調整，但當訊息進入且確定目標之後，長時間維持對於訊息的注意反而是比較容易達到的過程。

　　綜上所述，學習障礙者在訊息確立後的注意力長度是可以維持的，然而問題就在於如何確定主要訊息而得以專注。因為注意力切換問題，學習障礙者在活動與活動之間的轉換比一般人需要花時間重新尋找與選擇目標

點，所以相對的難以在第一時間投入與聚焦，他們會比一般人更難適應新事物，例如：新的活動、新的文章，甚至是從靜態到動態活的轉換。因此，注意力的複雜度並不能僅是思考向度上的缺失，也需要考慮到感官的注意力和注意力的切換，就如同 Cohen 以注意力時間序列架構所分析的結果一樣。

貳、注意力缺陷過動症

《精神疾病診斷與統計手冊》（第五版）（*The Diagnostic and Statistical Manual of Mental Disorders*, 5th edition，簡稱 DSM-5）將注意力缺陷過動症兒童（Child with Attention Deficient Hyperactivity Disorder，簡稱 ADHD）歸類於神經發展障礙，特徵分為注意力缺失、過動—易衝動，以及複合等三種類型。第一類型的注意力缺失，顯示兒童不能集中注意力，也容易受環境周遭改變而被干擾，也會因為內在的心理情緒狀況而使注意力控制能力改變。第二類型的過動—易衝動，除了易有睡眠困擾外，平常也會有坐不住、精力旺盛和身體常常動來動去的現象；這類型的兒童也常常做事情前不經思考，以致於不管事情的後果。第三類型的複合為注意力缺失和過動—易衝動的合併狀況。Barkley（2003）在一篇回顧文獻中提到，當臨床上的描述都是集中在分心、衝動和過動行為時，關於 ADHD 理論研究的探討，近年在反應抑制、自我調節和執行功能的相關領域之比例是有增加的。

針對 ADHD 的注意力問題相關研究顯示，持續性注意力、選擇性注意力與警戒最為嚴重，其中又以持續性注意力是最該被注意的一項。注意力缺陷過動症者的注意力問題落在集中性、持續性、選擇性、交替性、分配性等五個向度，而 ADHD 整體的聽覺注意力表現也比一般人弱（王立

志等人，2011；王立志、楊憲明，2008）。以集群分析法探究ADHD學生的注意力問題，三個集群是最佳的集群方式，因此區分為「重度注意力缺陷亞型」、「中度注意力缺陷亞型」與「輕度注意力缺陷亞型」等三種，而臨床工作者可透過注意力缺陷過動症者在持續性與選擇性注意力的表現，區辨其所歸屬之亞型（林鋐宇，2009）。

　　若是以Cohen所提出的注意力時間序列架構來分析，ADHD的注意力問題較集中於感覺選擇歷程與維持注意歷程，也就是當訊息進入感官的瞬間以及長時間維持已獲得的注意力。就如同最受關注的注意力現象，是長時間維持注意力在相似的目標或課程上（林鋐宇等人，2012）。

參、智能障礙

　　依教育部（2013）《身心障礙及資賦優異學生鑑定辦法》第 3 條對「智能障礙」的定義：

　　　「本法第三條第一款所稱智能障礙，指個人之智能發展較同年齡者明顯遲緩，且在學習及生活適應能力表現上有顯著困難者。

　　前項所定智能障礙，其鑑定基準依下列各款規定：

一、心智功能明顯低下或個別智力測驗結果未達平均數負二個標準差。

二、學生在生活自理、動作與行動能力、語言與溝通、社會人際與情緒行為等任一向度及學科（領域）學習之表現較同年齡者有顯著困難情形。」

由於智能障礙學生的認知發展慢，對外在訊息處理的速度也就相對緩慢。智能障礙學生會因本身的認知結構因素，注意力較狹隘，處理外來訊息技能缺乏，因而影響到專注力較短；也會因環境的刺激或干擾，造成專注力受影響，無法專注當下需要優先處理的訊息（陳姿瑾、殷紹芸、楊靜怡、吳柱龍，2014）。由此可知，認知的提升需要透過學習刺激方能成長，而注意力即是學習的基石。當一方出現問題時，也相對影響其他能力。

智能障礙者在學習上的特質是缺乏重要概念的獲得、學習速度緩慢、遷移能力較差，以及注意力較不集中。注意力與學習成效是有很大的關聯性，沒有注意力就無法辨識、學習與記憶（鄭昭明，2010）。智能障礙者注意力集中的時間（attention span）較短，比較不容易集中注意力及選擇性注意能力較差（林惠芬，2009）。另外，智能障礙者在注意力方面的問題有：(1)注意廣度狹窄；(2)注意力易分散；(3)不善於選擇性注意力（鈕文英，2003）。所以，智能障礙者對於主要特定訊息的選擇是有其困難度外，也較缺乏在焦點之間轉換與調整注意力，以致於他們一直停留在前一個刺激點。輕度智能障礙者的注意力問題落在集中性、持續性、選擇性、交替性、分配性等五個向度。同樣的，智能障礙者會比一般學生需要更多的時間才能讓自己聚焦在主要事件；也因為如此，整個過程會導致他們在學習、生活適應和問題解決能力上都產生困擾。

肆、自閉症

目前已知自閉症是神經發展問題，也累積許多與自閉症相關的研究，但是自閉症至今卻仍是一個謎，且也尚未出現有效藥物能夠治療其核心症狀。

依教育部（2013）《身心障礙及資賦優異學生鑑定辦法》第 12 條對「自閉症」的定義：

「本法第三條第十一款所稱自閉症，指因神經心理功能異常而顯現出溝通、社會互動、行為及興趣表現上有嚴重問題，致在學習及生活適應上有顯著困難者。

前項所定自閉症，其鑑定基準依下列各款規定：

一、顯著社會互動及溝通困難。

二、表現出固定而有限之行為模式及興趣。」

DSM-5 對自閉症類疾患（Autism Spectrum Disorder，簡稱 ASD）特徵的診斷準則有二，分別是：(1)在社交及溝通缺損方面的症狀，分為社會情緒相互性缺損、社交用的非語言溝通行為缺損，以及發展與維繫關係的能力缺損等；(2)侷限重複行為及興趣方面的症狀。

自閉症兒童是否也有注意力問題呢？林迺超（2009）指出，目前的醫療系統常受限於診斷時間及診斷系統定義，大都僅給單一類別或單一軸向的診斷。由於自閉症和注意力缺陷（過動症）在行為症狀上有許多相似和重疊之處，建議教育系統於鑑定過程中，對 ASD 或 ADHD 個案可採共病觀點，使其行為本質的評估可以更為完善。也因為如此，自閉症兒童的療育課程目標不能僅是著重其社會互動、溝通和行為發展問題，其注意力問題也是不能忽略的。亞斯伯格醫師（劉瓊瑛譯，2009）指出，自閉症兒童的注意力有其障礙，與之前所提到的學習障礙者一樣，他們在注意力的轉換過程有其困難度；也就是自閉症兒童對於已經下達的指令，並不能立即將注意力放在該注意的範圍上，而是去關注非當下要注意的事情上。因為常被非主要訊息所吸引，所以無法注意當下情境所要接收的主要訊息，也

就是無法察覺自己應該注意的目標物。又因為自閉症兒童在執行功能上有其問題，這也讓個體容易出現注意力切換問題，可能較一般兒童難以從 A 活動立即切換到 B 活動。

另外，除了上述所提到的注意力轉換和切換問題之外，與其最被關注的社會互動有關的注意力為社會注意力（social attention）。Geraldine 等人（2004）表示，自閉症的早期社會注意力損傷涵蓋三種範圍，分別是：(1)社會定向（social orienting）：指與人相關的社會刺激和與物相關的非社會刺激；(2)共享式注意力：指對他人反應的反應性相互注意協調能力，以及個體主動尋找他人注意到個體感到有趣的主動性相互注意協調能力；(3)對別人痛苦悲傷的注意力（attention to distress）。楊宗仁（2006）也針對自閉症兒童的注意力問題需求指出，其訓練項目應該有：(1)社會性注意力；(2)互動性注意力；(3)要求他人的注意力；(4)分享式注意力。其中，分享式注意力與語言、社會互動、遊戲及模仿能力的發展有密切關係，是讓個體同時具備認知與情感的一種語言前溝通能力（Tasker & Schmidt, 2008）。自閉症兒童在共同注意力上有困難，在玩共同焦點或需要合作的遊戲，如大風吹、木頭人等時更難融入，而注意力是引領自閉症兒童進入遊戲團體的重要課題（施淳俐、陳譽齡、陳嘉玲，2012），一般發展的嬰幼兒會自然發展出來，但卻是自閉症兒童的核心缺陷能力之一（江淑蓉等人，2012）。

伍、中樞聽覺處理異常

當個體想與人溝通、欣賞音樂或觀看電視時，需要依賴聽覺器官（耳朵）把聲音訊息傳入。聽覺器官並不是只有我們由外面所看到的形象，它的構造是由外到內，從外耳到中耳、再到內耳。也就是聲音刺激是從我們

所看到的耳廓進入，經由外耳道，再到中耳的耳膜、三塊小聽骨、歐氏管，最後進入內耳，也需要仰賴聽覺神經傳送到中樞聽覺處理系統，讓聲音變成有意義的訊息。所以，中樞聽覺能力並不是指聽力，其功能是讓個體有能力解析與理解所接收到的聲音刺激。同時也說明，雖然個體有中樞聽覺處理問題，但是他們的聽力並沒有問題。

中樞聽覺處理異常者的主要問題是出現在聲音傳入後卻無法分析、區辨和理解。中樞聽覺處理異常是大腦處理聽覺訊息有困難，受損部位不在外耳、中耳與內耳，而是在中樞聽覺系統層腦幹至大腦皮質的路徑（李芃娟，2012）。中樞聽覺處理涵蓋聽覺注意力、分辨聲音、聽音辨位、雙耳整合與分析聲音的能力、處理聲音的速度與品質、聽覺短期記憶、聽覺序列記憶、長期記憶、多感官連結、噪音中處理聲音及語音的能力等，牽涉到由低層至高層多元化的聽覺功能（劉樹玉，2003）。也因為如此，中樞聽覺處理異常者常常會處於有聽沒有懂、似懂非懂、霧裡看花的狀態。因為個體有聽沒懂、答非所問和聽覺訊息片段難以理解，也就常被誤會人到心不到、不認真與講不聽。因此，他們經常會被歸於注意力問題。當個體在中樞聽覺處理能力上出現異常時，他們容易在環境中受到干擾，以致於不能順利接受到聲音訊息。他們對於相近音也會出現區辨困難，且也不能記憶太長且複雜的句子，例如：一次只能給他們一道命令或是不能一次給予多道指令，像是倒好垃圾之後去寫功課，寫完功課之後再去洗澡，這是不可行的。

由於中樞聽覺處理問題，也會導致中樞聽覺處理異常者在日常生活、學業學習與工作時出現注意力問題。這應該與他們無法透過聽覺系統全盤了解對方談話內容，也不懂課堂老師教導的意思，這樣容易呈現發呆與不知所云的狀態。中樞聽覺處理異常者在注意力上可能會出現不專心、注意廣度短，以及聽別人說話很難集中注意力等問題（劉樹玉，2003）。聽覺

處理能力弱影響的不只是人際互動，也會影響在課程中的學習，例如：在課堂中無法順利過濾環境聲音的干擾，以致於無法專注聆聽老師說話，進而出現注意力問題（江源泉，2006）。尤其是要對抗競爭性噪音的時候，他們在維持與控制注意力更為困難。也因為如此，他們和注意力缺陷過動症者容易被混為一談，因為兩者合併發生與共有：注意力困難、從背景噪音中區辨重要聲音有困難，以及遵循一連串指導有困難（曹純瓊等人譯，2015）。綜合上述，中樞聽覺處理異常者的注意力問題也是不可被忽視的，他們也是需要透過協助，以強化其維持和控制注意力的能力。

陸、聽力損害與聽力障礙

由上一段所提到的聲音傳導路徑可以了解，聲音的傳入有一定的過程，才能進入到最後的中樞聽覺處理系統；也可了解到聲音在聽覺傳導路徑上旅行時，若是在運送過程中有障礙，即會產生不同層次的問題。聽覺障礙則是指以口語為溝通方式的聽力損失者，因聽力損失事實而使其生活、學習、社會適應等方面遭遇挫折與困難者（李芃娟，2012）。但是，為避免與上述的**聽覺處理**（auditory processing）一詞產生混淆，在此以**聽力損傷**（hearing impairment）代表平常所指稱的聽覺障礙。聽力損傷者因為聽力受損的程度不同，而導致全聾或是可透過輔具接受外界聲音、溝通與學習的狀態不同。當個體是聽力損傷時，從一開始的聲音接收過程就比一般人不容易，相對也會影響他們後續的聽覺訊息處理速度，也可能因為處理速度問題，而讓他們在反應與口語表達會慢一些。

聽力損傷分有下列幾種類型：第一種是因為外耳與中耳內的阻礙導致聲音傳導過程有問題，是為傳導性聽力損傷，而其可能影響的層面與聲音的強度（音量大小）、聲音頻率（音的高低）有關；第二種是聽力損傷位

置在內耳的感覺神經性聽力損傷，讓訊息無法透過正常的聲音傳導系統傳到腦部中樞位置，而較重度損傷在聽覺神經者可以藉由人工電子耳輔助聽力；第三種則是混合型，也就是從外耳到內耳都可能發生，對於是否能夠透過醫療協助則視其損傷程度而定。

聽覺損傷主要是因為聽覺器官構造缺損或聽覺機能障礙，導致無法接收或辨識聲音訊息，這些聲音訊息包含語音（speech）、音樂聲音（musical sounds）與噪音（noise）等。近三十年來，聽覺輔具（例如：助聽器或人工電子耳）已幫助聽力損傷者重新建立聲音訊息的接收管道，大幅地改善聽力損失者日常生活所需的語音聽能（林孟穎、劉俊榮、羅豪章、曹傑漢、劉樹玉、蘇茂昌，2012）。所以，若是聽力損傷者不能在醫療協助下恢復，也還是有可能透過助聽器或人工電子耳獲得聽取聲音的機會。

當聽力損傷者配戴助聽器或人工電子耳之後，他們能夠利用聽覺作為學習的管道。但是，對於才剛開始的聽能訓練起步階段，勢必要花更多的心力安靜的聆聽。然而，對他們而言最辛苦的是，在學習上要分配自己的注意力聽老師說話和抄筆記，但因為聽覺感官有弱點下，有可能會將注意力都放在聽而忽略抄，又或是透過看而忽略聽的學習。許多聽力損傷者因為本身的聽力問題，常常是轉以依賴視覺作為學習與接收訊息的管道。然而，視覺所看與耳朵所聞常常是不同的，例如：說話是有語調與輕重音等，這都會影響對訊息的理解。

從寶寶在媽媽肚子時，聽覺器官已經開始發展，且是最早發展完全的。這也表示聽覺能力是逐步完成的，而不是一蹴即成。個體因為聽力損傷，從小就不能像常人一樣接受外界聲音的刺激，相對的聽力發展歷程也與常人不同。目前的聽能訓練目的主要在於協助個體有能力學習語言與人溝通，也希望個體能夠在課堂上學習。然而，如果我們從注意力理論來思考，聽力損傷者對於在環境中過濾干擾因子的能力較弱、可能在空間搜索

和警覺性聲音訊號的能力較低、聲音搜索能力是否也會影響對聲音的定向，例如：郭俊弘（2007）表示他們比較無法察覺到來自後方的聲音。另外，聽力損傷者對於聲音察覺慢而易忽略聲音，甚至不清楚如何在各種感官訊息中轉移等。整體而論，就如同林寶貴（2015）所陳述聽力損傷者最顯著的生理特徵中，多數都與聽力損傷問題導致注意力有關：

1.與人說話時，有明顯的溝通困難。

2.有時不能專心聽講，左顧右盼，期待別人提供訊息的線索。

3.當用普通的聲音與之交談時，常沒有反應或注意力不集中。

4.對人的說話聲沒有反應，上課中常常忽略老師或同學的呼喚。

5.對環境的聲音（例如：電鈴聲、電話聲、腳步聲、汽車喇叭聲等）沒有反應。

　　基於上述狀況，聽力損傷者本身是否有合併注意力缺陷過動症是需要加以討論的。當個體開始藉由輔具接收訊息，常常能很快進入口語訓練，也許不同的復健與介入方式能讓他們學習口語和人溝通。但是，是否有足夠的能力應付各方聲音同時出現時，還能夠維持注意力在當下並且解析語音，進而理解所聽到的訊息與執行，尤其是學童們又或是剛接受訓練的聽力損傷者。畢竟，聽力與注意力一樣從很小就開始發展，且透過環境互動逐漸累積個體在聽和注意力兩種能力。他們在過濾與選擇訊息、區辨語音與聲調，以及同時分配不同注意力在不同感官上等，都會是困難與尚待努力的方向，例如：因為能聽到世界上各類的聲響，在好奇心的驅使下，容易受吸引而忽略當前正在做的事情。若這是發生在課堂上，可能就如郭俊弘（2007）表示，因為他們接收訊息時，必須很集中精神才不會遺漏訊息，自然就比較容易感到疲勞，一旦漏掉訊息，他們可能就無法跟上老師的進度，自然就會分心去做自己的事情。因為對於聲音刺激反應慢，即使已戴上助聽器，可能也無法很快的將聲源位置定向。也因此，聽力損傷者

的注意力問題是需要被納入訓練，畢竟並不是所有地方都願意讓他們利用 FM 調頻輔助自己接收聲音訊息。

　　除了上述特殊需求者因先天狀況而有注意力問題之外，我們也不可忽視後天環境可能帶來的影響。在現今社會中，父母忙於工作之餘，可能無暇管教孩子，最常看到的就是父母為讓孩子安靜，會直接提供 3C 產品讓孩子使用且並未規定使用時間。由於長期接受 3C 的聲光與快速轉換之刺激，當孩子們因為活動感官刺激度不夠，而對於要安靜坐在桌前閱讀或寫功課等會失去興趣。尤其是閱讀、寫功課或繪畫等活動，都需要視覺注意力和搜索能力，更需要逐字逐行、寫字要寫在格子內、握筆姿勢和視覺轉換等能力，這些都是需要長時間的耐心且專注地坐在桌前，其要運作得當是需要很大的注意力去察覺和投入心力與時間才能完成。因此，目前許多孩子的注意力問題也是需要被照顧與協助。

第二篇

音樂模式注意力
訓練課程

第四章
音樂能夠改善注意力的原因

在前言部分，筆者曾提出一系列為什麼音樂可以對注意力有所助益的問題，也針對問題加以說明。而就所探討的文獻中，可歸納出音樂家與非音樂家的腦部差異，來自於雙方在養成過程中是否接受了音樂訓練（無論音樂訓練時間的長短）；再確切的說（然而，並非單純以音樂訓練與否來做為判定依據），我們也需要多加考量是音樂訓練提升了個體的注意力，還是個體在音樂訓練過程中因需要同時運用大量不同能力互相協調，讓個體的注意力在音樂訓練過程中得到提升，這也是筆者希望大眾可以以另一種角度探究音樂促進個體注意力提升的原因。因此，我們在此先複習與整合第一篇所提到的注意力、感覺處理和音樂訓練。

如同在第一篇注意力探討中提到，Cohen 統整的注意力歷程為感覺選擇歷程、初始注意力、反應選擇歷程、持續注意歷程，而外在刺激最先會由個體的各種感覺接收訊息，再透過注意力篩選所有訊息刺激。當個體擁有良好的感覺處理能力時，可以讓注意力功能發揮最大的效益；又注意力有聚焦、選擇和過濾的功能，在個體的感覺處理過程中能相互幫助。如同在第二章所提到的感覺處理是個體對視覺、聽覺、前庭覺、觸覺、多重感覺處理，以及口腔感覺等感覺系統的反應，當我們為成長中的兒童提供各種機會接受外界不同的感覺刺激時，同時也是幫助個體在各項感覺之間相互連結，讓他們在感覺訊息處理上能夠得到整合。當個體的感覺處理能力佳，調節作用也就可以順利的發揮功能，讓個體可以對刺激物做出正確的

選擇，也可以在環境中表現出適當的行為。在音樂訓練中常會要求理解與彈奏出不同之快慢的速度、大聲與小聲的音量、長與短的拍子和節奏、強與弱的力度，還有圓滑與跳躍的彈奏等，而這些轉換會是在進行中的音樂訓練過程裡，瞬間或是逐漸地發生。當中，也融入了個體的調節能力，換言之，個體有能力掌握這樣的調節能力，方能在音樂訓練中把音樂的細微處調整到最好，就像是一位演奏家需要適時地在音樂段落裡呈現強而有力、又立即轉為輕柔；又或是由輕柔的音樂聲，逐漸轉為快速又暴風般的音樂聲。

音樂欣賞需要透過聽覺感官來感受音樂，以及了解作曲者想要藉由音樂傳達的訊息。我們可以想想每當自己在聽音樂的時候，抓住我們聽覺感官的是哪一部分？是音樂節奏編排、是旋律，還是歌詞？而自己的反應又是什麼？聽到的是什麼？首先注意到的又是音樂的哪一部分？當我們聆聽著吸引我們的部分時，是否還會注意到其他部分？例如：音樂是否有其他樂器配樂？這樣的配樂又涵蓋哪些樂器？當聆聽者是音樂鑑賞者時，可能會思考這地方的節奏為什麼要這樣安排，又或是這部分的音樂為什麼要安排這個樂器等，上述整體的過程其實運用相當多的注意力。在第一章中提到注意力涵蓋集中性、持續性、選擇性、轉換性和交替性，共五個向度，而在上述過程中又分別運用到哪些注意力呢？

當我們能夠隨著音樂的主旋律哼唱，除了需要集中性注意力，很重要的是選擇性注意力，因為選擇性注意力在個體聆聽音樂時所扮演的角色，即是協助個體過濾掉其他會影響個體哼唱主旋律的因素，也因此個體才能夠持續唱完整首歌，例如：我們聽著喜歡的流行歌曲，隨著歌詞哼唱，其他環境聲響或音樂元素的背景配樂都不會影響個體。選擇性注意力對學生或是工作者之所以重要就如之前說明的，不管是臺上的講者還是臺下的觀眾都同時需要選擇性注意力協助他們篩選與過濾干擾因子，讓他們得以繼

續進行當下的活動。

　　音樂可以像是千層派一樣的多層次，而讓音樂如千層派是音樂元素之一的「和聲」。音樂可以由很多聲部同時進行，也可以分部輪流出現而堆疊出不同的層次感，因此在沒有預期下，當我們因為不同層次的和聲安排，注意力會暫時被突然出現的聲部吸引；然而，我們不會因此忽略原來的主旋律，所以被吸引而轉移注意力之後，又能很快地回到原來的音樂主旋律之軌道上。由此可知，在我們聆聽音樂時也會需要用到轉換性注意力。轉換性注意力的重要性在於協助個體可以從 A 活動暫時轉移到 B 活動後，還會再回到 A 活動。

　　就如同上述，音樂像千層派一般，而每個人品嚐千層派會因為作法的不同而品嚐方式也就有所不同。品嚐千層派時，有的時候不能把層層派皮和餡料分開，而需要一口吃下，以同一時間享受不同派層的感覺。音樂也是如此，當所有聲部同時出現時，我們會在同一時間接收到所有的聲音，此時即需要分配我們的注意力到外聲部和內聲部，而在外聲部和內聲部中又各有屬於自己的獨立聲部下，注意力便需要同時被分配到多層聲部的進行，這時所運用的就是分配性注意力。我們在日常生活中就很需要分配性注意力，讓我們能夠同一時間注意多件事情，例如：學生可以一邊看書上的圈詞，一邊抄寫在學習簿上；媽媽可以一邊洗衣服，同時注意到孩子正在做的事情；又或是爸爸能夠幫忙媽媽掃地，又能同時注意著正在寫功課的孩子。

　　綜上所述，因為音樂訓練活動和日常音樂的練習過程是需要不同的注意力向度，也因為如此，無論是肢體律動和操作性質的樂器練習活動，或是上述所討論的歌唱與聆聽活動，個體的注意力都可以同時藉由音樂訓練而得到提升。

　　然而，上述活動是否真的如坊間所廣告的可以改善個體的注意力？是

可以獨自自行治癒，又或是需要專業人員針對個體需求設計適切活動，進而讓能力的提升達到助益呢？對於身、心、靈完整、有自我意識能力的個體，也許可以自行透過音樂（活動）自我療癒，但是若個體本是一位身心有狀況的人，或是因先天或後天因素導致部分能力有障礙，又如何能夠藉由「聆聽音樂」與其他音樂活動來幫助個體整合、提升與改善弱勢能力呢？這時便需要專業的音樂治療人員利用自己的專業協助需要的個體。音樂治療將會在第七章討論，也是本書依據的理論之一，而這也在後續的章節會加以討論。

除了音樂治療理論之外，利用音樂作為介入工具協助個體的注意力問題，也需要了解人類音樂行為的表現。然而，為什麼設計音樂活動協助個體需要先了解人類音樂行為呢？我們可以先思考人類「音樂行為」的表現所指的是什麼？一般來說，我們常看到的音樂活動有音樂聆聽、音樂律動、樂器表現（演奏）、歌唱活動和創作等，這些不同性質的音樂活動所產生的音樂行為所象徵的意義也不同，例如：個體以身體表達隨著所聆聽的音樂速度、節奏或歌詞的影響；個體透過樂器表現自己的創作或是利用作曲表達自己的想法；個體可能因所聆聽的歌詞與過去連結而引起的行為反應；個體藉由自己對音樂的解讀來詮釋歌曲。無論上述活動是個體聆聽他人所呈現而間接與音樂連結所產生的行為，又或是個體本身透過自己與音樂直接連結而產生的行為，我們都可以了解音樂引發的行為（the influence of music on behavior）所蘊含的並不是單純的音樂天分。就如 Radocy 與 Boyle（2012）所提到，音樂行為的研究與認知和知覺過程有其相關。蔡振家（2013）針對大腦如何對音樂活動中的視聽訊息、自己的身體感覺訊息、情緒與記憶等，做進一步的處理，以決定後續的行為，這些都牽涉到音樂認知的心智歷程與作業策略。再則，透過科學家利用各種腦造影技術，了解聽覺皮質是處理音樂訊息的核心腦區，而聽覺皮質經由與各個腦

區的聯合運作，展現出它在處理音樂訊息的各種歷程中所扮演之關鍵角色。人類訊息處理系統的所有行為，從感覺、知覺到認知，牽涉到愈來愈高階的心智歷程。由上述所言可以了解，人類音樂行為的產生是需要感覺、知覺和認知的相互合作，進而影響高階的心智歷程表現。因此，人類音樂行為的發展過程與人類發展理論是有其相關性，透過以上說明，可以了解設計音樂活動協助個體需要先了解人類音樂行為的發展動機為何，這會在第五章加以說明。

第五章
了解人類音樂行為的發展

　　在發展心理學理論中提到，音樂的反應和操作會透過心理、動作、語言與社會發展，展現其技能；也就是說，人類音樂行為能夠藉由發展理論了解每個階段的發展里程。郭美女（1999）指出，從兒童音樂發展之生心理與音樂發展角度等層面來看，耳朵若具有感知聲音的音高、強度、音色、長度、兩種或兩種以上聲音重疊變化之形式等多樣能力，就可稱它為音高的耳朵、音色的耳朵、節奏的耳朵，以及和聲的耳朵等，而上述感知聲音多樣的能力是互相依存、互相影響的。

　　然而，要將音樂能力表現外顯化，則需要依賴個體本身發展的成熟度。就像將熟悉的旋律透過樂器彈奏出來時，需要具備對音樂輪廓的記憶，提取這些記憶後在鋼琴上找出正確的音高、節奏和音長，這需要聽的注意力和區辨能力，同時需要手指和手臂的移動能力。皮亞傑把兒童發展歷程分為感覺動作期、前運思期、具體運思期、形式運思期等四個時期不無其道理，兒童在每個發展階段都會隨著與環境的互動和刺激改變，並且身體姿勢的成長和大腦神經系統也會因為環境不同的刺激而持續發展，所以透過音樂訓練可以促使大腦改變（Kraus & Chandrasekaran, 2010）。也有證據顯示在經過訓練下，時間處理（temporal processing）能力是可以得到改善。

　　Overy（2000）指出，在音樂訓練的過程裡，非常要求正確的時間能力（timing skills），而這剛好能夠提供一個媒介以改善時間處理能力，而

以發展心理學為理念所建立的發展性音樂治療，則希望利用音樂治療做為介入工具以協助兒童提升能力，而非將他們帶離環境。因為發展音樂治療是以正常兒童發展能力為指標，所以期待藉由兒童發展歷程作為音樂治療目標，提升個體所需要的能力和開展與他人一起互動的能力。如上述針對音樂治療各學派的理論所言，也得以了解每項活動都需要同時運用多樣能力，諸如視覺、聽覺、動作計畫、姿勢控制、感覺動作協調與平衡，以及認知能力等。也因為如此，就可以利用音樂治療協助個體建立非音樂的長期目標。

　　人類音樂行為的發展與兒童發展是相互依存的。在感覺動作期的幼兒是藉由感覺和動作來探索其所存在的生活環境，他們透過味道、觸覺和聲音認識身邊的主要照顧者，也會透過爬行與抓握等了解周圍的物理環境。

　　幼兒的聽覺在媽媽懷孕期間就已經開始發展，雖然嬰兒在 0 至 1 歲才發展出大腦皮質之神經迴路，但聽覺卻是從出生 24 至 26 小時就開始發展了，一個月後便能辨認回應聲音及辨別聲音的來源與方向，三個月後即能以搖動身體來感應聲音；至 2 歲半左右，即開始注意旁人所唱的歌曲及由音響器材播放出來的歌聲，並大都能隨著音樂手舞足蹈（林朱彥，2009）。3 至 5 個月幼兒可以伸出手拿和短時間抓握樂器，這過程需要手眼協調和抓握反射能力；6 至 8 個月幼兒會手搖小型節奏性樂器，例如：手搖鈴（Lathom-Radocy, 2002）。學步的幼兒為了學習關於聲響、外形與大小，會利用水壺與鍋子製造聲音，同時也會加上腳部和肢體動作。此時期的幼兒是有音樂性的幼兒（Davis, Gfeller, & Thaut, 2008）。

　　當發展歷程進入前運思期，其特色是語言與概念的成長，這時期因為語言發展的關係，音樂能力運用也同時是平行在發展，動作發展隨著年齡開始進入另一階段。因此，這時期的幼兒會隨著音樂速度變化而改變身體動作，開始可以隨著音樂敲擊；也有許多幼兒會以其他動作隨著音樂擺動

身體。3 歲幼兒開始喜歡隨著音樂走、跑、跳的活動，並喜歡用比較特殊的音樂來進行律動；到了 4 歲，幼兒已經可以做有規則可循的歌唱或遊戲、喜愛戲劇性的律動及有趣的歌曲和對普通的旋律有知覺反應；5 至 6 歲兒童能夠跟隨較特殊的節奏模式做動作和演唱歌曲，已同時具備兩種以上的動作技能（林朱彥、陳靜雯、崔梓渝，2007）。

　　具體運思期的兒童動作發展已臻成熟，可以透過練習以掌握困難的肢體動作，例如：他們可以學習舞蹈又或是銅管樂器。節奏感與韻律感能力可以讓兒童做節奏表演，另外因為他們逐漸有旋律感，能感知兩聲部旋律曲調的記憶能力；進到形式運思期，則開始呈現欣賞音樂、了解音樂內涵、音樂情感的感受力（Davis et al., 2008）。因此，雖然目前沒有特定文獻像皮亞傑的發展理論將音樂能力劃分發展時期，然而，仍可以透過音樂心理學角度與相關研究發現人類音樂能力發展的軌跡。

　　當個體從兒童發展進入青少年時期時，即進入另一個里程。隨著年齡增長，青少年們可以有更多機會接觸到不同的音樂以及聽覺感官經驗，也會依據自己的喜好選擇想要的音樂類別或是參與音樂社團等。林芳蘭（2014）指出，音樂可以是聆聽與歌唱，也能是樂器的表現，更可配合肢體律動與自由創造發揮的多元特質，以吸引個體的參與及回應；音樂的形式可簡單亦能複雜，正好符合個體在不同發展階段的獨特學習能力。

　　而成人又是另一個階段。成人可能會因為成長過程鮮少的音樂經驗或對音樂的懼怕，而拒學音樂；或是因為忙碌的工作生活而忽略音樂；反之，也有許多人為彌補過去的遺憾，而在自己有能力之餘開始學習感興趣的樂器或上歌唱班。另外，也有修習多年音樂未成為音樂家，但卻成為一位很優秀的音樂鑑賞者與評論者。

　　從兒童發展時期隨著年齡漸漸增長，走過青少年到成人，歲月的磨練來到了老年期。如上所述，成人會隨著意識安排自己的音樂活動，年紀增

長到退休後，許多銀髮族會到老人大學參加歌唱班或社區辦的卡拉 OK 課程，也有老人是在家安裝設備，以隨時練習唱歌。我們也可以看到許多教會合唱團中有不少銀髮族參與其中。

　　由此可知，音樂是存在個體整個生活中，可以是藝術表現性質，也可以是休閒娛樂性質。再者，音樂可以是動態，例如：動態的隨音樂搖擺，亦可藉由透過聆聽音樂放鬆肢體的靜態方式進行；又或是靜態的躺在自己最為放鬆的角落聆聽最喜愛的音樂。也就是說，無論是哪一種形式，音樂就在我們生活中，我們無法忽視它的存在。

第六章
音樂心理學介紹

　　一首令人感動或想要跟著舞動的音樂是需要藉由不同的音樂元素方能形成，而音樂之所以會受大眾喜愛與音樂本身充滿多變化因子有關。這些因子是形成音樂的必要元素，諸如：不同長短拍組成的節奏、聲音的高低音變化、速度快慢的變化、大小調之調性變化，以及為加強情緒表現的音樂表情記號等。施淳俐、陳譽齡、陳嘉玲（2012）指出，音樂是強而有力的聽覺刺激且普遍受到兒童的喜愛，因此在團體活動中，音樂及樂器經常能成為共同注意力的焦點。音樂的曲式結構也給予個體在時間上的提示，易於熟悉遊戲的流程及順序；透過音樂元素（高低音、快慢、大小聲等）的安排，也能給予兒童遊戲規則的提示，提升其配合度。

　　耳朵有三萬個神經末梢沿前庭耳蝸神經發送電信號，所以個體可藉由耳朵聆聽各種不同型態的音樂。當信號被接收時，大腦會分析六個音樂的組成要素：音高、強度、時間、音色、音調記憶和節奏（Hachinski & Hachinski, 1994），所以當耳朵接受到音樂刺激物後，會因為個人的生理（例如：聽覺對於音樂聲音的敏感度）、心理情緒與文化背景等外在影響因子，而對所聽到的音樂有不同的解讀；也因為每個人對音樂的感受不同，自然會流露不同的情感，例如：兒童安全事件發生的期間與事件發生前，觀眾對電視台同時播放張信哲翻唱蘇芮所演唱過的「親愛的小孩」，所引起的情緒共鳴會有所差異。又或是朋友、男女朋友或夫妻間常會有紀念性歌曲，因此當他們一起聽到彼此知道的紀念歌曲時，可能會相視而

笑，但是非當事者的朋友們則可能會一頭霧水，不能理解他們為什麼相視而笑。由此可見，個體在過程中的反應是本身透過耳朵聆聽所產生的情感，是自己本身與音樂的連結。

除此之外，以耳熟能詳的「小星星」為例子，不同的速度、不同的調性、不同的拍子類型等，都可以將一首簡單的「小星星」變成變奏曲，再透過耳朵接收到的音樂感受也就相對不同，例如：有的人覺得大調版本的「小星星」讓人心情愉悅，而小調版本的「小星星」讓人有些許感傷；四四拍或二四拍的「小星星」讓人猶如軍隊般的行進，但是六八拍的「小星星」則讓人想要隨著音樂左右搖擺身體。諸如上述所言，因為音樂本身的構成要素而充滿豐富的色彩且多層次的變化，讓個體能產生不同的音樂感觸。

從神經心理學角度討論音樂的要素，聲音要素是音量、音高、輪廓、音長（或節奏）、速度、音色、空間定位與回響，我們的大腦把這些構成音樂的基本要素組合起來，形成更高層次的概念，像是拍子、和聲和旋律（王心瑩譯，2013）。將多元的音樂元素或對比的音樂特性整合至活動當中，對於情緒的穩定性、學習的組織性、結構性和規律性都有一定程度的影響。精緻的時間感可藉由單音音長或由簡而難的節奏進行訓練，而空間感或動作的表現，則可用音階上行、下行或音程的概念搭配練習。操作樂器的力度和情緒的控制，可因強、弱音量的交互使用而產生內化（陳淑瑜，2013）。故音的高低、兩音之間距離的音程關係、音的長短、快與慢的速度、大或小的音量，以及音樂的表情等音樂元素所譜成的樂曲，是可以帶動個體的各種感覺刺激和情緒感受。

音樂心理學家 Hodges（1996）也表示，音樂能力自出生開始就已經存在，但不表示每個人都有潛力演奏音樂。諾朵夫—羅賓斯音樂治療法（Nordoff-Robbins Model improvisational music therapy）學派表示，每個人

心中都住有一位「音樂兒」，會自然地隨著音樂起舞或擺動身體；每個人的身體都是一個發聲體，可以單獨表現出音樂的兩大特性——聲音與節奏；如果藉由兩個人的搭配，又可以將聲音以多重的旋律及和聲表現出來（陳淑瑜，2013）。因此，並非有音樂天賦才是有音樂能力，也並非要有音樂天賦才能欣賞音樂或唱歌，這是一種個體身體與外在節奏同步共乘的自然現象。

　　就生理結構而言，個體把聽到的音樂透過聽覺系統傳送到中樞神經系統，進而由大腦執行下一步解析，因此身體上的神經細胞和器官都可能讓我們對環境周圍所存在的音樂有所回應。就像電影配樂之所以在一部電影中扮演著不可或缺的角色，其原因就在於音樂可以誘導觀眾的聽覺感官與視覺的電影畫面做結合，讓觀眾更融入電影情節中。整體過程也就是一種共乘原理（entrainment），也就是身體內的一個系統頻率與另一個系統同步，例如：在 1990 年早期，Thaut 博士與其神經學音樂治療團隊利用共乘原理，把節奏功能融入復健訓練中，以協助個體能夠重新再度的學習（Thaut, McIntosh, & Hoemberg, 2015）。

　　音樂與樂器本身所提供的就是一項多重感覺刺激的媒介物。音樂本身的構成要素與樂器都有其特色，可以透過設計與運用，同時提供聽覺、視覺與觸覺上的多重感覺刺激。Davis 等人（2008）表示，因為音樂與噪音之間的最大差異在於聲波，所以音樂可以作為感覺刺激。音樂的聲波是有組織的，會隨著時間的進行下具有規則性，而這些結構性的品質，像是音高、音量、音色與和諧性，可以幫助聆聽者組織音樂的聲音，而享受令人愉悅和有意義的聆聽經驗。Kern 與 Humpal（2012）則認為，除了聲波以外，也需要考慮一個或多個感覺品質，例如：強度、頻率、持續時間、節奏和複雜性。Davis 等人指出，音樂的聽覺與震動之品質提供多樣的基礎，而來自感覺動作刺激的吸引力得以提供特別的治療目標，所以當我們

聆聽音樂時，才可以實際感受到各式各樣的屬性與向度。Surujlal（2013）提到，音樂和舞蹈能製造一個協助學習者重新找到自己注意力的安全環境，以幫助他們能夠專注於一個特定的任務上，故可以透過音樂與節奏的結構性和組織性，讓被協助的個體在動作與反覆且規律節奏的音樂歷程中，建立正確穩定的動作速度和持續性，從紊亂的無秩序到有秩序的節奏。

當音樂在耳邊響起時，每個人會有不同的生理反應，有的人會隨著音樂擺動，但是有的人則習慣靜態性聆聽。這除了與每個人透過聽覺與大腦的判斷有關外，也與大腦聽覺中心對聲音刺激的察覺有關。蔡振家（2013）表示，在大腦皮質中，掌管聽覺的腦區位於外側顳葉的上半部，音樂的演練則涉及腦中及時的「聽覺—運動回饋」（motor-auditory feed-back）與「運動—聽覺前饋」（auditory-motor feedforward），就如同Thaut 博士與其團隊長期從事的神經學音樂治療研究所顯示，當聲音與節奏以有組織且時序的出現時，讓動作神經系統對聽覺節奏性有一個可預測的時間，並同時做出反應，此稱為聽覺—動作共乘效應（auditory-motor entrainment）。

故上述音樂要素結合音樂的不同曲式，而衍生的重複性與結構性，將能提供不同的結構讓個體學習。林芳蘭（2014）指出，構成音樂的三個基本要素有旋律、節奏與和聲，而這三個要素成就了音樂的各種面貌與形式，而有著豐富多樣的音樂種類，包括：兒歌、唸謠、中外流行歌曲、古典音樂、大自然音樂、新世紀音樂等。Lathom-Radocy（2002）指出，音樂在旋律段落、節奏模式和曲式的重複性，使它能提供多次機會讓個體回應與再次回應；也就是說，當一首歌曲是以A-B-A或A-B-A-A-B-A等曲式呈現時，假如個體無法在第一次順利回應，則能夠透過歌詞反覆的出現，而有足夠的時間接收—處理—記憶—理解—回應；在個體能夠回應後，歌

曲因為重複的結構而讓個體有機會再次回應，也就是能再一次複習前一段所學到的知識，如歌詞中的語彙、重新開啟感覺注意。這就如同 Brunk（2004）表示，音樂能有效地改善兒童的注意力，從而提高其專注力，讓兒童在環境中能有更強大的自我控制意識。以下簡單介紹音樂元素，例如：旋律（melody）、節奏（rhythm）、力度（dynamics）、和聲（harmony）與速度（tempo）等，藉以了解音樂模式注意力訓練設計活動的原理。

壹、節拍、小節線與拍節

　　在上述所談論的眾多音樂元素中，與時間最有關係的是節拍〔或者說拍子（beat）、拍節（meter）〕及節奏。蔡振家（2013）表示，拍子和拍節只是對於時間的單純分割，而節奏體現了各個聲響事件的時間關係。所以，節奏會分開討論。

　　節拍可說是音樂的脈博，在音樂中所扮演的角色是測量時間的基本單位。我們可以想像自己心臟的跳動聲，一下一下穩定而規律的跳動著。因為拍子能使音樂穩定的流動，縱使因為速度的轉變而有所不同，節拍的穩定則會讓音樂呈現規律且秩序。因此，不論是音樂家或是一般學音樂的人在練習時，節拍器都是重要的配備，其功能在於協助練習者讓音樂在持續且穩定的節拍中呈現。音樂的節拍基礎是一拍，例如：拍桌子或拍手都可以，當我們拍一下時，下上為一次，也就是一拍。一般而言，在沒有指定範圍下，都是以四分音符為一拍，圖 6-1 為四分音符的說明。

圖 6-1　四分音符的一拍

　　拍節是以一個節拍為基礎，將數個節拍組成一組，例如：一小節由四節拍組成。蔡振家（2013）表示，把數個拍子組織在一起可以變成拍節的結構，而成為感知時間與音樂節奏的參考，也就是拍節基模。拍節是指連續出現的幾個節拍形成一個團體的方式，而拍節則需要依賴小節線才能形成；也就是說，拍子沒有小節線時就如同很多人一起在操場上，雜亂無章，不知道哪裡才是終點，就如同當我們在說話或寫作時，若沒有標點符號，聽者與讀者當下也許會對文字產生誤解；然而，當小節線把許多拍子數量依照規定劃分而形成拍節時，所傳達的聽覺感受也就不同。舉例來說，老師請班上 20 位小朋友排隊站好，準備分組，此時所呈現的就如同圖 6-2 的 A，之後老師要四人一組，讓小朋友報數分組，共分為五組。為了讓各組可以獨立討論，因此在每一組之間都有一個走道隔出空間，而此時所呈現就如同如圖 6-2 的 B 所示。因此，我們可以說一位小朋友代表的是一拍（■），而走道則是小節線（｜）。

圖 6-2　拍節結構範例一

　　每個拍節中的拍子可以是二、三或四拍，因為拍節內的拍子數量不同，每個拍子的強拍和弱拍的拍點組合也就不同，例如：華爾滋是屬於每三個拍子為一組的拍節結構，而進行曲則是每二個拍子或四個拍子組成，諸如以四分音符為一拍下，每二拍為一個拍節，也就是 2 ／ 4 拍，聽覺響度為強—弱（如圖 6-3 的 A 所示），3 ／ 4 為強—弱—弱（如圖 6-3 的 B 所示），4 ／ 4 為強—弱—次強—弱（如圖 6-3 的 C 所示）。為避免模糊重點，聽覺響度之強弱請見之後「力度」的說明。

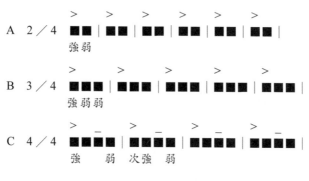

圖 6-3　拍節結構範例二

　　本書雖多是以四分音符為一拍作為舉例，但是實際上音樂中的音符種類繁多（如圖 6-4 所示），作曲家會因為音樂主題的需求而利用不同音符做為一拍，這樣可以形成不同的聽覺感受。而在音樂當中，二分音符、四分音符和八分音符都是可以被視為一拍計算的音符，例如：圖 6-3 所看到的，2／4、3／4 與 4／4 都是以四分音符為一拍，每個小節會有二拍、三拍或四拍。所以 2／4 的唸法就會是：以四分音符為一拍，每小節為二拍。同理，2／2 為以二分音符為一拍，每個小節有二拍；而 6／8 則是以八分音符為一拍，每個小節有六拍。

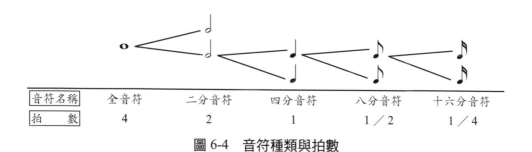

圖 6-4　音符種類與拍數

　　節拍中也不可忽略休止符，休止符在音樂中的角色也是很重要的。我們可以想像無論是哪一種音樂形式，縱使音樂再好聽，永無止盡的旋律也會讓聽覺感官感到疲憊，因此適時的加入休止符能讓旋律稍微停下則是重要的。因為音樂持續出現時，聽眾會習慣音樂的存在，而漸漸忽略音樂，當休止符出現時，讓音樂暫時停下，這時能給予聽覺感官另一種刺激，一種喚起聽覺注意力的刺激，例如：筆者曾經播放耳熟能詳的童謠讓小朋友聆聽，原本正在聆聽的小朋友會離開位置拿取自己喜歡的樂器彈奏，筆者在這期間暫停音樂，此時，小朋友立即停下動作、轉頭看筆者。有口語能力的小朋友會說「我還要聽」，口語弱或無口語的小朋友會起身跑過來，利用動作表示「我要聽」。在過程中，筆者利用休止符的暫停與小朋友互動，也順利得到他們的注意力與不同方式的溝通表達。另一種功能是可以觀察小朋友是否有在持續聆聽音樂，若是已經沉浸在自己的活動而不再聆聽的小朋友，對於停止的音樂是沒有知覺的。與音符相同，休止符也有很多種類，拍數也不同（如圖 6-5 所示），倘若家長們想要與小朋友以此種方式互動，又不知道應該暫停多久，可在心中默數到三或等待三秒鐘。在筆者進行活動的過程中，暫停音樂和開始音樂是彈性的，因為筆者是透過觀察與分析個體當下的狀況做調整，因此一秒鐘或五秒鐘也是可行的。

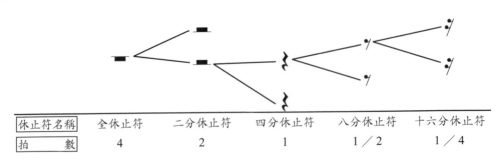

休止符名稱	全休止符	二分休止符	四分休止符	八分休止符	十六分休止符
拍　　數	4	2	1	1／2	1／4

圖 6-5　休止符種類與拍數

　　休止符也可以是等待與回饋的空間點。等待就猶如音樂中的休止符，當音樂旋律連續不斷的出現，聲音若不停止，耳朵可能感到累，需要喘口氣，因此適時加入適當的休止符反而會讓旋律更美，讓人聽得也舒服。

　　特殊需求的個體們進入療育課程的年齡都不一樣，提早發現則可提早治療。然而，不管在什麼階段、什麼時候開始、何種課程，都有一個很重要的原則，也就是「等待」。分心、過動與衝動是有注意力問題個體的主要特徵，因此等待對於有注意力困難的個體來說是一種挑戰。就像木頭人活動一樣，適時在音樂活動中加入休止符，可以讓個體學習等待與衝動性控制，也是有注意力問題之個體所需要的調節練習。

　　此外，休止符能提供音樂治療師一個觀察與等待的空間，因為個體在接收訊息後的輸出是需要時間的，休止符能提供治療師等待個體在每一次互動過程中的回應。同時，治療師必須等待與觀察何時要給予協助，何時音樂要再開始，讓治療師繼續利用音樂與個體互動。

　　當音符與休止符組合在一起時，形式如圖 6-6 的 B，筆者以耳熟能詳的「小星星」前段歌詞作為加入休止符的差異範例說明，讀者也可以邊讀邊拍手感受其中差異。

圖 6-6　音符與休止符組合範例

貳、節奏

　　如上所述，節奏也是音樂中與時間有關的元素。如圖 6-4 可以看到，音樂中的音符種類繁多，更可以從第二行所呈現的拍數部分了解不同音符的不同長度。也因為音樂中的每種音符都有屬於自己的拍子長度，當這些音符相互組合在一起時，就會是節奏。所以，節奏是由不同長短節拍所組合而成。Levitin（王心瑩譯，2013）指出，節奏是由一系列音符持續的時間，以及這群音符組合成單元的方式。讀者也可以自己試試看哼唱，感受如果都是一樣長度，或是變化性不高（如圖 6-7 的 A 所示），再哼哼自己熟悉的歌曲或是有機會聽聽耳邊傳來的音樂或聲音，這當中有長短不同的節奏（如圖 6-7 的 B 所示）。又或是現在的手機錄影與錄音都很方便，也可以拿起一篇文章，把文中的每一個字都當成一拍的大聲朗讀出來，之後再用長短不同的節拍大聲朗誦。接著，把錄下來的聲音播放出來聽聽看，感受一下。範例說明是以四分音符為一拍，每個小節有四拍，拍子順序就如學生排隊報數般，如圖 6-7 所示。

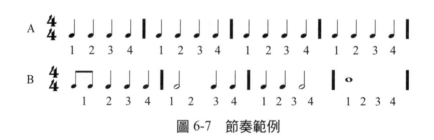

圖 6-7　節奏範例

參、力度

　　力度表示音量的不同，也就是有的聲音比較強（大聲），有的聲音比較弱（小聲），也可以想像成用力吼叫、大聲說話和輕聲細語，這就是三種不同音量的說話方式。讀者也可以自己試試看用手打拍子，不需要依照音樂規則，自由的嘗試看看，例如：連續輕拍手四下後突然用力拍手二下，接著輕拍手三下後再轉大聲拍手一下。如果以音樂規則思考力度，它意指連續的音群出現會因為其拍節和音樂概念，以致於有的音需要彈得比較重，稱為重音。基本上，力度在音樂規則上，是出現在每一小節的第一拍，所以第一拍是強拍。圖 6-8 的 A 是拍子在有規則下，四四拍的每小節第一拍會是重音，因此下方可以看到重音記號，也就是表示每一小節的第一拍要比同小節的其他三個音大聲一些。又或是在每一小節的最長拍也是該小節的強拍，但是當固定的每一個節拍開始做變化，節奏性出現時，相對的，重音也就會轉移（如圖 6-8 的 B 所示）。

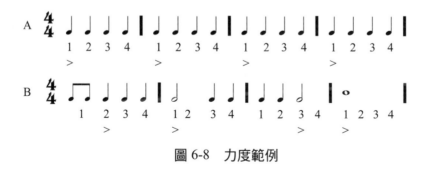

圖 6-8　力度範例

　　力度也是音樂的情緒表現，所以當個體生氣而需要發洩情緒時，能透過力度變化的拍鼓作為調整情緒的工具。在表現力度的音樂術語區分的很

細微，在此只簡單說明會被運用在音樂活動的力度術語，例如：強（f）、中強（mf）、極弱（pp）、弱（p）、中弱（mp）、突強（sf）、漸強（cresce.）和漸弱（dim.）等。上述前面五種是聲音音量大小的不同，用力拍出大聲，是強的表現；輕拍出小的音量，是弱的表現；極弱則是要更輕的拍出聲音；中強是比大聲音量小一點；而中弱則是比小聲音量大一些。因此，五者的強度排列為：

強（f）→ 中強（mf）→ 中弱（mp）→ 弱（p）→ 極弱（pp）

另外，在音樂進行中的突然大聲，稱之為突強（sf），就像在不預期下的聽覺感官刺激對於突如其來的聲音而有動作與心理情緒的反應，最為有名的例子是海頓的「驚愕交響曲」，以突強作為樂曲結尾的呈現方式。海頓之目的是想要喚醒聽眾下的惡作劇，因此在輕柔的音樂之後加入全樂團一起合奏的和絃做很強的結束，就如同當臺下的聽眾昏昏欲睡時，臺上的演講者突如其來的加重說話聲音，可能會讓聽眾驚醒，重新喚起其聆聽的注意力。我們也可以想像當正在專心看著眼前的電影，原本平穩緩慢的情節，背景音樂突然先是出現一個大聲的鼓聲或鞭炮聲，我們當下會是什麼感受呢？是驚嚇想逃跑、還是坐在原地不知所措，又或是沒有感覺？因此，任何力度可以在音樂中畫龍點睛，帶動不同情緒的反應。

漸強記號（如圖 6-9 的 A 所示），顧名思義，就是漸漸地變大聲。我們能夠從圖 6-9 的 B 看到記號內的圓圈是從小圓逐漸變大圓，此也就表示如同圖內的圓圈一樣，音樂聲音的呈現是由小聲逐漸轉為大聲。漸弱記號（如圖 6-9 的 C 所示），就是聲音慢慢地轉為小聲。我們可以從圖 6-9 的 D 看到記號內的圓圈是從大圓逐漸變小圓，如同圖所顯示，音樂的聲音就如同呈現的圓圈一般，是由大聲逐漸轉為小聲。

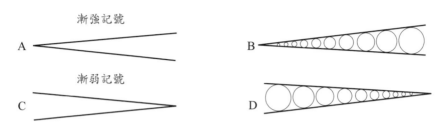

圖 6-9　漸強與漸弱記號

肆、速度

關於音樂速度的術語由慢到快的排列有：緩板（lento）、慢板（adagio）、中板（moderato）、快板（allegro），以及甚快板（vivace）等；另外，還有漸慢與漸快。音樂的速度就如同每個人的個性，就像我們常聽到的急驚風與慢郎中。每個人的做事方式也存在不同的速度，有的人天生是慢調子，凡事喜歡慢慢地，不急不緩；反之，有的人則是急性子，喜歡快速把事情處理好。若是以活動力而論，有的人是屬於活動力低，不偏好快，而屬於活動力高的人則不偏好慢。每個人的說話方式也存在不同的速度，有的人說話說的快，句子中沒有空隙；反之，有的人說話慢條斯理，慢慢地想、慢慢地說。因此，速度變化並不只是存在音樂中，也存在我們的日常生活中。也因為如此，我們可以利用音樂的速度變化協助個體的自我調控能力。

回到上方所提到的節拍，每個節拍是一拍一下，音樂中的節拍雖是一拍代表一下，但是會因為音符時值不同，相對速度也會有所變化，而有不同。如圖 6-10 所示，同樣的節奏模式會因為拍號不同，聽覺感官所聽到的拍奏也就不同，例如：$\frac{4}{4}$ 表示以四分音符為一拍，如果是 $\frac{2}{2}$，則是以二

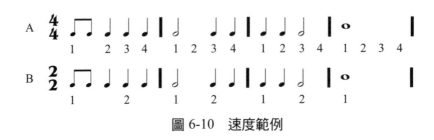

圖 6-10　速度範例

分音符為一拍，也因為如此，原一小節是四拍也變成一小節是二拍。

除此之外，速度變化並不僅拍號不同而有影響。以圖6-10的A為例，當速度為♩= 60、100、120 或 168 時，彈奏的速度也會有快與慢的變化。如果想要聽聽看差異，節拍器會是一個很好的協助工具。讀者也可以試試看用不同速度朗誦一段小文章或古詩，例如：以大家較為熟悉的古詩：「白日依山盡，黃河入海流，欲窮千里目，更上一層樓」，從每個字為二拍，到每個字一拍，再到每二個字一拍，到每五個字一拍。而有興趣挑戰的人，則可以擴展為每十個字一拍，讀者可以從中感受到速度變化的不同。

伍、音程

音程（interval）是指兩個音之間的距離且有上下行之分，我們可以透過圖6-11了解音程關係，例如：C-D是上行二度，而G-C則為下行五度，但是就二度討論，二音仍有距離上的差異。也就是說C-D為二度，但是為三個半音組成的大二度；然而，C-D$^{\#}$ 也是二度，但是它是四個半音組成的增二度。又如 C-D$^{\flat}$ 也是二度，但是它是由二個半音所組成的小二度。另外，音程分有兩音同時出現的和聲音程及兩音分開出現的旋律音程，也就是說，一次同時彈出 C 與 G 時，則是和聲音程；當先出現 C 再接著彈

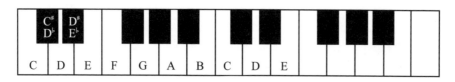

圖 6-11　鍵盤

G，這就形成了旋律音程。而當兩組三度音程同時出現，則是出現和弦，例如：C-E 和 E-G 兩個三度而形成 C-E-G 的 C 和弦。

　　音程之所以在音樂中占有重要地位是因為音程是旋律的基本結構，要有不同音高透過音程才能形成旋律。如果沒有音程，旋律中的每個音都是一樣，或是可以想像成是平板的說話聲音，沒有音高變化，就如同沒有心跳的心電圖，呈現如同「 ───── 」的狀態。縱使有速度和力度的變化，這樣的音樂較難吸引人願意持續的專注聆聽。因此，音程可以說是構成旋律的基礎。

　　如果讀者有興趣，可以利用剛剛所提到的五言絕句來練習，先以單一音高唸出來，再用兩種不同音高（高和低），不用在乎音準的唱出五言絕句，透過聆聽或錄音下來後比較其中的感受。從圖 6-12 的 A 可以看到，在單一音高下，沒有高低音變化的呈現；而從圖 6-12 的 B 可以看到，雖然只有兩種音高，但是有音高下，聲音的距離出現，就如同爬山過程中有上坡、下坡和一段平坦的路。

A 同樣音高下：　白日依山盡，黃河入海流，欲窮千里目，更上一層樓。

B 兩種不同音高下：

圖 6-12　音程變化

陸、旋律

　　如上述所言，音程是旋律的基礎，就像調配精油需要基底油一樣。旋律是建立在音與音之間的關係，所以旋律的起始來自於音程。也就是說，我們在音樂中所聽到的是音程間之相互關係，而不是單一音符的獨立關係。

　　旋律並不只有運用多種音程關係而形成的音高變化就足夠，因為只有音高與音程的變化，但是節拍從頭到尾都一樣、速度平穩，又或是力度一致，這樣的旋律聽來單調而無法吸引人。當音樂只是聲音，聽不到音樂想要傳達的主要意念時，這樣的旋律不容易讓人有深刻的印象，而想要一聽再聽。讀者可以思考當下受歡迎的流行歌曲，例如：臺灣的周杰倫、美國的魔力紅（Maroon 5）或韓國流行團體等，他們除了本身的特色外，音樂好聽才是重點。

　　當我們聽到好聽的旋律時，腦海裡可能會出現：「這旋律聽起來蠻吸引人」、「這首歌的旋律聽起來很特別」或「我喜歡這一首歌」等，整首音樂的主要旋律是該首歌曲的重點，就如同我們講話需要有重點一樣。或是像業務想要行銷一項產品，但若只是一直講話，企圖說明產品的好處與特色，但是到結束時，消費者仍是一頭霧水，腦中浮出「所以呢？」如同音樂若雜亂無重點，旋律沒有走向，聽者會不知道自己聽的是什麼。

　　旋律需要不同的音程關係組合，更需要有不同節奏、速度和力度等的變化，讓一首簡單的旋律變得不一樣。假設旋律只有單一種節拍或是從頭到尾都是二度或五度，又或是運用多種音程組成旋律與單一種節拍，其聽覺效果也會有所影響。

柒、和聲

在前面介紹音程時，有提到當兩組三度音程同時出現，則會出現和弦，例如：C-E 和 E-G 兩個三度而形成 C-E-G 的 C 和弦，而和聲是依賴和弦所形成的，和弦寫法如圖 6-13 的 A，和聲則如圖 6-13 的 B。

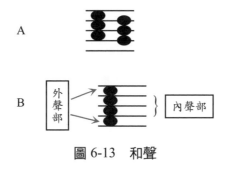

圖 6-13　和聲

一般大眾在聆聽和欣賞音樂的過程中，所聽到的是一首音樂的大輪廓，也可以說是這首音樂的主要旋律，是音樂所要傳達的主題。就如同莫札特知名的「小星星」變奏曲，其利用主題作為主軸而加以變化；就像是一棵聖誕樹，聖誕樹就是主題，裝飾品就是變奏曲中所放進的各式各樣之音樂元素。因此，旋律的變化也會需要依賴和聲關係。

如圖 6-13 所示，我們可以了解基礎和聲有四個聲部，這樣的結構也就促使音樂呈現多層次的狀態，也讓整體音樂的結構是豐富的。和聲的四個聲部呈現不同音高，也就是同時有高音、低音和中音部分，當多聲部聲音同時出現時，音色呈現是多重的。如果在各聲部發展成旋律又再加入節奏，聽覺感受是截然不同的。若是以日常生活的事情比擬，我們可以想像在家中會出現的狀況。媽媽在說話的時候，爸爸中途加入，兩者的說話聲

音同時進行，而呈現二聲部，此時若加入學齡兒童的說話聲，即可以成為三聲部。如最後再加入小嬰兒的哭鬧聲，四種不同音高成就四種聲部，這四種聲部的聲音同時進行的音響效果可想而知。和聲會同時也會分部進行，如上述例子，四個人的聲音先是輪流出現，接著四聲部再同時存在，在輪流出現後，嬰兒哭聲停止，這時回到三聲部，當爸爸也停止說話時，則回到二聲部。

　　和聲的編排方式很多樣化，可以是人聲（像是二重唱或合唱團），也可以是樂器，例如：三重奏或五重奏，也可以想像是交響樂團。所以，音樂模式注意力訓練也會利用和聲的特色來設計活動，例如：運用節奏和樂器音色形成和聲，進行圖 6-14 的合奏範例。

圖 6-14　合奏範例

第七章
音樂治療介紹

　　本書的音樂模式注意力訓練也利用部分音樂治療學派作為課程設計的依據理論，因此除了會概要性的介紹音樂治療之外，也會說明音樂治療運用的音樂並不侷限於古典音樂和哪些人可以接受音樂治療，並會進一步說明音樂治療與樂器教學之間的差異性，以釐清觀念與誤解之處。

壹、音樂治療等於古典音樂嗎

　　在深入了解音樂治療之前，我們先了解音樂治療是否能夠與古典音樂畫上等號，例如：曾經有一位參與音樂治療工作坊的學員指出：「音樂治療有處方箋，而聽古典樂沒效的人士是因為沒受古典樂訓練，不會聽！巴哈創意音樂可以提高創意，引導腦細胞活躍！」若是以此論點來看，是否代表需要經過古典音樂訓練的個體才能接受音樂治療呢？如果是基於此論點，音樂模式專注力訓練的對象就不能是普羅大眾，而是必須經過古典音樂訓練的個體才行。

　　然而，失智症、腦傷、自閉症、聽覺障礙、視覺障礙、多重障礙、注意力不集中、注意力缺陷過動症、精神官能症，以及安寧病房的患者等，都是音樂治療可以協助的對象。在這些個體中，有些年齡僅有幾個月大，還沒有機會受到古典音樂薰陶，他們是否就沒有機會接受音樂治療嗎？又或者，如果個體接受古典音樂以外的音樂訓練，就得不到所要的刺激嗎？

而縱觀所有治療對象，並非每個人都有可能得到古典音樂教育的機會。

又，巴哈音樂真能提高創意嗎？其實這就回到上一章所討論的，之所以音樂欣賞可能可以提升專注力的原因相仿。基於此，我們要思考，若是個體拒絕古典音樂，那我們要強迫個體接受古典音樂嗎？

當然不行，以音樂治療的角度而論，並不強調個人是否會欣賞音樂，不一定要用巴哈、莫札特或貝多芬的音樂，也不強調個案們唱歌的音準和歌唱技巧。音樂治療在音樂的運用上，所強調的是「以個體所喜歡的音樂為主」，個體才是整個療程的中心，治療師如何透過音樂活動幫助個體得到治療性目標，才是首要目標。所以，個體喜歡歌劇、臺語歌、日本歌或平劇，可以嗎？

一位朋友的父親因為中風長年臥床，她問我：「爸爸最喜歡平劇，那我可以播放平劇給我爸爸聽嗎？」平劇是這位父親的最愛，如果在聆聽平劇的過程中，可以讓這位父親心情舒緩，那平劇就有它的價值。

音樂治療師必須以個體為出發點，因為這是以個體本身為主而延伸出來的音樂主題，而不是以治療師為主的音樂活動。當然，音樂治療師可以從個體喜歡的音樂型態或曲目發展一個主題，而發展出一個適合和個體互動並達到目標的治療計畫。

就如上述所提到之朋友的父親（以下簡稱父親），照顧者可以找其所熟悉的平劇，與父親共同討論對這一齣平劇的想法和劇中演員的唱腔，照顧者可藉此與父親討論平劇。這過程可讓父親了解雖然他臥病在床，但他仍然有「給」的能力；父親若是因病失去語言表達能力，可以借用圖片或大家共同聆聽式的陪伴，或是照顧者可以說給父親聽。在過程中，父親雖無語言但有聲音和肢體動作等，這些都可以是父親的行為反應，也都是照顧者或音樂治療師可以再從中繼續衍生更多的互動，讓個案的生活是有品質和尊嚴的。縱使只是與父親在同一空間一起聆聽平劇，都可以安撫其心

情。綜合上述所言，音樂治療並不能與古典音樂畫上絕對的等號，但古典音樂則是音樂治療師設計活動可用的工具。以下說明何謂音樂治療，並了解音樂治療學派和可運用的對象等。

　　事實上，音樂治療所運用的音樂是無國界、無任何限制，會依個案的優缺點設計活動，音樂治療師也會依個案的年齡和文化背景來運用音樂。以年齡而言，對於實際年齡20歲但僅有5歲智商的極重度心智障礙者，治療師不會選擇兒童音樂，而是以實際年齡為考量，例如：音樂治療師可以選用當下流行的國臺語音樂作為肢體律動的背景音樂，也可以選擇輕音樂；如果有宗教背景，其信仰的宗教音樂（詩歌和佛經）也可以加以考量，以作為聆聽活動的音樂。

　　以文化背景而論，臺灣有許多老一輩的長者是受日本教育，當遇到這樣背景的個案時，治療師可以運用日本老歌來設計活動；若是有個案喜愛南胡所演奏的音樂，音樂活動可以包括南胡演奏的音樂和南胡圖片等，來設計活動。

　　音樂治療師本身也是一個影響因素之一，就算都是受過訓練的音樂治療師，畢業於美國音樂治療協會認可的學校，也經過實習，甚至可能就讀同一所學校，師事同人，一樣的教授，學習一樣的音樂治療基本理論，但卻會因為音樂治療師本身的人格特質和風格，而不會完全相同。

　　以古典音樂來說，每個人欣賞的音樂家也不盡相同，就像許多人喜歡莫札特，但筆者個人卻偏好巴哈、貝多芬和現代樂派的作曲家；很多人不喜歡不協和音樂，而筆者卻超愛不協和音樂；有些人喜歡聽鋼琴奏鳴曲，但筆者卻愛交響樂，單純的鋼琴音樂並無法讓筆者釋放壓力；更有朋友喜歡電音音樂。上述這些音樂在音樂治療情境中並不會被拒絕。

　　因此，不管是音樂治療師或是想藉由音樂協助個體的人，首要考量的是個體的個性、成長背景、語言文化和年齡，最重要的是個體本身的需

求，活動內容與音樂都需要同時考量是否為個體們本身需要的。如果活動執行者只是以自己為出發點選擇音樂，而忽略個體需求，可能會徒勞無功而無法得到效益。當一位音樂治療師在評估、分析行為、設計活動和進行協助時，都需要保持客觀的態度。若是不能夠接受多元文化的音樂，僅認為單一種音樂才能夠協助個體，相對也失去了治療師的客觀性。所以，接受多元文化的音樂，對音樂治療師而言也是很重要的。

貳、音樂治療概論

　　音樂治療的發展已有數世紀之久，其演變史可以回溯到過去的古老時期。從史前時代起，人們就相信音樂與舞蹈具有一定的功能，能讓生病的人可以得到治癒。這時期當人們生病的時候，都是由巫醫或祭司以吟誦歌詞和跳舞般的治療方式進行，歷經二次世界大戰直到今天。史前時期的人類便相信音樂具有神奇的力量，可以促進心靈與身體健康，他們同時也認為音樂可以與超自然力量連結（Davis et al., 2008）。因為如此，史前人類相信「靈」的存在，而音樂就是讓他們可以與靈溝通的橋梁。就如同臺灣原住民以吟唱的方式與其祖靈溝通，藉以得到心靈上的慰藉和身體的康健。在音樂治療的演變歷史過程中，音樂治療專業自 1980 年起，持續發展為一門專業的新知識，前期的音樂治療著重精神病患的處置，直到二十世紀進入另一個新紀元。

　　音樂治療與特殊教育也有相互關係。Sze 與 Yu（2004）指出，IDEA於 1997 年提出音樂治療在特殊教育中是一種相關的服務模式，它可以提供許多特殊需求學生不同於以往的指導與治療。Stephenson（2006）表示，音樂治療在美國被視為與教育有關，並且歸類為「相關服務」，以協助在特殊教育環境中的學生可以得到其需求。透過在臨床上的觀察，音樂

治療創造一個正向支持的環境，促進成功、獨立和支持與他人的互動經驗（Robb, 2000）。Kennelly 與 Brien-Elliott（2001）指出，音樂能引起、安撫、支持、維持和擴展特殊需求個體達到正常的成長與發展能力，就像利用歌曲、詩詞、韻文、音樂遊戲和搖籃曲等，協助個體社交、認知、語言和安撫情緒已進行數世紀之久。

　　音樂治療是一種利用音樂與音樂活動達到治療目的，且被定義為一種專業性和技術性的治療。根據美國音樂治療學會（AMTA, 2016）對「音樂治療」一詞所做的解釋：音樂治療是一種建立於臨床和基於證據的介入方法，以協助個體完成所需之目標。它是一項健康照護的專業，在一段治療關係中，利用音樂活動協助個案改善與提升其溝通、身體、情緒、認知和社會等需求。汪彥青（2002）表示，音樂治療是「有計畫、有組織」地在了解狀況及需要後，所採取的「處方」行為，它必須由受過專業訓練的音樂治療師來執行或督導。其次，「用音樂」（或音樂活動／經驗）是音樂治療中最重要的治療媒介，因此音樂的選擇及其經驗設計，必須經過音樂治療師審慎的考量。

　　音樂治療師在個體的生活中有系統、有計畫性與目標性的介入，逐漸受到重視。在特殊教育、神經學的復健、音樂心理治療、音樂娛樂性質的運用、教育保持放鬆與減輕壓力的自我照顧、社區音樂治療，以及醫療機構等影響身體健康的範圍，建立完善的音樂治療（Ruud, 2008），其基本上是以全人發展為中心主軸，透過一項活動的進行，同時觀察到個體的許多能力問題，例如：身體律動活動。期間，治療師可以觀察個體對音樂的反應，以了解他們對於音樂聲響、風格或曲式的接受度、肢體律動過程的大動作是否能夠順利伸展、是否願意與人互動等。

　　又因為各個樂器有其獨特的特色，同時提供視覺與觸覺的刺激。在活動中除了利用音樂的速度快慢、聲音高低和音量大小等轉換，以做為遊戲

規則的提示策略外，也可以做為協助感覺動作調節的媒介物。Kennelly 與 Brien-Elliott（2001）指出，音樂治療因為動作活動所需要的程序，而提供結構性、刺激作用和動機，也在操作樂器的同時提供聽覺和肢體回饋；除此之外，對特別的肢體模型（motor patterns）也可以提供有計畫性和愉快的活動。Berger（2002）表示，對音樂治療師最重要的工具，莫過於音樂本身組成的要素（例如：節奏、旋律、和聲、音色、力度和形式）。所以，音樂和樂器都是音樂治療師的最佳工具，其目的在於提升個體所要強化的能力。

目前音樂治療在各國被運用於不同場域，例如：醫療之復健、安寧病房與心理諮商、成人心智障礙庇護和教養中心、學校特殊教育與輔導、長者日間照護與安養院等。音樂治療的服務對象可分為：(1)兒童，如自閉症、智能障礙、感官障礙（視覺與聽覺等）、肢體障礙、情緒障礙，以及學習障礙等；(2)心智障礙青少年的情緒處理與步入青少年時期的心理諮商；(3)成人，如心智障礙成人的心理照護與職業訓練、患有精神官能症之成人等；(4)長者，如退休後的心理照護、失智症，以及帕金森氏症等；(5)其他不分年齡皆可能發生，如癌症、後天腦傷和肢體傷殘等。而由美國音樂治療學會（AMTA）所訂定的執業範圍，對音樂治療師的角色描述是把其本身的音樂治療能力融入不同理論取向，例如：行為、認知和心理動力（Kern & Humpal, 2012）。因此，音樂治療師評估的主要重點在於經由音樂（活動）刺激下，蒐集與分析服務對象在非音樂領域的優勢與弱勢，為服務對象訂定治療計畫和課程目標，其中包含長期與短期目標與設計適性音樂活動，以協助服務對象提升能力。若是針對特殊需求兒童而論，目標可包含：聽覺知覺、記憶、聽力區辨、粗大或精細動作協調，以及社會與情緒行為（Hanser, 2000）。因此，音樂治療師在評估服務對象時，會在音樂活動過程中，觀察與分析服務對象，藉以了解服務對象的優

勢與弱勢能力。

參、音樂治療學派

音樂治療有許多不同的學派，有其複雜性。在整個演變過程中，音樂治療發展出各種不同的治療學派，例如：

1. 以兒童發展為主的發展性音樂治療法（developmental music therapy）。

2. 以音樂本身的架構為模式的創造性音樂治療法（creative music therapy）。

3. 融入音樂教學法理論架構所發展的模式，則有臨床奧福音樂治療法（Clinical Orff Schulwerk）、達克羅茲音樂治療法（Dalcroze approach to music therapy），以及高大宜臨床應用概念（clinical application of Kodaly concepts）。

4. 以行為分析學派為主的應用行為矯正原則音樂治療法（applications of behavior modification principle to music therapy treatment）。

5. 以心理動力為取向的心理動力導向音樂治療法（psychodynamically oriented music therapy），以及邦妮引導想像音樂治療法（Bonny guided imagery and music therapy）。

6. 與醫療相關的神經學音樂治療法（neurological music therpy）、音樂治療於健康照護（music therapy in wellness），以及生物醫學理論音樂治療（biomedical theory of music therapy）。

音樂治療針對不同服務對象、能力、需求與年齡差異，其所設計的介入活動也就不同。許多學生的身心特殊狀況需要特別的教學方法與策略介入，音樂治療在特殊教育領域上也就扮演一個很重要的角色（Sze & Yu,

2004）。針對認知有障礙的學生，Sze 與 Yu（2004）表示，音樂可以透過音樂聲響和休止符所產生的無聲而喚起個體的期待感，利用樂器演奏調整個體的視覺、聽覺和動覺等感覺能力，以及改善其注意力與衝動控制，進而利用譜曲編詞協助個體的課業學習能力。

綜合上述所言，透過各種不同模式了解到，音樂治療是具有系統、有計畫的治療方式，它不是單純利用一連串的音樂活動協助個體在某方面的發展需求，它的每一個步驟都是需要經過審慎評估與計畫、詳細考慮後才能夠進行。在整體過程中，音樂治療師要同時觀察與分析個體在音樂活動中的非音樂能力表現。就如同洪榮照、蒲筠姍（2009）指出，音樂治療師在一開始時，須觀察並評估個案之需要，並決定能夠藉由音樂來改變的領域；在蒐集評估所得的資訊後，音樂治療師再為其訂定明確具體的長短期目標。此外，音樂治療師也必須要能夠針對整體過程做出具體說明，以明確掌握個案在療程中所應改變的狀態、感受、想法、行為，來指出個案在其特定目標領域上所達成的進步。故音樂治療是有組織與謹慎的介入方法。

以下介紹可用於特殊教育與音樂模式注意力訓練課程理論有關的音樂治療學派，其中包含：創造性音樂治療法、發展性音樂治療法、應用行為矯正原則音樂治療法、臨床奧福音樂治療法，以及神經學音樂治療法等學派理論。

一、創造性音樂治療法

諾朵夫—羅賓斯音樂治療模式（Nordoff-Robbins Model improvisational music therapy）又稱為創造性音樂治療法，是由諾朵夫（Paul Nordoff）和羅賓斯（Clive Robbins）共同發展的音樂治療方法。此法是各音樂治療學

派中唯一以音樂本身為出發點的理論，其基本論點是每個人對音樂都擁有感受度，而此可以應用在每個人的成長和發展過程中。其特色重視的是音樂本身，相信每個人心中始終住著一位「音樂兒」，藉由此與個案在音樂互動中產生共鳴。

此模式之概念源自於史坦納的韻律（eurhythmy）概念，相信每個人對音樂即擁有與生俱來的回應，每一個人格結構都有「音樂自我」（music itself），即所謂的「音樂兒」。因此，此模式重視孩子內在自我的發揮（陳淑瑜，2011）。創造性音樂治療法的音樂治療師會藉由即興創作方式接近個案。治療師在即興創作裡，與個案的個人特質及其音樂文化認知相遇和配合。因此，即興音樂治療可以證明音樂應用於人際互動中的一些操作原理（Ruud, 2008）；也就是說，運用此法的音樂治療師是透過與個案的音樂創作歷程所建立之音樂互動空間，以了解個案本身特質、觀察到個案的需求，藉以提供適當的介入。

音樂治療師為配合個體的內心狀況，以個體可接受或能符合其情緒狀態的即興音樂開啟治療，這也是最初與兒童接觸的方式（陳淑瑜，2011）。初始利用音樂配合（match）兒童所表現的行為，也就是以現場彈奏音樂或人聲方式模仿個體的動作、聲音、聲調和音量等，藉由現場音樂反映出個體當下的心理情緒與行為表現，再逐漸進入利用音樂喚起個體對現場音樂的回饋，且允許任何對現場音樂的回饋方式。在這個回饋過程中，讓個體建立互動、溝通和情緒表達的空間。

我們需要了解的是，創造性音樂治療法並非是一種可以預先演練的理論。在音樂治療過程中，音樂治療師最好的表現是非常專注於所要協助的個體，且以個體為中心（Aigen, 2005b）。音樂治療師本身需要客觀看待今天的個體，放下自我想法，一切歸零。每次的音樂治療是由個體帶著治療師走入他們的情境中，是以個體為中心發展音樂。因此，當下的一切無

法經由彩排，因為治療師無法預知今天的個體意識。在運用此法時，治療師不能因為希望個體完成其所訂下的目標而引導個體往目標方向進行，卻忽略了個體當下影響表現的因素，例如：心理情緒狀況等。

反覆（repetition）在整體音樂、樂句，以及節奏的結構上是一個基礎元素，沒有重複也就失去了音樂形式，而元素的反覆是所有音樂組成的部分，它在臨床情境上扮演一個特別重要的角色（Aigen, 2005a）。在音樂術語中有許多不同的反覆記號，不同的反覆記號代表著不同的彈奏方式，也都代表在音樂上的某一段落必須再彈奏一次或多次。只要反覆地再彈一次或再唱一次，音樂元素媒材就會再次出現，而加深且加強聽覺記憶。但在音樂治療中運用到反覆，則可以讓個體有機會再一次練習或再一次的表現，也可能是因為個體本身的重複行為，讓音樂一而再、再而三地反覆出現同樣或相似的音樂旋律。

二、發展性音樂治療法

發展性音樂治療法顧名思義是以兒童發展為理論基礎，其理念是以正常兒童發展力為指標，利用音樂治療為介入工具，以協助兒童提升能力。發展性音樂治療法的中心思想是：個體的音樂能力也如同其他功能領域一樣是連續性的發展，前一階段與下一階段發展是有連結的，前一階段的成長帶動下一階段能力的開始。發展性音樂治療法的理論基礎除了以兒童發展為基礎之外，也涵蓋兒童心理（child psychology）、特殊教育（special education）和學習理論（learning theory）。該理論最初是為了協助學前與學齡的特殊需求兒童，但是後續也有許多人把此音樂治療法理論與其他治療理論結合（鄭立群，2005），並成功運用到其他年齡層（Jacqueline, 2000）。它並不只是著重於個體本身的發展歷程，治療師也會了解與個體

有關係的人事物,因為要了解個體實際狀況與提供有效性協助,不能僅看眼前的個體,而必須了解其他的部分,如家庭環境背景。就如同 Edwards 與 Noone(2015)表示,音樂治療師在利用此法介入個人的任何發展階段或團體的需求並進行互動時,是必須要了解個體的家庭環境、社會與文化的結構。

三、應用行為矯正原則音樂治療法

應用行為矯正原則音樂治療法是利用音樂與音樂活動做為行為改變的介入媒介,運用該方法時並沒有限制對象與年齡。個體之所以產生行為問題是有各式各樣的原因,並非只是我們眼前所見的行為,換句話說,我們眼前所看到的行為是一個誘發事件的結果,而促發的行為涵蓋生理(感官知覺和肢體)、心理情緒和認知。Madsen(1999)指出,行為治療的重點在於行為的修正,也就是藉由分析與測量行為的發生,再設計合適的計畫,以協助改變行為和減少病理上的症狀。而什麼是應用行為矯正原則音樂治療法呢?就如同 Bruscia(1998)的定義,應用行為矯正原則音樂治療法的主要目的在利用音樂做為增強或刺激線索,以增加或修正適應行為和消除適應不良行為;也就是說,音樂治療師利用音樂的刺激,促進在個體端可觀察、可測量的行為改變(Scovel & Gardstorm, 2012)。從上述所言可以看出對行為的了解與分析能力是重要的,但是對於運用音樂與行為分析做為結合之下,如何運用音樂與設計音樂活動更是音樂治療師的重要能力。

音樂治療除了以音樂與音樂活動做為行為改變的介入工具之外,也會運用各種可測量方式記錄個體從評估與進行期間的表現紀錄,直到結束的能力表現,以了解前後成果的變化。Wigram、Pedersen 與 Bonde(2002)

指出，行為分析讓音樂治療能夠隨著時間測量音樂介入的結果，也就是運用行為分析測量個體接受音樂治療週期期間的行為次數（如反社會行為），而治療師和研究人員以採用反轉設計與多基線實驗設計，比較不同階段的行為事件發生次數，藉此了解在音樂治療進行介入與無介入下的效果。

　　音樂治療師會視個體需求利用音樂協助改變，而音樂活動形式上並沒有任何限制。不管是改編歌曲或新曲創作、現場演奏或播放音樂，或是跳舞等，也可以利用音樂與美術媒材結合，這些都是可以形成一種音樂活動，以做為行為改變計畫的一部分。最重要的是，音樂治療師是否可以清楚個體的需求，就像是 Madsen（1999）表示，音樂治療師必須要提供有選擇性的介入方案和能完全掌握活動的設計與進行的步驟。這種方法包含音樂特質的創造、選擇和即興，藉以處理塑造個體行為的具體需求，在了解需求下而設計適合的行為改變計畫，也可以讓音樂扮演好它的角色。Madsen 指出：(1)音樂做為一個線索；(2)音樂做為一個時間和身體動作結構；(3)音樂做為注意的焦點；(4)音樂做為獎勵。

　　幼兒園利用音樂做為線索是個很好的例子。舉例來說，準備吃飯有吃飯的準備音樂、上課有上課的音樂做為提醒，在各級學校的上課中也是如此。目前，在臺北捷運所設計的到站音樂也是一種提醒。其實我們都生活在充滿利用音樂做為線索的世界中，只是我們忽略了原來這就是線索或是一種提示，提示我們做預備動作以執行下一個任務，這過程也必須運用到集中性注意力。也如同我們知道學校的鐘聲是代表上課與下課，而當小朋友在玩耍時，是否有運用其注意力注意到上課鐘響了。玩耍時也需要分配性注意力，因為玩耍時要同時注意和同學玩耍與鐘聲，這過程因為需要注意鐘聲，也就不能失去警覺性注意力。

　　音樂可以做為一個時間和身體動作結構。音樂本身的構成元素就具有

時間的測量性，例如：音符的長拍（如：♩四分音符）與短拍（如：♪十六分音符）、音樂的演奏速度（如：快板或慢板），而各種拍號也是一種時間的測量。陳正雄（2008）指出，音樂的特質是時間的藝術，音樂不是一群音符的隨便組合，而是將某些元素依照原則、秩序組成的。因此，選用適當速度的二四拍或是四四拍歌曲（音樂），是適合軍隊整齊前進時使用的；三四拍是一種圓舞曲，是一種可以舞動身體的拍子結構。一首音樂有長有短，有開始與結束，所以可以利用一首音樂的長短在個體的等待與開始的活動上，而個體也可以藉此預期結束的時間。因為有預期就不會沒有結束的時候，當個體聽到一首熟悉的音樂時，會知道該首音樂何時開始與何時結束。因此，引導者可以利用熟悉的音樂協助個體學習等待／開始或開始／停止。在動作上，舉例來說，許多流行舞曲都會安排舞蹈，每一段落的音樂所呈現的舞蹈不同，但在音樂曲式的結構下，我們可以看到有些舞蹈是重複的，例如：音樂曲式有 A-B-A 三段式曲式，以耳熟能詳的「小星星」而言，其本身就是 A-B-A 形式，所以最後一段與第一段是相同的。若是編排舞蹈，則前二段舞蹈之後會再回到第一段舞蹈。另外，音樂或樂器也可以是一種增強物，例如：筆者曾經利用前陣子流行的「小蘋果」做為個體在活動中的增強物，但前提是這是個體喜愛的音樂。只要個體能夠完成任務，就可以有自由時間聽「小蘋果」。因此，當個體為了能夠聽到喜愛的音樂，會激勵他參與活動與完成任務的動機。

為了協助個體行為改變與建立新的行為，在行為分析與特殊教育中運用許多種策略成功改變個體的不適當行為，音樂治療也將這些策略運用在活動中。另外，不管音樂治療師運用哪一種學派，以下策略都還是會被運用在音樂活動中協助個體，以確實達到協助與改變的成效。值得注意的是所提出的社會性增強（social reinforcement），一般是指如代幣、玩具或食物等，但是在音樂治療情境中則是指與音樂有關的增強物。音樂治療師會

在第一堂課起開始觀察、分析、了解和建構個體對音樂或樂器的動機與興趣，再藉由這些做為情境中的增強物。行為策略分別有：

1.提示（prompts）。

2.連鎖（chaingin）。

3.工作分析（task analysis）。

4.行為塑造（shaing）。

5.行為消退（fading）。

6.無錯誤學習（errorless learning）。

7.連續漸進（successive approximation）。

8.示範（modeling）。

9.正負向增強物。

四、臨床奧福音樂治療法

臨床奧福音樂治療法的代表人物是 Gertrud Orff，其依據在兒童發展障礙的臨床工作累積之經驗下所建立的治療理論。她認為思考發展障礙兒童的發展潛力與了解其優勢能力是有必要性的，而不是因其障礙而給予諸多條件上的限制，其從發展心理學領域也讓大家了解家庭和成長環境對發展障礙兒童的重要性和影響力。臨床奧福音樂治療法強調，整體治療過程中必須要考量個人發展狀況與其家庭情況，在必要時調整程序，以滿足兒童的個別需求。臨床奧福音樂治療法對互動的基本概念是相互迅速和積極的回應，其中最重要的是治療師願意接受個體的想法和倡議，並且願意以其現有能力為出發點一起互動（Voigt, 2003）。臨床奧福音樂治療法會利用許多不同的媒介與個體互動，在一來一往的回應過程中，協助個體能力的提升。而這些媒介物可以是各式各樣的樂器，也可以在活動中結合絲巾和

彩帶。

　　也因為可以透過不同的活動模式，例如：樂器、肢體律動、跳舞和音樂遊戲等，讓兒童可以接受到多重感覺的刺激。臨床奧福音樂治療法的多重感覺方式可以提供智能障礙兒童不同刺激以增加學習動機，並提升注意力（鄧兆軒、陳淑瑜，2009）；對於自閉症兒童的社會互動、語言溝通，以及重複行為，在臨床奧福音樂治療法的介入後有顯著改善（Dezfoolian, Zarei, Ashayeri, & Looyeh, 2013）。因此，可以說臨床奧福音樂治療法提供一種綜合聽知覺、視知覺和觸覺等多重感覺器官的介入方法，讓發展障礙兒童的優勢能力，不因其障礙有諸多條件上的限制下而得到提升。

五、神經學音樂治療法

　　神經學音樂治療法是由美國科羅拉多大學神經科學教授及兼具美國音樂治療師資格的 Thaut 博士與其團隊所建立的療法。神經學音樂治療法的目標在於提供音樂治療師認識個體音樂的反應（musical responses），且可以有意義的轉化為認知、情感和感覺動作的治療性反應（therapeutic responses）（Darrow, 2008）。就如同之前所提到，從音樂活動中所產生的音樂行為反應了個體各層面問題，並提供適合的目標活動。此療法重視音樂與大腦之間的關係，例如：張乃文（2007）指出，神經學音樂治療法的運用原則是利用大腦皮質可塑性模式（cortical plasticity models）與腦部功能連結（functional connection），加上音樂特性的節奏模式、聲音模式等速度、時間原理，並融入其他已經行之有年的音樂治療方法當中。運用該療法的音樂治療師會把音樂和動作整合到復健治療計畫中，而其主要基本概念為：(1)隨著音樂律動（movement to music）；(2)透過音樂律動（movement through music）等兩種方式（Thaut, 2008）。以隨著音樂律動

的角度而論，神經學音樂治療法是利用音樂做為運動的背景伴奏，而此時音樂所扮演的角色是一種時間測量，也是一種聽覺與動作之間的共乘訊號（entrainment signal），就如同音樂家在練習期間為求精準的拍子與穩定的速度，都會使用節拍器，以避免音樂速度忽快忽慢。透過音樂律動則是利用彈奏（或敲奏或拍奏）樂器做為肢體動作訓練的介入工具，而與樂器有關的練習都需要手指、手臂、肩膀和腿部等運動肌肉，例如：個體需要握好琴槌，舉起下手臂，再用手腕的力量向下敲奏木琴；又或是彈奏鋼琴、鍵盤樂器時，需要每隻手指頭彈奏琴鍵，如果是鄰近音，手指頭放置方式如圖 7-1 所示，倘若音與音之間的距離較遠，手指頭則需要像圖 7-2 所示，往外伸展，好比芭蕾舞者的劈腿動作一樣。

圖 7-1　彈奏琴鍵示意圖一

圖 7-2　彈奏琴鍵示意圖二

另外，Thaut（2008）也表示，除了音樂和說話能力共享相同的聲響和聽覺的參數（如：強度、音色、時間、速度、輪廓、音高、節奏和聲調的抑揚頓挫等）之外，生理研究也指出，聽覺節奏在運動系統上有很大的影響。證據顯示，聽覺和運動系統之間有跨皮質、皮質下和脊髓的連接物（Thaut & Abiru, 2010），而這些連接物是豐富且多樣化的。在 Thaut 所主持的多項研究中，除了利用許多的實證證明音樂與語言的相互關係外，也利用神經學音樂治療法協助不同特殊需求的人改善或提升動作、語言和感覺動作協調能力。因此，神經學音樂治療法的介入方式被分為感覺動作訓

練、語音和語言訓練，以及認知訓練三種類型。

　　總而言之，音樂治療本身是以全人發展為中心主軸，透過一項活動的進行，可以同時觀察到個體多方面的能力問題，例如：每種樂器獨特的特色，能同時提供視覺、聽覺與觸覺等多重感官的刺激。就像音樂治療師能夠透過一邊彈奏吉他一邊與個體唱歌的時候，觀察個體是否會主動撥奏吉他的弦。若是有，個體碰觸時的反應為何？是不舒服或開心呢？個體是採用哪一種方式撥奏吉他呢？是由上而下滑落或由下而上滑奏？又或是用手指頭拉每根弦呢？以上過程所產生的吉他聲響之音量為何？而吉他聲響的音量也同時反應出個體所運用的手指力道。在聆聽部分，則是觀察個體是否會專注聆聽音樂治療師唱歌和吉他的呢？以上都是可以透過一種活動，同時觀察與了解個體的狀況。音樂治療是一種建立於臨床和基於證據的介入方法，以協助個體完成其所需要之目標。

六、音樂治療活動模式

　　音樂治療師在教育領域中可以是輔助的角色，例如：藉由音樂活動設計，以提升學習動機弱的個體認知能力，其音樂活動可以包含顏色、數與數量和形狀等認知能力的學習；也可以扮演輔導的角色，例如：藉由音樂創作讓個體表達自我的情感等。Brusica（1998）指出，音樂治療的應用方式分為輔助（auxiliary）、漸進（intensive）、主要（primary）、增強（augmentative）等四個層級，而在特殊教育中則被歸類於增強層級。音樂治療基礎活動形式分為音樂和樂器、音樂聆聽和討論、音樂和肢體律動，以及歌唱等四種。治療師也可以依需求結合其他媒材，例如：繪本、繪畫、黏土、遊戲教具和絲巾等。

　　音樂與樂器是音樂治療師協助個體提升能力的主要工具，音樂的經驗

有四種：即興、創作、聆聽、表演，而實施在音樂治療情境的基本活動有四類，分別為：歌唱（singing）、玩奏（playing）、聆聽（listening），以及動作（moving）。Boxill（1985）表示，歌唱活動能刺激個體內在的感覺，而喚醒身體、情緒和心智認知，是前往語言理解和身心整合的途徑；樂器敲奏則同時提供聽覺、視覺和觸覺的感覺刺激，即使是簡單的程度都能讓個體有立即性的回饋，例如：喚起個體對他人正在執行的活動之意識。音樂律動是一種身體和情緒的覺醒，以刺激個體肌肉運動知覺，而在活動過程中所建構的情境，都是根據個體本身（client-centered）需求的基礎之下而設計。音樂活動牽涉近乎全部的腦區，也涵蓋將近所有周圍神經系統。音樂的各種要素分別由不同神經處理，亦即大腦會以各種不同功能的分區來處理音樂，並運用偵測系統分析音樂訊號的音高、速度、音色等各種要素（王心瑩譯，2013）。因此，有別於其他介入方式，利用音樂治療的多變性能夠幫助特殊需求學生。

樂器敲（彈）奏是音樂治療最常運用的音樂活動，而樂器活動對於協助特殊需求兒童是一項有效的方法。練習樂器可以提高注意力、持續專注和衝動控制，因為樂器能連接特定的人聲與特定的身體運動，且通過使用提供一個以上的神經通路多感覺通道；再則，打鼓或拍手會同時運用視覺、聽覺和動覺（Sze & Yu, 2004）。任何一種樂器的演奏都需要大腦感覺區和運動區之間相互搭配合作，在學習演奏的過程中，會增強聽覺與運動皮質之間的連結，而聆聽聲音時則會活化運動皮質、運動任務也會活化聽覺皮質（呂怡萱、蔡振家，2009）。在學習音樂的過程中，學習者需要看、聽、碰觸，而演奏過程會伴隨著手部動作和口腔動作（Ho, Cheung, & Chan, 2003），提供手、眼和耳的感覺動作協調。

就如 Wan、Rüber、Hohmann 與 Schlaug（2010）指出，音樂製作（演奏樂器或唱歌）是一種多重形式的活動，它同時涉及聽覺和運動的過程。

當個體在樂器上彈（敲）奏時，需要有對音樂輪廓的記憶，之後在提取後，在樂器上找出正確的音高、節奏和音長，而這需要「聽」的注意力和區辨能力，所以透過音樂訓練可以促使大腦改變（Kraus & Chandraseka-ran, 2010）。學習者掌握精準的拍子、節奏和速度在音樂訓練過程中是很重要的，拍子的速度（快與慢）和節奏（長與短）都是一種時間的測量，如同於一般常提到的時間概念。Overy（2000）指出，在音樂訓練的過程裡，非常要求正確的時間能力（timing skills），而他認為這個能力的建立剛好可以提供一個媒介來改善時間處理的能力。

另外，在學習樂器的練習過程中，需要自我警覺與聆聽，以區辨自己所彈奏的音色、速度、節奏和音樂表情之融入是否確實。學習者在這個過程中需要運用多項能力方能完成練習，也因為如此，如聽力學家 Chermak（2010）在所發表的〈音樂和聽覺訓練〉（Music and Auditory Training）一文中表示，音樂可以活化與注意力、工作記憶、語義、句法、運動功能和情感處理有關的大腦兩側區域網絡（額葉、顳葉、頂葉皮層下）；再者，樂器的練習需要專注於個體自己所彈奏的音樂，而必須忽略外在干擾音，因此這可以做為聽覺刺激媒介物，給予特殊需求兒童聽覺的刺激，該過程同時也讓其學習選擇與過濾干擾聲響而提升其聽的注意力。最重要的是，Chermak 指出音樂訓練可改善聆聽過程中所需要過濾噪音的能力，因此個體隨著與環境的互動刺激下，身體姿勢的成長和大腦神經系統會因為環境不同刺激下的連結而有所改變，持續發展。

由上述所言可以了解，樂器練習是可以同時提供多樣協助，以達到個體所需要的目標；然而，要在此特別說明的是，我們同時需要了解在本書中所提到的樂器練習與治療性樂器，以及坊間的樂器練習是兩種不同活動，是有其差異性的。在音樂治療領域中的樂器練習是一種目標性活動，也是一種能夠協助個體改善、提升與維持其能力的活動，更是一種視個體

目標為主的活動，也就是並非隨意安排樂器練習或追隨流行，而是必須要清楚知道選擇該樂器做為練習活動的理由。樂器活動在音樂治療領域所扮演的角色是協助重建、改善、提升與維持個體所需的能力。所以，音樂治療中的樂器活動重視過程中個體所需的能力（如手指靈活度），而非完美呈現一首曲子，例如：當音樂治療師在進行樂器練習時，重視的是非音樂能力的呈現，重視的是過程（process），而這個過程是個體在音樂活動進行中所呈現的行為反應，例如：是否願意靠近該樂器？若不願意，是因為聲音嗎？又如果願意靠近，但個體僅固定彈奏或敲奏同一個音、反覆用手指敲鼓卻不願意用手掌拍鼓，這過程是音樂治療師要去分析、引導與介入；又或是，在個體握住琴槌或鼓棒敲奏樂器的過程中，他們是用哪一種手握姿勢，例如：指尖抓握或三點抓握，以及抓握時的力氣等。在過程中，樂理如全音符、四分音符與八分音符等都不是主要重點，甚至不會提到這些音樂術語，但是音樂教學中的樂器練習則不然，因為老師會要求學習樂理、彈奏（敲奏）姿勢、拍子和節奏的正確性、速度穩定度，以及樂派曲風等。反之，學習者在音樂教學領域需要有精準的表現才行，因為不夠精準的拍子、速度和樂派曲風等，會影響一首曲子的呈現。因此，樂器活動音樂治療和音樂教學的差異在於前者重視過程，而後者重視的是結果。

靜態性聆聽音樂需要先透過聽覺系統接收與傳導到大腦，需有認知能力的大腦解析與區辨所聽到的音樂，再到大腦的記憶儲存區尋找與了解是否過去曾有聆聽的經驗。然而，因時空的推移、聆聽的地點，以及心智上的改變與成熟，對該音樂的情感亦有不同於過去的反應。靜態性聆聽也會因為音樂本身的結構而引起不同的生理反應，隨著音樂擺動是人類所必須要的樂趣，如同創造性音樂治療法的哲學理念所談到的「音樂兒」。

不同的音樂形式會促發不同的反應，例如：步行貝斯（walking

bass）、雷鬼（reggae）和爵士樂（jazz）等。聆聽音樂涉及的層面，不只是聽覺的、情感的，也和肌肉運動有關，正如尼采（Nietzsche）所說：「我們也用肌肉聽音樂」來表示，我們每個人會不知不覺地隨著音樂打拍子、擺動身體，臉部的表情和姿態也會呼應旋律的內容，而表現出音樂激發的思想和情感（廖月娟譯，2008）。在切分音（syncopation）、身體動作（body-movement）和 Groove Music 三者之間的研究顯示，對於身體動作之興奮的心情（in groove）、愉悅（pleasure）和渴望（desire）都與切分音有關（Witek, Clarke, Wallentin, Kringelbach, & Vuust, 2014），這樣的反應呼應了節奏共乘原理（rhythmic entrainment）所陳述的：聽覺節奏本身的基本生理功能讓肢體動作有立即性反應和一定時間的穩定性（Thaut, 2008）。研究顯示，背景音樂對於有注意力缺陷者，可以減少過動和其他負向的行為（Jackson, 2003）。再者，特殊需求學生對於持續聚焦聆聽完整句子有其困難性，而音樂本身具有結構和時間次序，音樂活動可以協助其達到學校課業上所需要投入的時間（Lathom-Radocy, 2002）。因此，音樂治療師可以利用音樂元素，例如：音樂的速度快慢、聲音高低和音量大小等轉換，以協助特殊需求兒童改善注意力問題。

　　音樂與律動的結合也是音樂治療的進行模式之一。此活動模式可以讓音樂治療師與個體互動又或是隨音樂即興舞動身體，個體在這過程中都必須要使用到知覺和動作能力，諸如：聽到音樂、注意觀察他人和動作執行。無論是哪一種音樂律動形式，音樂的拍子、拍節、節奏等皆由掌控運動功能的腦區所處理。此外，音樂即興是一種即時創作音樂的行為，必須要在短時間內做出決定，依照當下的情境，快速選擇適合的動作。所以，即興更是涉及高層次的動作計畫（蔡振家，2013）。正因如此，音樂律動需要同時運用到聽、看和動作，也可以說音樂與律動是一種整合性的音樂活動。再者，個體在音樂的肢體活動中可以盡情的舒展，在美妙的旋律中

透過全身性的運動，增進大、小肌肉的發展，保持身體活力（蔡振家，2013）。因此，音樂治療師可利用音樂元素增添音樂律動的變化性，讓整體活動的過程趣味盎然，以引起個體的參與動機。好比吳端文（2013）表示，幼兒學習有賴感官活動與肢體動作的協調，以啟發幼兒的外部感官經驗及身體內部的感覺經驗與記憶，使幼兒在愉快的情緒及身心平衡的狀況下，能大幅度提升注意力、記憶力且激發其學習動力。

然而，我們也需要清楚明瞭在此所提的音樂與律動，並不是像坊間的音樂律動或舞蹈課程一樣（例如：雲門舞集），而是就如上段樂器練習的觀念一樣，律動活動在音樂治療領域扮演的角色是協助個體達到其所需要的功能性目標（例如：動作協調、溝通或人際關係等），同樣重視的是過程而不是舞蹈能力。也就是說，該活動在音樂治療領域中所扮演的角色是觀察個體的動作（計畫）能力、肢體協調度和動作流暢度，也是一種與人的互動展現。音樂治療師也可以透過此活動觀察個體的動作模仿能力和行為反應，像是個體較喜歡隨音樂以即興式動作表現，還是個體傾向模仿動作或是無動於衷，這過程中的表現也是音樂治療師所要觀察、分析和介入的。

歸納上述所言，掌控音樂律動所需要的能力與注意力控制的腦區有其重疊性之處，例如：額葉、前額葉皮質和小腦等，這些能力都必須呈現才能確實執行動作。因此，音樂律動的整合性和有趣性是一項可應用於重建、提升或改善個體較弱能力的目標性活動。

 七、與注意力相關的音樂研究

在美國有一項針對大腦損傷個體的交替性注意力與音樂注意訓練計畫的初步報告提到，許多雙耳分聽研究顯示，利用雙耳分聽方式測量個體的

交替性注意力能了解到交替性注意力與學習能力彼此是有相互關係的。音樂注意訓練計畫（MATP）是一套利用雙耳聆聽理論開展的一個新的介入模式。此計畫是一種新開展的音樂治療介入腦部損傷青少年的交替性注意力之模式。計畫執行過程中會要個體遵守在兩個要求裡做轉移：一是辨認指定的旋律刺激；另一個是追蹤鼓聲。此訓練總共有八組逐漸增長音樂長度的目標刺激，且會融入不同的音樂型態。

　　計畫結果指出，雖然此計畫受試者的交替性注意力曲線在介入前是在一個正常的範圍之內，但是藉由此計畫的訓練後，其交替性注意力仍然有得到提升（Knox et al., 2003）；再透過 Geist 與 Geist（2012）所發表對於利用音樂做為介入研究的文獻探討，了解到近年來音樂神經科學的研究成果指出，節奏可以使成人和幼兒的注意力產生提升作用。

　　臨床音樂治療研究也顯示，在幼兒教室運用音樂可以影響幼兒的注意力和學習。從研究音樂神經科學的結果發現，幼兒教室融入節奏練習可以讓學習得到效果；另外，音樂治療中以節奏為主的技巧，是可提升個案的注意力。在一篇以研究節奏遊戲對輕度智能障礙兒童注意力和記憶力的調查結果顯示，節奏活動會影響注意力的問題（集中注意力、持續注意力、轉移注意力、分配注意力和注意力容量）。節奏活動是一項強而有力於改善智能障礙兒童記憶力和注意力的介入方式（Javan, Framarzi, Abedi, & Nattaj, 2013）。而 Geist 與 Geist（2012）也表示，以節奏為基礎的臨床治療計畫（rhythm-based protocols），對音樂治療和教育兩方可說具有其重要意義。Kern 與 Humpal（2012）則認為，音樂治療師所提供的音樂活動也需要考慮一個或多個感覺品質，例如：強度、頻率、持續時間、節奏和複雜性。當我們聆聽音樂時，會實際感受到各式各樣的屬性與向度。Davis 等人（2008）指出，音樂的聽覺與震動之品質提供多樣的基礎，而來自感覺動作刺激的吸引力得以提供特別治療的目標。音樂治療師藉以提供多樣

音樂活動，以協助個體提升弱勢能力。

因此，音樂治療師可以利用音樂和樂器本身的優勢與獨特性來設計活動，以協助提升個體的注意力。也可以利用音樂元素和感覺品質之間的交叉關係來設計介入活動，以達到感覺刺激的需求。除此之外，音樂治療可以利用音樂的速度快慢、聲音高低和音量大小等轉換，做為遊戲規則的提示策略和協助感覺調節的媒介物，進而讓個體在過濾與選擇訊息能力有改善下，注意力也相對能得到提升。

第八章
音樂模式注意力訓練課程說明

　　注意力可以因為訓練而增進，同時也可以影響個體的認知學習和日常事務的執行力。人的頭腦不是一部電腦，而是有生命和學習能力，因此人在一生各階段都可以藉由各種方法來增進自身的注意力。有注意力障礙的兒童可以透過遊戲學習輪流與等待，學習延遲滿足慾望並控制衝動；透過遊戲學習觀察與調整自己的行為；透過遊戲刺激感官，當刺激感官部分愈多，腦部就會愈活躍，而且吸收的訊息愈能持久（楊文麗、葉靜月譯，2016）。訓練注意力集中的策略有助於提升學習的效果，尤其是針對發展認知學習的策略上，有系統的注意力訓練更能有效提升孩童學習的注意集中幅度（簡吟文，2008）。

　　在設計教材過程中，筆者考量日常生活環境是動態而非靜態，也就是說，不管是室內或室外，無論是課堂上或行進中，日常生活環境充滿各種視覺和聽覺的刺激，而這些都是影響注意力的因素。因此，注意力訓練不應該只是靜態性活動，行進間移動的注意力問題也需要加以考量。

　　除此之外，課堂的上課學習、作業書寫與閱讀所需要的注意力也不容忽視。因此，在不同注意力向度相互合作又各司其職的情況下，個體要如何順利運用各種注意力以能持續專注行為處理上所要面對的問題，這是設計注意力訓練課程首要考量的部分。又如黃慧娟（2013）指出，音樂的聽與想開始引導個體分辨節奏的快慢速度，啟發個體對音樂的想像力、創造力及專注的音樂聽力。以個體喜愛的動態活動模式為主，輔以個體最喜歡

的遊戲，能讓個體在活動時盡情的玩樂、抒發個人的情感與想像，使個體能融入其音樂的情境，進而引導其跟隨教師的活動指令。以遊戲方式引起個體的學習動機，將樂理、節拍、節奏等帶入活動課程中，藉此方式增進個體對教學活動的學習動機與興趣。

更要納入考量的是在第一篇所提及 Cohen 把注意力成分統整出的四個階段歷程（如圖 1-2 所示），分別為感覺選擇歷程（選擇性、分配性、集中性、自動性）→初始注意力（廣度、警醒、覺醒、速度）→反應選擇歷程（轉移性）→持續注意歷程（持續性、警戒）。因此，不管是認知心理學、神經心理學，又或是臨床模式，都在告訴我們注意力向度的複雜度，而不是我們告訴個體「專心上課」、「專心工作」和「專心開車」就可以。再者，要有絕佳的注意力和專注度表現並不能單看一個注意力向度，就如同 Cohen 所提的第一個感覺選擇歷程到最後一個持續注意歷程中間需要有不同的注意力向度，以維持個體順利走到最後一個歷程。因此，在活動設計上需要有完整的考量，以提升個體的注意力和持續專注度。

壹、訓練課程理論依據

本書所進行的音樂模式注意力訓練課程分為兩種方式進行：一為動態性模式（樂器操作與肢體活動）；二為靜態性模式（紙本作業書寫）。在本書中談及的音樂模式注意力訓練課程所依據的理論，除了與音樂有關的音樂治療和音樂心理學之外，也會融入第一篇中注意力理論所強調的主要功能，以做為音樂活動設計的依據。

貳、音樂治療技巧說明

　　本書將創造性音樂治療法、發展性音樂治療法、應用行為矯正原則音樂治療法、臨床奧福音樂治療法和神經學音樂治療法等學派理論之可相容的元素融合到音樂模式注意力訓練課程，但是在活動設計的內涵多是以神經學音樂治療法為主。

　　為什麼呢？因為個體是人，有其思想，是動態的。在音樂治療中所相信的就如同把創造性音樂治療法所秉持的──每個人心中有著一位「音樂兒」，音樂能力沒有所謂有天分的人才能夠表現。只要聽到音樂想要舞動，即使只是輕微擺動身體；聽到音樂想要跟著哼唱，即使只是間斷式且音量細小；或是聽到音樂時，手指頭會輕輕敲著桌子或身體等，這些都是個體對音樂的反應，就是一種能力表現。所以在音樂情境中，音樂治療師相信無論個體的障礙類別與程度，他們都有一定可以呈現自己的能力。也因為如此，音樂活動過程中不是反覆操作，而是彈性、自由與創作。若是個體在活動進行過程中與音樂產生連結，在不能中斷的情況下，反而可使其投入其中，再將其引導到原先的進行軌道上。也就是利用同質原理（Iso-Principle）讓音樂與個體的情緒產生共鳴、相互呼應，音樂治療師在過程中會再繼續協助個體的情緒轉換，慢慢回到所希望的狀態之中，而不是為了在時間內完成一項活動而中斷個體對音樂的反應。同質原理即有「相同形態」（same form）之意，因節奏、言語或情感上速度的逐步變化，隨之而有一種穩定的共振，將個案從某種生理或心理狀態引導至另一種狀態（陳淑瑜，2014）。再者，因為個體有發展歷程，進行活動時需要考慮其能力發展來建構能力，筆者相信從其發展歷程與此時此刻的能力出發，一步一步的補足與建構其能力，個體才能站穩成長的腳步。也就是

說，需要思考造成個體有注意力問題的原因，從需要的地方開始著手，而不是只著重於眼前所看到的問題。此外，應用行為矯正原則音樂治療法所運用的紀錄方式、行為改變策略，也是目前許多音樂治療師在其實務上會運用的協助方式。以下介紹在音樂治療情境中常被使用，且也融入在音樂模式注意力訓練課程之中的音樂治療技巧。

一、即興技巧

在音樂治療進行過程中，以個案為中心、同質原理、自由和彈性空間都是基礎原則。個案在音樂治療活動進行中若突然的情緒不佳，處於生氣與憤怒狀態，音樂治療師並不會立即中斷音樂，也不會立即制止且強迫個案不能生氣，更不會為了課程進度而忽略當下要觀察與了解個案之所以生氣的原因，又或者說音樂治療師從一開始就已經在觀察與分析個案的當下狀況，重視個案在每個當下直到結束的過程表現，都是很重要的。所以，音樂治療師能依當下狀況採即興技巧，例如：憤怒的個案可能會用力拍鼓，治療師可以以同等方式回應；個案可能會用力跺腳，治療師可以彈出以反應個案跺腳的力度和次數之音樂，跺腳次數間的時間長短可以以節奏表現，同時觀察個案對歌詞的反應，再決定接下來的步驟。

（一）範例說明

小馨的語言表達有困難，以致於她常會用較大的動作（例如：推擠），讓別人明白她想要做什麼。小馨的理解能力較弱，挫折忍受度較低，且喜歡掌控與期待每個人都按照她的意思行動，所以常會有不按牌理出牌的狀況發生。因此，希望透過音樂介入的互動過程，讓小馨可以學會運用適當的力量與人互動，了解不是每個人都必須聽她的話。也希望進一

步提升小馨的挫折忍受度,且用適當的方式表達自己的需求。在整個過程中,音樂治療師必須努力將所有適當的音樂元素融入其中。

小馨的課程是以親子模式進行,在每一堂 40 分鐘的課程裡,主角是媽媽和小馨兩個人,而音樂治療師則是以鋼琴介入兩人的互動過程,因此與媽媽先行溝通,因為在活動進行過程中需要媽媽配合與理解音樂治療的原則,分別如下:

- 無論任何狀況或小馨有任何行為,媽媽都不能有口語的介入。
- 媽媽對小馨必須保留彈性與觀察,不能反客為主,所有一切還是需要回歸小馨本身。
- 媽媽可以像是角色扮演一樣,學小馨的大動作與小馨互動,例如:媽媽以模仿動作和使出的力氣配合(match)小馨的行為,筆者則是以鋼琴彈奏音樂模仿個體的動作、聲音、聲調和音量,把動作大小和力氣與音樂音量做結合。

(二)介入說明

音樂治療師不做任何口語肢體上的介入,課程進行中也不會給予任何意見,治療師本身從開始到結束的任務是將音樂元素融入兩人的互動過程中。但是在這個過程裡最重要的是,即興音樂治療法並不是以治療師的想法為出發點。這裡的音樂是反射個案本身的肢體動作或聲音等之表現,是透過觀察個案後,做到聲音、動作、情緒、行為和音樂上的連結。治療師沒有預設立場,以個案為主、音樂為輔,不到最後,不知道彼此究竟能夠共同激盪出什麼樣的課程。

因為要讓兩人有各自的聲音,小馨平常的聲音屬於中高音,尤其在刻意下會提高音量,因此以中央 DO 為小馨的聲音,而最靠低音位置的兩個八度代表媽媽的聲音。當小馨用緩慢的步伐行走在教室內時,治療師則以

她的行走速度開始彈奏鋼琴。當小馨用力跺腳時，治療師也會以同樣力度彈奏鋼琴，過程中的連結都會吸引小馨轉頭看著治療師與媽媽。當媽媽伸出雙手張牙舞爪般扮演怪獸時，治療師則跟隨著媽媽的演出，在低音部以不和諧音程和緩慢的速度開始，透過音樂強化媽媽怪獸的力量與具威脅的氛圍，在一來一往過程中，小馨可以連結到怪獸和音樂之呈現。而小馨透過一次一次的練習，在不斷累積互動過程中，到後來圍繞著「怪獸」轉呀轉的，看看治療師，看看地上的「怪獸」，直到結束。這過程讓小馨以非口語方式與媽媽互動與溝通，透過媽媽模仿小馨的行為，讓小馨感受到她本身的動作力氣與情緒。

另外，要釐清的一個觀念是，治療師每次在這個過程中的音樂表現都與個案本身息息相關，每一分每一秒都是連結的。我們不是要個案進入我們的世界，而是我們要先進入他們的世界理解他們，我們進而再一起共享世界的美好。治療師並不會去判斷要即興彈出水聲和雨聲等聲音想像，以協助個案們的能力提升，因為這想法並不是來自於個案本身，而治療師所認為的雨聲或水聲是否對於個案有其存在意義呢？這些被定義為雨聲與水聲的部分應該是來自個人本身的感受，是一種聲音想像，而非個案們本身的聲音想像。因此，音樂治療師本身必須要展現其敏銳的觀察力、客觀的判斷力和行為分析能力，而這些能力是為了了解個案，再以即興音樂技巧給予個案情緒、想像空間，甚至是非語言表達的支持力量。

二、神經學音樂治療法的技巧

神經學音樂治療法的介入方式分為三種類型：感覺動作訓練、語音和語言訓練，以及認知訓練，每種類型都有其所運用的技巧。而在此法所涵蓋的三種訓練類型中，筆者即運用感覺動作訓練和認知訓練中所用的技巧

於音樂模式注意力訓練課程裡。感覺動作復健的三種技巧分別為：節奏聽覺刺激（rhythmic auditory stimulation，簡稱 RAS）、模組的感覺增強（patterned sensory enhancement，簡稱 PSE），以及治療性樂器演奏（therapeutic instrumental music performance，簡稱 TIMP）。

選擇以神經學音樂治療法做為活動設計依據的理由之一，在於此法利用神經科學實證研究和利用腦部可塑性與功能相連結下，再藉由音樂元素之節奏、聲音、速度、音程和拍子等融入音樂活動中，這樣可以清楚了解在運用音樂與音樂元素下，是如何協助個體在認知、肢體、語言溝通、心理情緒和聆聽等能力的提升。

選擇以神經學音樂治療法做為活動設計依據的理由之二，在於接下來所提及的技巧結合第一篇所提到的 Cohen 注意力歷程，即活動過程中都需要聽覺和視覺的注意力，又因為在樂器練習過程的震動會透過手掌（手部）傳達震動感覺，這可以提供觸覺的刺激與運用到觸覺注意力。這過程完全介入於改善與提升注意力與持續專注能力，且注意力也需要依賴感覺動作和調節能力。因此，接下來所提到的技巧並不會僅限於字面上的單一功能性目標，例如：感覺動作上的技巧可以協助感覺調節，而聽覺注意力目標可以是協助聚焦於主要刺激上。這兩種同時也是在訓練個體的動作、反應速度和自我控制力，然而影響個體反應速度快慢和低自我控制力與注意力問題有極大的關係。

三、感覺動作復健

（一）節奏聽覺刺激

「節奏聽覺刺激」最常被運用在肢體障礙者的步態復健。此技巧是用

於促進動作，就如字面意思是利用節奏所提供的聽覺刺激，以幫助因為中風、帕金森氏症和腦傷等個體提升其穩定、功能性和適應行走模式。「節奏聽覺刺激」是以兩種不同的方式使用：(1)在動作練習期間提供有節奏的線索做為立即回饋的共乘刺激；(2)為了完成更多功能性的步態模式，可以做為訓練的促進刺激（Thaut, 2005）。個體可以透過音樂治療師的觀察與分析個體步態，找到適合個體的節奏提示，再藉由屬於個體本身的「節奏聽覺刺激」協助其行走。

1. 範例說明

步態是行走的動作，步態有問題時也會對身體姿勢造成影響，而步態需要神經系統和肌肉的高度協調。吳瑞美（2013）指出，行走（walking）的三大組成要素有：移動（locomotion）、平衡，以及適應環境能力。步態的參數包括：速度、步數、步長、步幅、步寬、步高、對稱性、時間與空間的變數，以及雙腳協調性。

2. 介入說明

因為每個人都有屬於自己的步態方式，而「節奏聽覺刺激」技巧就是利用此原理，讓個體聽節拍器固定拍的聲音而協助行走，以提升行走中的流暢度。也就是說，音樂治療師會觀察與分析個體的步態以找出適合的拍子，再利用節拍器找出最適合的速度。音樂治療師也會從單純的節拍轉換用音樂協助個體，音樂的部分可以透過音樂治療師的現場演奏方式進行，若是要在家延續練習時間，治療師可以把音樂錄製下來，讓個體可以在家裡邊聆聽邊練習行走。又或是先了解個體對音樂的喜好，再從其中挑選適合個體步態的音樂讓他們邊聽邊走。藉由「節奏聽覺刺激」讓個體透過音樂共乘刺激，可以在行走過程中呈現順暢度。

（二）模組的感覺增強

　　「模組的感覺增強」是利用音樂本身具有的元素，例如：有節奏、旋律、和聲與音樂的動力—聽覺模型，提供時間上、空間上和重力上的提示，藉此協助組織和調整功能性動作。音樂模式（musical patterns）可以塑造在空間中所需要達到的特定姿勢之回饋，以提高視覺或本體覺回饋（Thaut, 2005）。其本身的主要臨床目標是協助個體每天的日常生活所需之基本動作技能的重新建立。而且，此技巧提供動作訓練時所需要的時間和空間，且可以促成有效率地重新學習動作和執行能力。

1. 範例說明

　　當個體要做動作訓練時，音樂治療師可以利用「模組的感覺增強」協助做為聲音提示，也可以加入歌詞做為口語提醒。

2. 介入說明

　　當個體要練習慢慢的把雙手舉高與放下時，最簡單的方式在於以音階做為練習工具。也就是以上行音階代表雙手要慢慢舉高，向上伸展雙手，再以下行音階代表雙手慢慢向下放下。因此，若要讓個體高舉雙手後，在空中做停留，音樂治療師可以延長最後一個音的長度做為提示。

（三）治療性樂器演奏

　　「治療性樂器演奏」是利用樂器彈奏促進個體參與物理復健活動和刺激功能的動作模式，以協助個體提升其所需的動作能力。也就是說，為了加強動作、肌力、耐力、功能性的手部動作、手指靈巧和肢體協調的範圍，針對個體需求選擇合適的樂器是一種具有治療意義的方式（Thaut,

2008）。彈奏樂器必須要同時運用到許多能力，不管是彈鋼琴或拉提琴，又或是木琴類的敲擊樂器，都必須要看、聽和動，這時感覺動作相互協調性是很重要的，而所運用的能力與上述雷同外，還必須要加入記憶能力。無論是看譜或背譜彈奏樂器，注意力是必備的條件。

1. 範例說明

　　腦性麻痺兒童因為腦部損傷而導致動作控制、肌肉張力、反射和動作協調有問題，除了影響肢體動作外，也讓日常生活需要的手部功能（例如：打開手掌、手指肌肉抓與握和操作）都受到嚴重的限制。

2. 介入說明

　　在彈奏鋼琴時，演奏者需要有看譜的視知覺、彈奏的動作計畫，同時也必須要有聆聽自己彈奏表現的正確性之聽覺。除上述能力，彈奏適當的音樂速度需要自我控制，避免忽快忽慢。彈奏的速度需要動作轉換的速度、手指敏捷度和動作控制有關，對於情況較為輕微的個體可利用鍵盤做為介入工具。

四、聽覺注意力訓練技巧

　　聽覺注意力訓練技巧是神經學音樂治療法針對認知訓練所提出的。Thaut（2008）指出，聽覺注意力訓練技巧分別有：音樂感覺定向訓練（musical sensory orientation training，簡稱 MSOT）、音樂的忽視訓練（musical neglect training，簡稱 MNT）、聽覺知覺訓練（auditory perception training，簡稱 APT），以及音樂注意力控制訓練（musical attention control training，簡稱 MACT）等四種。以下僅以應用於音樂模式注意力訓

練的技巧做說明。

（一）音樂的忽視訓練

「音樂的忽視訓練」是透過樂器與音樂曲目中所安排的時間、節奏和韻律的結構化，以及適當的空間配置，來幫助個體集中注意力於音樂中被忽視或不在視野範圍的訊息，而樂器的擺置是此技巧的重點。此技巧主要是針對只注意單一側或無法注意視野外訊息的個體所設計的，而可運用於「音樂的忽視訓練」之樂器有木琴、鐵琴、音磚或鍵盤樂器等旋律樂器。

1. 範例說明

一般人聽到聲音時，可能會反射性的轉頭尋找聲音位置，但是只注意單一側或單一方向的個體卻不會出現這樣的動作，他們似乎不知道要如何轉動頭部去尋找聲源。也就是說，我們可以經由個體的臉部表情知道他們是有聽到聲音，但沒有出現尋找的動作。倘若是遇到的個體對於利用視覺搜索周圍環境的能力較弱，甚至也有許多極度依賴聽覺取代視覺接收訊息的個體，最常有只看前方而忽略左右兩邊的情況發生（如圖 8-1 所示）。

圖 8-1　個體聚焦與忽視位置示意圖

2. 介入說明

音樂治療師在初始階段可以讓個體從正前方樂器的左邊敲到右邊，再從右邊敲到左邊，一個音一個音敲奏，經由這樣的反覆練習以增強對左右兩側的注意與警覺性，也透過反覆的練習讓大腦去尋找新的通道（pathway）。在進行活動時，筆者會敲最右邊的聲音做為提示，若是沒有回應，再以肢體協助個體觀察，但是此時的聲音提示不能停，目的在於視覺與聽覺能相對應。另一種可融入此技巧的策略是，治療師把左邊或右邊的樂器慢慢移動，當進入到個體的視野範圍時（此時個體有時會露出些微的驚訝表情），他們才會意識到另一個音磚的存在，也才會有些微轉頭與敲奏樂器的動作。

（二）聽覺知覺訓練

「聽覺知覺訓練」是利用音樂性活動來學習區辨和辨識每種聲音中所表現的不同元素，諸如：速度、持續時間、音高、音色、節奏的模型，以及說話的聲音。在音樂性活動進行期間，可以運用象徵性或圖形的音符彈奏，利用觸覺感受聲音的傳導或將音樂融入運動中，以達到視覺、觸覺和動覺等不同感覺系統輸入訊息的整合。

1. 範例說明

聽覺處理能力弱的個體對於各種聲音訊息之接收與反應都比一般人慢，可能會呈現一種聽而不聞的狀態。

2. 介入說明

音樂治療師可以透過鋼琴上的高低音色與個體互動，並藉此喚起個體對聲音的注意力和區辨力等，也可以將高低音之音色與長短拍所構成的節奏相結合，讓單純的音高因為節奏變化而產生出不同的聽覺效果。除了上

述變化之外，可將高低音之音色和速度變化，又或是不同音色、節奏和速度三者搭配在一起，這些不同的變化組合都得以讓個體的聽覺接受到許多截然不同之聽覺刺激。這些變化都可以幫助聽覺能力弱的個體建構與提升聽覺注意力。對於視覺性強的個體，可以以不同顏色貼紙標示在琴鍵上，此方式能讓個體透過視覺（顏色）、聽覺（音色、節奏與速度）和觸覺（手指頭或手掌心）感受聲音（如圖 8-2 所示）。之所以會提到手掌心是因為許多個體的精細動作問題，又或是手掌心力量所回饋的音量，讓個體傾向以手掌心彈奏鍵盤。

圖 8-2　聽覺知覺訓練活動範例

（三）音樂注意力控制訓練

　　「音樂注意力控制訓練」是涵蓋結構的主動性或接受性之音樂性活動訓練，利用預先譜曲或即興創作，將其中的音樂元素做為不同音樂反應的提示，以訓練持續性、選擇性、交替性和分配性注意力功能。

1. 範例說明

　　有注意力困難者容易被環境干擾而分心，且自我控制力低下而容易衝動與過動。如第一篇所提及，注意力向度是多重且複雜，是獨立又相互依

賴。當個體有注意力問題，會因為其他聲音而被吸引，也會開始想要知道聲音來源，而忘記當下正在做的事情，例如：上課、寫功課或打掃等。

2. 介入說明

個體可以在音樂治療師的伴奏之下拍鼓，過程中需要專注跟從主旋律拍奏，又或是告訴個體必須要專注聆聽高音的旋律拍奏，不能被低音影響；此過程需要個體選擇聽著高音旋律，過濾掉低音伴奏聲響。此外，在拍奏樂器時，需要個體分配其注意力在聆聽音樂治療師彈奏和自己所拍奏的樂器上。

參、音樂模式注意力訓練課程的設計概念

音樂模式注意力訓練課程是以音樂治療、音樂心理學和注意力理論為建立課程的理論依據。音樂活動設計方向有：聽（listening）、唱（singing）、動作（moving）和玩奏（playing）等四種基礎活動，並藉音樂模式注意力訓練課程，以提升個體的注意力（如圖 8-3 所示）。要提醒的是，此四種活動並沒有固定的進行順序，但是每種活動之內容需要依照個體當下的能力設計與開始。

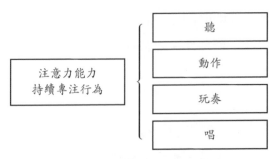

圖 8-3　課程活動概念圖

　　在音樂模式注意力訓練課程開始前,會先唱「上課歌」(可以稱之為暖身運動),而下課前則是會唱「下課歌」(可以稱之為緩和運動)。從圖 8-4 的教學效果曲線圖可以發現,個體在學校課堂上有兩次最佳注意力的時候,一為「開始上課」,二為「快下課時」。但上課的中間時段是老師講課最精采的時候,而卻是學生注意力最為渙散的時候。因此,符碧真(2012)建議,一上課時,教師可說明今日課程與上次單元之間的關係,而後帶出今日單元的主題;在課程中間採取以學生為中心的教學法(例如:討論、操作等),讓學生藉由討論激發不同的看法而動腦,或藉由實際操作而動手。教師在快下課時除了做一個總結外,也可以安排回家作業。

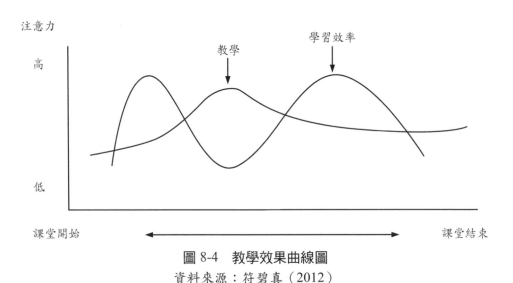

圖 8-4　教學效果曲線圖
資料來源:符碧真(2012)

　　音樂模式注意力訓練課程的第一項活動是先唱「上課歌」,其主要目的之一除了是預告個體準備上課外,同時透過此項活動過程讓個體聚焦於活動上,加上是歌唱活動,個體相對也就會比一般時間投入更多的注意

力。再者，後續的音樂活動因為上述五原則下，當天的課程會從上次課程延續到當次課程內容，此過程也就同時會複習到上次內容，就如同上述建議之一所提到的：「教師在每一堂課要先說明今日課程與上次單元之間的關係，而後帶出今日單元的主題」。

此模式課程有四種基本型態的活動交替，也涵蓋一來一往的問與答，操作更是主要的進行方式，引導者也會視個體狀況給予適時的肢體與口語協助。這過程就如同上述建議之一所提到的「在課程中間採取以學生為中心的教學法（例如：討論、操作等），讓學生藉由討論激發不同的看法而動腦，或藉由實際操作而動手」。課程的最後會以唱「下課歌」做結束，這過程仍維持提升個體的各向度注意力。

此模式分為操作性和紙本作業書寫兩種，而作業書寫可用於課堂中，也可以成為回家功課，如同上述建議之一所提到的「教師也可以安排回家作業，以達到學習的效益」。

肆、音樂模式注意力訓練課程的活動項目與內容

音樂模式注意力訓練課程的內容會利用音樂結構（節奏、音高、速度、旋律和力度等），針對注意力向度和持續專注行為而設計相關活動，例如：運用音樂速度的甚快板、快板、中板和慢板，不同樂器的音色、音高和音質，力度有強弱和重音之分的交替轉換做為設計活動重點。此模式課程的訓練有：(1)動態性的樂器操作與肢體活動；(2)靜態性的紙本作業書寫。

伍、音樂模式注意力訓練課程的各項活動

　　音樂模式注意力訓練課程分為動態與靜態兩種不同模式的課程活動，以下針對注意力訓練課程活動所要協助的注意力向度加以說明，如圖 8-5 所示。

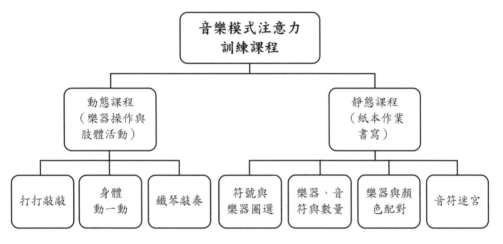

圖 8-5　音樂模式注意力訓練課程架構圖

陸、音樂模式注意力訓練課程設計的基本原則

　　個體學習貴在建立良好的基礎，當個體有注意力問題時，更加需要一點一滴的慢慢累積能力。也因為如此，相對在學習過程中需要花費較長的時間，對於困難而複雜的問題需要簡化步驟與花較久的時間學習。因為學習障礙學生在選擇性注意力、刺激選擇速度與轉移性注意力的問題，所以教材編製需要簡單化、教材呈現的速度需要多加注意，以配合學生的節

奏，並減少作業、活動間的轉換。ADHD 的個體因有選擇性注意力問題，過於華麗生動的教材反而會讓學生更難聚焦，影響他們專注在正確刺激上（王立志等人，2011）。因此，本課程的內容設計有五項基本原則，如下所述。

一、由簡單到難

第一堂課先介紹在引導者前方的鈴鼓、木魚、響棒、響板、碰鐘和鈴鼓等樂器，同時讓個體聆聽樂器的聲音。之後，引導者介紹適宜的敲奏或拍奏方式，把樂器傳下去，每個人輪流試試看。接著，引導者會以一問一答的方式讓個體了解所聽到的音量強度是大聲（強）或小聲（弱），隨後請個體立即模仿與跟隨引導者的音量強度敲奏。之後，則會請他們依據指定速度敲奏樂器；當個體懂得音量強度後，引導者會請他們依照指令敲出強和弱。之後，則會請他們依據指定的速度敲奏樂器。在此之前，引導者也會先詢問個體是否知道什麼是快和什麼是慢？若是個體不懂得快與慢，引導者則需要先教導快與慢。當個體了解快與慢的速度之後，引導者會請他們依照指令敲出強和弱。在進入第三堂課後除了會逐漸改變協助方式外，操作過程也會從一問一答轉為連續性敲奏，例如：個體要先專注聆聽引導者的指令「大聲」（強）或「小聲」（弱）敲奏，或快或慢而進行敲奏，並須連續四次八拍（共三十二拍），才算達到目標一次。此外，課程後段會撤除提醒、協助或示範。

二、由少到多

動態性模式的第一個「打打敲敲」活動，即是先從一來一往簡單敲

奏，進入一次八拍，再轉為連續四次八拍共三十二拍，最後為六次八拍共
四十八拍。第三個「鐵琴敲奏」活動，敲奏鐵琴的數字卡，會由同一個
音，增加到二個音，漸進式增加到三個音，甚至可以依照學生能力再往上
增加至一行八個音，接著再由一行增多為二行等。靜態紙本作業書寫部分
（如圖 8-6 所示）則是由單行慢慢增加至十行以上。在編排上也會混合其
他相似的符號特徵，以觀察學生是否能注意其中的差異，是直接圈選答案
而忽略在答案欄裡的符號和題目之差異，又或是能耐心相互比較再圈選答
案。

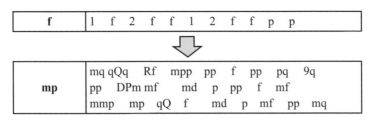

圖 8-6　靜態紙本作業書寫活動之範例

三、由大到小

　　就如同「敲奏鐵琴」活動中的數字卡，數字從 88 級字體開始。當受
試者已經建立與了解視覺搜索與逐字逐行看數字卡敲鐵琴後，會再調整字
體大小，最後數字會回到 12 級字體。

四、由短到長

　　樂器操作的練習長度由一次八拍，增加到四次八拍，再增加到六次八
拍。而「身體動一動」活動也是由一次八拍，增加到四次八拍。

五、由單一到複雜

　　樂器敲奏會由單一樂器增加到二種再轉為三種，而音符與樂器圖案由分開到混合且從單一到多種。靜態紙本書寫作業在編排上也會混合其他相似的符號特徵，以觀察個體是否能注意其中的差異，例如：在二個符號以上的排列會因為只看到第一個就直接圈選，而忽略第二個或第三個符號與題目的差異，又或是能耐心相互比較再圈選答案，如圖 8-7 和圖 8-8 所示。

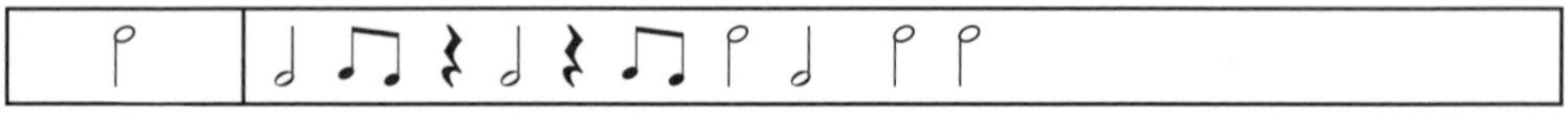

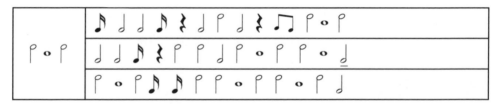

圖 8-7　靜態紙本作業書寫活動之單一符號範例

圖 8-8　靜態紙本作業書寫活動之符號排列範例

　　樂器圖案亦是如此，學會樂器名稱並非此活動之主要目的，因此除了介紹樂器名稱和聆聽樂器聲音外，並不要求必須要學會或記住音樂符號的名稱。樂器圖案也會先從常在活動中使用的開始（如圖 8-9 所示），再加入其他樂器，如法國號。如同下方的題目，個體圈選時必須要注意觀察答案選項中是否有相異之處，以避免圈選錯誤。同時，也必須要注意題目的樂器排列順序是否有異，例如：圖 8-10 的題目是沙鈴+鈴鼓，要避免看到沙鈴就圈選答案，而忽略後方可能排列的樂器是小喇叭，而非鈴鼓。

　　題目內容逐漸由單行擴展到多行，再到整頁，符號也會逐漸加入。而符號從單一樂器如圖 8-9 所示，進入到符號排列的圈選則如圖 8-10 所示。

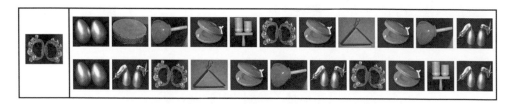

圖 8-9　靜態紙本作業書寫活動之單一樂器圖範例

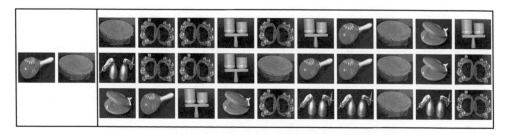

圖 8-10　靜態紙本作業書寫活動之樂器排列範例

柒、音樂模式注意力訓練課程的範例說明

　　以下先以一個音樂活動做為範例說明。活動名稱為「打打敲敲」，是利用音樂心理學所論述的音樂元素做為設計活動的理論依據。音磚和鈴鼓可左右或上下擺放（如圖 8-11 的 A 和 B 所示），又或是單一個鈴鼓的擺放方式（如圖 8-11 的 C 所示）。

　　個體在整個樂器敲奏過程中，需要隨著引導者敲奏樂器的速度和音量變化一起合奏樂器，藉由快—慢、強—弱和高—低等交替過程，以學習調節注意力。換句話說，個體在「打打敲敲」活動進行時，對視覺（琴槌上

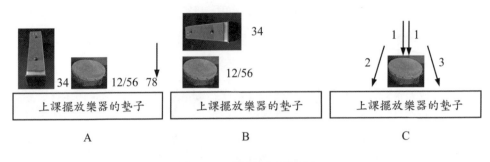

圖 8-11　動態活動範例

下敲奏速度和不同樂器間移動）與聽覺刺激物（聲音速度的快慢變化、音
量強弱與聲音高低變化）都能夠立即做出反應。又個體在「打打敲敲」活
動進行時，必須要運用持續性注意力以維持自己投入該項音樂活動的時
間。個體也必須要利用分配性注意力，在敲奏過程中才能夠一邊看著引導
者的示範，一邊用耳朵聆聽引導者聲音的變化，以達到活動目標，例如：
個體需要邊看邊聽並能依循引導者的音量強度轉換敲鈴鼓或音磚，也必須
能夠持續注意當下的音樂活動，才能夠達到連續四次、每次二十四拍（快
八拍—慢八拍—快八拍）。

　　此時，這整體過程正經歷 Cohen 所提出的四個階段歷程：感覺選擇歷
程（選擇性、分配性、集中性、自動性）→初始注意力（廣度、警醒、覺
醒、速度）→反應選擇歷程（轉移性）→持續注意歷程（持續性、警
戒）。也就是說，個體在第一階段「感覺選擇歷程」中會集中注意在當前
的活動任務，且把注意力同時分配在敲樂器—聽樂器聲音—看前方的引導
者，期間需要選擇聆聽樂器和引導者數拍子的聲音，而忽略外面操場的聲
音。進入第二階段的「初始注意力」，因為敲奏樂器的音量和速度的變
化，讓個體必須要隨時警醒，也因為廣度愈大才能處理多樣訊息（聽—
看—敲），也就是要繼續維持上述的注意力向度才能在有限容量中繼續執

行活動，注意的速度也必須要存在，才能來得及隨引導者在音量和速度上的轉變。隨之而來的第三階段「反應選擇歷程」所呈現的轉移性，是個體必須要記得並順利地從 A 任務轉到 B 後再回到 A 時，注意力仍可以維持住。就如同上述圖 8-11 的 A 和 B 所陳列的敲奏順序，個體必須要從鈴鼓出發到音磚後，要記得再回到鈴鼓的位置，才能再出發到另一個位置敲奏。這過程必須不因為快板的音磚敲奏導致情緒高亢，而讓注意力降低與失去警覺性，同時能跟從引導者或獨立記得回到鈴鼓敲奏，且敲奏速度也轉換為原來的慢板。最後到第四階段的「持續注意歷程」，個體因為前三階段而能持續到第四階段，尤其是警覺性的維持讓個體隨著轉移而不中斷並持續敲奏，也才能夠達到此活動的連續四次、每次二十四拍。

　　但是要提醒的是，人與環境都是動態的，也就無法預測變化性。也就是說，引導者本身在引領活動過程中必須要專注外，每一秒每一分都不能忘記要觀察與分析，以便立即做出必要性的調整與協助個體能確實完成注意力歷程。是故，上述活動範例是以 Cohen 所提出的注意力歷程針對整個活動歷程分四個階段做分析與說明，但不表示在每一個階段只有上面提到的事情會發生。如果再更細小的針對每一個階段做工作分析，我們會發現在每一階段中可能會因為任何狀況而在第一階段就出現一個歷程小循環，以便可以繼續銜接到第二階段的「初始注意力」歷程。反之，也會因為任何人與環境的影響因素讓個體停留在第一階段而無法走到第二階段。當遇到這樣的狀況時，引導者則需要考量要提供多少協助或提示，讓個體可以順利走往下一個階段，又或是把活動再簡單化。當然，引導者必須要考量個體是否還有其他沒有被觀察到的影響原因，此時引導者可視需求尋求相關專業的諮詢。

捌、音樂模式注意力訓練課程的紙本範例說明

以下先以一個音樂紙本活動的項目做為範例說明。音樂紙本活動是以音樂心理學所論述的音樂元素符號做為練習題項，這是因為音樂上有許多的符號可以被利用在訓練個體的視覺過濾、搜尋、集中性和選擇性等注意力。紙本題目中含有的音符與休止符的練習重點，並不是在教育個體了解與記住專有的音樂術語名稱，其重點在於個體是否有能力從第一個到最後一個符號中挑出指定的符號。在此以下列題目做說明，如圖 8-12 所示。

·請把「ξ」圈起來

圖 8-12　紙本範例

在開始前引導者會說明題目，請個體在題目中找到「ξ」後圈起來，而個體在過程中需要由上到下、由左到右，邊看邊圈選出答案。引導者則可以觀察個體是如何圈選，是從頭至尾依照指令，還是依循指令，但在一半時開始跳行圈選，是無秩序下的圈選，還是有順序下的圈選。以上的行為事關個體在注意力和持續專注的表現。因為個體在圈選活動進行時，視覺刺激「ξ」的輸入，在符號與符號間轉移，必須要運用持續性注意力以維持自己投入該項活動的時間，且可以抑制不被其他符號吸引的衝動，而在許多不同符號中立即做出反應與選擇答案。

　　但是，筆者在建構個體的注意力與專注度時，仍會適時的在該項活動中加入新的音樂符號或相似符號，例如：♩和英文字母 d、q 或 b。之所以如此做是因為個體要分配注意力在不同事情時，是需要自動化注意力協助。因為自動化注意力會隨著個體對該項工作的了解和熟練度，而不需要太把注意力放在該項工作上，此時也容易失去警覺性。因此，在多次練習與沒有預期下，需要調整設計內容，放入相似的符號，以確定個體是否集中注意力在主要視覺刺激，且過濾而不被新符號的加入所影響，而能選擇指定的符號。

　　此項活動可以因為個體的能力做難度上的調整，例如：在圈選完以後，可以在下方列出問題詢問個體，此過程仍然在執行各向度的注意力。當個體要數出正確數量時，等於要再從頭一次上述的圈選過程，只是這次不是圈出答案，而是把正確數量數出來。如果是會寫字的個體，則可以讓他們把答案寫在題目後方。

玖、大家一起玩遊戲

一、音樂迷宮活動

　　這個活動的難度可以視個體能力做延伸，但是要提醒的是，此活動不在於個體是否學會音樂符號名稱，也不是在學樂理！相反地，是引導者要透過活動訓練其注意力和觀察他們在迷宮過程的注意力專注度、注意力持續度、細心和謹慎度等。因此，引導者才能了解個體需求。圖 8-13 是筆者讓多位小朋友在課程中所做的練習題目之一，適合一般生與輕度障礙者。此活動也可以從最簡單的一個符號和一個入口開始，如同上述所言，

・請自行選擇一個入口，並依循指定符號路線找到出口。

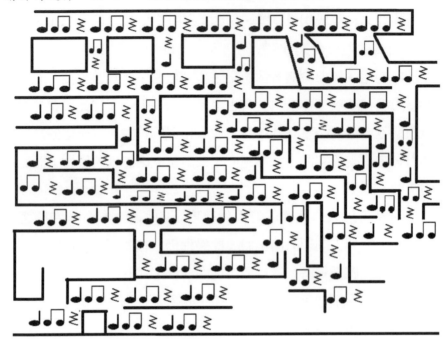

圖 8-13　音樂迷宮活動示例（該圖所要依循是：♩♫♪）

可視個體能力和需求由簡單到難、由單一到複雜，以及由少到多等。

🎵 二、顏色遊戲

　　為讓個體能夠將動作和樂器做連結，筆者將樂器稱之為拍鐘，主要是因為音樂樂器另有可以手搖式與手拍的手鐘。此活動名稱可訂為顏色遊戲（如表 8-1 所示），係透過樂器本身的顏色與聲音設計活動，例如：該項樂器有不同音高，就如在第二篇所提到音樂可做為線索，這裡可以做為搜索與定向的聲音線索。當引導者在左邊輕拍聲音時，個體需要判斷聲源在何處，而在過程中需要警覺何時聲音刺激會傳來，注意到後才能夠去判斷

聲源位置。上述過程對於提升聽覺注意力也是很重要的部分。下列所介紹的顏色遊戲並不僅與提升聽覺注意力有關，此活動所選用的樂器有多種不同的音高，引導者可以利用這些音高變化設計活動，以協助個體改善在第二章所提到的感覺調節問題，並提高注意力。

表 8-1　顏色遊戲示例

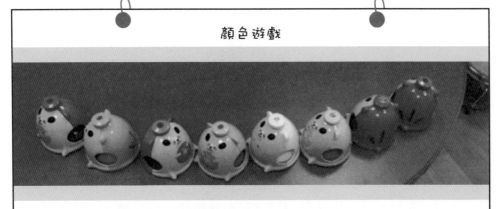

1. 引導者和個體坐在一起或面對面坐著，隨後把拍鐘放置在桌上，可一人一組拍鐘，也可以共用一組拍鐘。若是共用一組，建議由個體選擇他們喜歡的顏色，每個人會有四個拍鐘。若是如此，介入步驟會增加：請個體挑選喜歡的顏色。
2. 選完之後，引導者可以再詢問個體現在有幾種顏色？有哪幾種呢？隨後請他（們）眼睛注意看引導者的拍鐘顏色，之後把看到的顏色拍出來。
3. 接著再加入速度的改變，也就是將速度由慢開始，再逐漸轉為快，之後再轉為慢。
4. 當個體表現良好時，可以由一個鐘增加為兩個鐘。增加為兩個鐘後，引導者可以分開拍兩個鐘，例如：先拍紅色再拍橘色（聲音以

和聲音程呈現），又或是同時拍兩個鐘（聲音以旋律音程出現），速度由慢開始，再逐漸轉為快，之後再轉為慢。

5.在過程中，也要把主導權交在個體手上。也就是上述的第四個步驟，引導者可以與個體輪流，可請個體指出他希望引導者拍的拍鐘，由他檢查引導者是否有拍對顏色，如果沒有，他就要指正引導者（提醒：這時也就是引導者要發揮演技的時候，此過程與注意力也有很大的關係）。

說明

　　個體必須要專注看到顏色（需要集中性、視覺性）並拍到正確的鐘（需要分配性，以協助個體看→記住→拍奏），又因為必須拍出指定顏色且不能被其他顏色所吸引（需要選擇性），藉由緩慢與重複性練習建立能力後，反應速度和正確率會提高，而慢慢轉為自動化。因為熟練而不需要注意力，此時速度可稍微轉快再轉為慢，或是拍奏音量稍微大些再變小聲些，此可以觀察個體的警醒度。當再次覺醒時，可以擴充其注意力的廣度與速度，此外，也要觀察個體是否可以適時在音量大小或速度快慢中轉移，直到最後。當一個音練習後再轉為兩個音時，上述歷程會重新再啟動。各注意力向度在這些過程都必須反覆被開啟與運用。若是以臨床模式說明，一開始需要運用集中性、選擇性和分配性注意力，以應付速度、音量和眾多顏色拍鐘並選出正確的顏色，音量和速度之間的變化也藉由轉換性注意力處理。以上能力能夠不受影響而可以順暢進行下，相對讓持續性注意力得以成功被運用。

第三篇

音樂模式注意力訓練課程教案

第九章
課程教學注意事項

壹、課程流暢性的重要

依據前面所提到的 Cohen 注意力歷程理論與範例說明，建議引導者在課程活動進行中，不宜因任何事情而中斷活動的進行，要注意一個完整活動歷程對於個體的重要性。另外，也如本書以注意力訓練為主要目標下，若是因為引導者個人讓課程多次中斷，對於正在建構注意力的個體更是挑戰。若對象是兒童時，請先確定已上完洗手間。但是，在團體進行途中仍然有不可避免的狀況時，引導者可靜聲以點頭方式表示可以去洗手間，引導者必須讓活動持續不中斷，例如：雙手仍然在拍鼓與唱歌。

貳、課程安排

課程安排可以團體或個別進行，這部分就需要考量學生的智能程度，能力較弱者可能需要多點時間協助，在時間允許下，可先從個別進行開始。中度智能以上者則可以直接以團體方式進行，但是若個體本身因為衝動控制與情緒困擾問題已經影響團體進行的順暢性，此時引導者也必須要放下課程，先處理情緒問題（情緒也是會讓人分心）又或是一對一進行。

參、適用對象

沒有年齡限制且適用任何有注意力問題者。

肆、時間長度

30 至 60 分鐘，也需要考量個體本身能力，彈性安排課程的長度。

伍、彈性調整

除了上述事項之外，引導者可以視狀況分段進行課程，意指若課程分量對於自己的學生是較多且有難度時，引導者可以自行縮減課程分量。千萬不要為了完成而完成，而忽略整體活動中的個體對活動的反應。一旦陷入急著完成該課程的情境，只顧慮到課程目標和進度，也就失去協助個體改善注意力的重要目的。

陸、正體字與灰底字

在步驟內容中分有正體字與灰底字，引導者在每個活動步驟中以正體字和灰底字分開表示該注意的內容，建議引導者盡量確實執行，以觀察個體的行為，因為此部分的觀察與本課程的注意力評量有關。

柒、指令需清楚明瞭

當提醒個體「注意」時，引導者必須要確實指出重點，例如：「眼睛」注意「看」、「耳朵」注意「聽」、「眼睛」注意看「鈴鼓」、「眼睛」注意看鐵琴上的「1～2～3」，以此類推。

捌、時間長度與順序調整的彈性

活動進行次序可以依照團體狀況做順序性的調整，若因為特別的個體需要較多時間的協助時，宜採分組練習，讓引導者可以適時指導能力較弱的個體，又或是授予能力較佳的個體擔任協助者，也因為如此，引導者要適時依照團體狀況放慢速度，避免操之過急地要在規定的時間內完成活動，而忽略需要在初始階段放慢速度與仔細建構個體的注意力能力。

每個活動雖然有提供活動進行時間，但是此時間只是一種參考，活動長度和活動次序可以依照團體做時間和順序性的調整，若有個體需要較多時間的協助時，引導者必須提供足夠的協助時間，讓其可以順利參與活動與提升注意力之能力。

玖、引導者與個體之間的互動

引導者需要注意在活動過程中，要與個體互動，一來一往的問與答，以確定個體專心程度，避免活動一路進行到底。此過程引導者也需要注意觀察個體的行為，因為該觀察與本課程的注意力評量有關。

拾、感官的運用

關於「背對」的說明如下：當個體面對引導者敲奏樂器時，會同時運用到視覺、動覺與聽覺，此時需要考量個體是因為**聽而會敲奏**，還是**看而會敲**，也就是個體究竟是**透過哪種感官輸入訊息**，為釐清問題且讓依賴視覺學習的個體必須練習耳朵聽，所以活動進行時要讓個體適時背對敲奏樂器。戴眼罩也是一種方式，但是當一個感官能力被剝奪時，很容易讓個體陷入沒有安全感的情緒中，反而需要花更多的時間調整與適應。

拾壹、活動的持續性

引導者要讓上次的複習和本堂課的內容結合在一起，而非片段性的教導個體，這樣會影響一個活動的延續性。引導者在此過程仍然需要持續觀察個體是否可以連續敲奏並持續維持一樣的注意力，而專注眼前的活動，此也是本課程的主要目的：持續專注。

拾貳、分開練習的必要性

雖然之前曾經提醒活動持續的必要性，但當調整活動難度時，仍然需要視需求分開練習，以確定個體是否有能力理解規則，以便在建立能力後可以持續進行所建議的活動長度，例如：在本堂課稍微提高「身體動一動」活動的難度，因為需要區辨三種動作和聲音，因此有必要分開練習：(1)音磚旋律～走走走；(2)音磚旋律停止消失～走回原來位置；(3)鼓聲～停止不動。分開練習後，再分開練習(1)＋(2)、(1)＋(3)、(2)＋(3)，再正式

進入活動。也因為如此,活動之間的建議時間,引導者可視狀況做調整。

拾參、歌詞提示

假如引導者對於唱歌有困難,不一定需要以「唱」的方式提示,可改以節奏唸出歌詞,也就是用不一樣長度的拍子將歌詞唸出。

拾肆、增強物

在音樂治療理論中所注重的增強物多是以與音樂相關之物為主,並不鼓勵物質性的增強物。若是需要視覺化,當個體有正向表現時,可以在鼓勵卡上打√或○,若是負向表現,則是以空白呈現。

拾伍、引導者的觀察、分析與教學同時並行

引導者在執行活動過程中,必須要仔細觀察,以釐清(真正)影響注意力的原因,也要觀察個體常轉向他人的原因,例如:焦慮自己聽不懂,或對自己沒有信心等。

拾陸、環境提供正確的練習方式

個體在學習上缺乏持續專注的學習能力,也因為如此,在本課程之主要目的是提升注意力和持續時間長度下,建議當經過前幾堂課程的建構後,引導者需要以堆疊的方式進行本課程,不能再分開完成活動,而是需要盡可能的一次完成所建議的目標,避免一個活動中斷多次。就算看到個

體分心時，也不能停下活動並且以聲音提醒個體：此時活動中斷之外，所有一起參與的團體成員也會跟著中斷，例如：今天的目標是：「連續拍四組八拍為一個循環」，如果個體進入第三組第一拍分心，引導者便不能因為一位分心的個體停下或以聲音喝斥，而是宜繼續該循環活動直到結束為止。建議融入下一章課程三的提示策略，以協助分心的個體重新融入，引導者需要提供完整不中斷的注意力向度和持續專注練習的環境。

拾柒、穩定速度和音量調整

引導者在進行活動時，若需要調整速度與音量時，其轉換過程不宜過於倉促。在建構能力時，速度和音量轉換間要拉長八到十二拍，讓個體有足夠的時間接收信號，隨著練習增多，可以開始減短轉換的時間，建議在心中默數四到八拍（例如：原本是緩慢速度，讓緩慢速度進行四到八拍後再轉為快，即 1234 換或 12345 換、12345678 換）。

拾捌、調整與行為觀察

當音樂活動在進行的時候，引導者不能只是按教案內容操作，引導者必須要依當下狀況適時的調整活動內容，例如：音樂或拍子速度會由慢到快後，停留在快板的時間久一些，且速度會愈來愈快，瞬間再變慢；這是為了觀察個體在持續的快板速度中是持續保有警覺，持續偵測並專注聽，還是愈變愈亢奮而忘記聆聽？另外，由快變慢是否可以立即意識到？又或是需要被提醒或失去警覺性？音量也是同速度一樣，持續的大聲是否會讓個體開始亢奮而忘記控制自己，轉為小聲時，個體是否能夠掌控音量，又或是持續高亢的心情。當發現無法控制時，可以立即停止活動，以避免聲

音的刺激。

拾玖、眼睛必須看著圖卡逐字敲奏

　　視覺應用（例如：視覺搜索與逐字）會影響個體的注意力，因此當進入看圖卡敲奏鐵琴或音磚時，個體必須要看一個音敲奏一個音，避免背誦後再敲奏。當個體視覺應用有問題時，在看完一個音後要敲奏鐵琴時，會有搜索困難，又或是敲完鐵琴後，視覺再回到圖卡時，個體可能會找不到要從哪一個音開始，導致他們不喜歡看，而會一次把圖卡上的數字背完再敲奏，這樣即會失去此活動的意義。逐字敲奏的重點是避免背誦後再敲奏，引導者需要透過此過程了解個體的視覺感官是否有其應用的困難性，以避免失去此活動的意義。

貳拾、數字圖卡的準備

　　因為此訓練並不是在音樂能力的訓練，所以不做重複的練習。不做重複的練習意旨當個體敲奏眼前的圖卡無法順利時（例如：跳音或是漏音），引導者只要依個體能力提供適合的協助即可，毋須要求個體將該張圖卡反覆敲奏五次或十次，也不要要求個體把圖卡順序背起來敲奏樂器。引導者可以想像數字圖卡是撲克牌，每種花色都會有不同的數量，數字圖卡也是如此。因此，引導者可以像撲克牌一樣洗牌，再從中抽取個體要練習的張數，例如：假設目前個體的能力可以獨自敲奏每張圖卡是三個音，像是 5 7 1，引導者則需要準備二十至三十張三個音的圖卡且是不同的排列組合。若是想讓遊戲更有趣，引導者也能在洗牌之後，請個體從中抽出當天要練習的張數，而在這過程中，引導者可以與個體一起數

數，直到抽出當天要的數量為止。

貳拾壹、敲奏鐵琴的調整

此部分可以考量個人能力，如果是團體進行，獨立練習的時間可以增加張數的方式增加個體練習的分量，這樣可以避免個體發呆，無事可做。若是個人進行，除了增加張數，引導者可以直接增加音的數量，也就是增加為五個音，字體也可以由大變小的五個音。當字體由大變小時，有些個體可能會因為字體小而需要重新讓視覺適應，引導者可以視狀況提供部分協助，例如：偶而可以用協助指出迷失的位置。

貳拾貳、團體中的個別化

假設是以團體方式進行課程，個體若是無法順利進入課程狀況，例如：原定在目標上要撤除協助，但因為個體能力問題，此時引導者仍然要為該位個體提供些許協助，以讓該位個體可以順利進入課程和達到目標。引導者仍然需要針對個體的個別需求給予協助，例如：以手指數字，以協助個體可以找到數字位置敲奏鐵琴，然後再視個人狀況，撤除協助。

貳拾參、補充篇

若需要增加課程活動難度或想要有多一點活動，可參考第十一章「音樂模式注意力訓練活動（補充篇）」。

貳拾肆、建議

　　如果要完全比照本章步驟，則建議引導者要完全熟知所有步驟和需要注意的事項後才進行，又或是引導者要以自己的想法執行活動，都務必記住：所有活動課程需要流暢，注意力需要投入，專注度才能持續。

第十章
十二堂音樂模式注意力訓練
課程教案

🎵 課程一

課程 日期		課程 帶領者	一至二位協同帶領者 （依人數而定）
課程 時間		學生 程度	中／重度障礙者
教學 模式	上課歌、節奏時間、身體動一動、樂器敲奏、下課歌		
提示 策略	肢體輔助（全部協助→部分協助） 提示（歌詞、口語動作、視覺） 示範模仿 問題提問 褪除		
課程 目標	1-1 增進集中性注意力。 1-2 增進持續性注意力。 1-3 增進選擇性注意力。 1-4 增進交替性注意力。 1-5 增進分配性注意力。 2-1 增進執行任務的持續專注時間長度。		

課程器材	1. 節奏性樂器：高低音木魚、三角鐵、手搖鈴、響板、響棒、鈴鼓、木魚、銅鐘。 2. 旋律性樂器：音磚、音管鐘、鍵盤。 3. 數字圖卡。			
課程活動過程				

活動名稱	**上課歌**			
活動目標	1. 建立學生與引導者的信任關係。 2. 調整與聚焦並進入上課活動。			

目標號碼	教學活動	教學資源	進行時間	評量方式
	上課歌歌詞＋旋律（兒歌「小星星」）： 我們現在上課了，伸出手來拍拍手。 我們一起來唱歌，我們一起玩樂器。 我們現在上課了，伸出手來拍拍手。 （再重複一次）		2～3分鐘	

活動名稱	**節奏時間**			
活動目標	1. 在視覺與聽覺提示下，學生能夠認識不同樂器和樂器名稱。 2. 在肢體協助、視覺與聽覺提示下，學生能夠敲出不同的速度與音量：快／慢、強／弱。 3. 在肢體協助、視覺與聽覺提示下，學生能夠隨引導者的速度變化或音量強弱交替敲奏樂器。 4. 在肢體協助、視覺與聽覺提示下，學生能夠依循引導者的指令在樂器上敲出快—慢—強—弱的動作。			

目標號碼	教學活動步驟	教學資源	進行時間	評量方式
1-1 1-2 2-1 2-2	1. 大家好棒，都有努力一邊幫老師拍手，一邊努力跟著唱歌。 2. 大家有看到老師的前面和旁邊都放了一個箱子。（同時觀察學生的反應與回應）	手搖鈴 三角鐵 響板 響棒 鈴鼓	20分鐘	觀察 實作 評量

目標 號碼	教學活動步驟	教學 資源	進行 時間	評量 方式
	3. 我們一起看箱子裡面藏了哪些樂器。（接著，引導者會拿出一個樂器並問大家）：有沒有看過這個樂器，有誰知道樂器的名稱呢？有沒有人要說說看！（等待的同時觀察學生的反應與回應） 4. 這是鈴鼓，現在我們聽聽鈴鼓的聲音，也要練習不一樣拍鼓和敲鼓的方式。 5. 好！現在傳下去，大家輪流試試看。（木魚、響棒、響板和銅鐘等樂器依此類推）大家都試過了嗎？（等待回應與觀察） 6. 很棒！現在要請大家的耳朵注意聽，這是大聲還是小聲？好～注意聽。（引導者大聲敲鈴鼓，問：誰可以告訴我這是大聲還是小聲） 7. 很棒……喔！○○的耳朵有注意聽，現在再來試試看，這是大聲還是小聲呢？好～注意聽。（引導者小聲敲鈴鼓，依此類推） 8. 現在請大家選出自己喜歡的樂器，並輪流告訴老師樂器的名稱。（說不出來時，引導者以第一個字提示，再依照狀況決定是否告知完整的樂器名稱） 9. 很棒！大家都選好自己喜歡的樂器，現在跟著老師一起敲樂器。老師會數 1、2、3、4，你們的耳朵要注意聽喔！好～預備～開始。（觀察大家是否有一起敲鼓） 10. 剛剛敲的是大聲還是小聲呢？（等待回應）現在再來試試看，這是大聲還是小聲呢？很棒……喔！○○（或大	木魚 銅鐘		

目標號碼	教學活動步驟	教學資源	進行時間	評量方式
	家）的耳朵都有注意聽，都答對了！好～預備～開始。（觀察大家是否有一起敲鼓，依此類推）			
	11. 現在大家注意聽，而且要自己敲大聲或小聲。			
	12. ○○，請你敲小聲，嗯！很好，現在請你敲大聲，很棒喔！現在換大聲，喔！都答對了！沒有被老師騙到，這次還是大聲。○○有專心聽喔！			
	13. 好！剛剛是大聲或小聲，現在我們要換成快快敲或慢慢敲。你們現在先告訴我，老師敲的是快還是慢？耳朵聽～是快還是慢？			
	14. 嗯！太好了！答對了！現在請大家一起快快敲自己的樂器，一樣要聽老師數 1-2～3-4，老師說停時，就要立刻停下，知道嗎？			
	15. 準備好了嗎？（等待回應並觀察大家是否準備好了）預備～開始。（連續四次八拍快板敲奏自己的樂器，快—慢，依此類推上述步驟）			
	16. 現在我們把大聲、小聲、快和慢都加在一起，你們的耳朵要注意聽喔！耳朵準備好了嗎？老師快的時候，你們要_____（讓學生回應）；老師大聲的時候呢？你們是_____（等待學生回應，如果學生沒有回答或回答不出來，視狀況給予合宜的提示）。			
	17. 耳朵準備好了嗎？預—備—開—始。（依學生狀況，以延長每個字的發音讓尚未專心的學生有時間調整，引導			

目標號碼	教學活動步驟	教學資源	進行時間	評量方式
	者也藉此觀察此策略是否可以吸引學生注意，又或是需要再提供更進一步的協助）			
	18. 現在我們來試試看，大家是否可以聽老師的指示，自己可以敲出大聲、小聲、快和慢。			
	19. 哇！很棒喔～現在請大家把樂器拿回來，輕輕放進箱子裡。			

活動名稱	身體動一動

活動目標	1. 在示範、肢體協助與聽覺提示下，學生了解當聽到一個指定樂器聲音時，一個聲音代表走一步，學生只能往前跨出一步。 2. 在示範、肢體協助與聽覺提示下，學生能依循快—慢聲音的變化在教室中移動。

目標號碼	教學活動步驟	教學資源	進行時間	評量方式
1-1 1-2 2-1 2-2	1. 現在請大家站起來。（等待與觀察） 2. 大家剛剛都有練習敲樂器。 3. 記得我們是一下快、一下慢的敲奏樂器嗎？（等待與觀察） 4. 現在我們要動一動，老師敲快的時候，你們可以跑，老師慢慢敲時，你們要怎樣呢？（等待與觀察） 5. 對！很好……你們就要慢慢的走。好！現在我們來試試看，耳朵一樣＿＿＿＿（等待回應，觀察是否要給予答案或學生可以自行回答）。耳朵一樣要注意聽。好～預備—開始。 6. 剛剛大家都有注意力聽。	鈴鼓	20分鐘	觀察實作評量

目標號碼	教學活動步驟	教學資源	進行時間	評量方式
	7. 現在老師要大家注意喔！現在聽到一聲鼓聲時，只能往前走一步，來！大家試試看。（在過程中，學生可能因為協調與認知問題，引導者可提供協助或示範，如果看著別人做而不相信自己做的是對的，也就是依賴視覺與他人，而不是運用自己的聽覺判斷，以致於弄亂自己的步伐，引導者除了示範外，也應給予正增強的語言鼓勵。此外，要適時停止大家一起進行活動而改成輪流，以釐清學生的問題） 8. 現在我們要挑戰難一點的。 9. 剛剛大家聽到老師敲鼓敲很快的時候，你們要走_____（等待回應，觀察是否要給予答案或學生可以自行回答）。 10. 跟剛剛一樣，但是你們要注意聽，當鼓聲停下，沒有鼓聲的時候，你們就要立即停下來。知道嗎？ 11. 引導者會再問，以確保學生理解問題：也就是隨著引導者彈奏的音樂速度在教室中移動，例如：音樂～移動／音樂停～不動。			
活動名稱	樂器敲奏			
活動目標	1. 學生能隨引導者的速度在音磚／鐵琴上下行來回敲奏每一個音。 2. 學生能追視並敲出引導者在音磚上敲奏的位置，從單音到雙音。			

目標號碼	教學活動步驟	教學資源	進行時間	評量方式
1-1 1-2 2-1 2-2	1. 現在請大家坐回位子上，休息一下。（10秒） 2. 剛剛動一動後，我們要一起練習敲音磚。 3. 現在大家可以拿好琴槌讓樂器發出聲響。 4. 很棒，現在換老師囉！（接著，引導者會示範敲奏整個音磚的不同音高音色讓學生聆聽） 5. 現在換你們了。記得眼睛要注意看每一個數字，一個一個慢慢敲，也要注意看老師的琴槌。 6. 請學生跟隨引導者的速度在音磚來回敲奏每一個音，看學生是否能追視並敲出引導者在音磚上敲奏的位置，從單音再逐漸增加到雙音，從到隔壁音變成跳到另一個比較遠的音。 7. 很棒……要有耐心喔！好～現在老師要請你們注意看。 8. 也就是你們的眼睛，眼睛要注意看音磚上的數字，可以看著老師的臉嗎？嗯！對～不行，為什麼不行呢？因為_____（等待回應和觀察，再決定是否提供合宜的協助）。 9. 現在耳朵注意聽，老師敲1的時候，你們要敲1，老師敲2的時候，你們要敲2，耳朵一定要注意聽老師的琴槌敲在哪一個數字上。 10. 好～現在大家輪流試試看能追視並敲出老師在音磚上敲奏的位置，從單音到雙音。	音磚 琴槌	15分鐘	觀察 實作評量

目標號碼	教學活動步驟	教學資源	進行時間	評量方式
	11. 在過程中，引導者觀察學生並適時提醒眼睛注意看和耳朵注意聽。			

活動名稱	下課歌
活動目標	1. 準備下課了！ 2. 讓學生調整心情準備下課了！

目標號碼	教學活動步驟	教學資源	進行時間	評量方式
	1. 現在我們要準備下課了！下課前要先唱下課歌才能下課，現在請大家站起來囉！ 2. 下課歌歌詞： 時間到了！下課了！鞠個躬，行個禮。 我們一起說再見。 時間到了！下課了！伸出手，揮揮手。 我們一起說再見。 註：引導者可以節奏性唸謠方式進行。		2～3分鐘	

課程二

課程 日期		課程 帶領者	一至二位協同帶領者 （依人數而定）
課程 時間		學生 程度	中／重度障礙者
教學 模式	上課歌、節奏時間、身體動一動、樂器敲奏、下課歌		
提示 策略	肢體輔助（全部協助→部分協助） 提示（歌詞、口語動作、視覺） 示範模仿 褪除		
課程 目標	1-1 增進集中性注意力。 1-2 增進持續性注意力。 1-3 增進選擇性注意力。 1-4 增進交替性注意力。 1-5 增進分配性注意力。 2-1 增進執行任務的持續專注時間長度。		
課程 器材	1. 節奏性樂器：高低音木魚、三角鐵、手搖鈴、響板、響棒、鈴 　 鼓、木魚、銅鐘。 2. 旋律性樂器：音磚、音管鐘、鍵盤。 3. 數字圖卡。		
課程活動過程			
活動 名稱	**上課歌**		
活動 目標	1. 建立學生與引導者的信任關係。 2. 準備進入上課活動。		

目標 號碼	教學活動	教學 資源	進行 時間	評量 方式
	1. 請大家準備上課了！大家都坐在自己的位子上了嗎？（左右前後看一看）		2～3 分鐘	
	2. 很棒喔！大家都坐在自己的位子上了！			
	3. 很棒！都準備好了，我們要先一起唱上課歌，現在把雙手伸出來，大家一邊唱歌一邊拍手，知道嗎？			
	4. 大家也要注意聽歌詞，要記得做出歌詞裡的動作。 上課歌歌詞＋旋律（兒歌「小星星」）： 我們現在上課了，伸出手來拍拍手。 我們一起來唱歌，我們一起玩樂器。 我們現在上課了，伸出手來拍拍手。 （再重複一次）			
活動 名稱	**節奏時間**			
活動 目標	1. 在視覺與聽覺提示下，學生能夠認識不同樂器和樂器名稱。 2. 在肢體協助、視覺與聽覺提示下，學生能夠隨引導者的速度變化或音量強弱交替敲奏樂器。 3. 在肢體協助、視覺與聽覺提示下，學生能夠依循引導者的指令在樂器上敲出快—慢—強—弱的動作。			
目標 號碼	教學活動步驟	教學 資源	進行 時間	評量 方式
1-1 1-2 2-1	1. 大家好棒，都有努力一邊幫老師拍手，一邊努力跟著唱歌。 2. 大家看到老師的前面和旁邊都放了一個箱子。（同時觀察學生的反應與回應）你們還記得上一堂課的內容嗎？（同時觀察學生的反應與回應）好！忘記了也	手搖鈴 三角鐵 響板 響棒 鈴鼓 木魚	20 分鐘	觀察 實作 評量

目標號碼	教學活動步驟	教學資源	進行時間	評量方式
	沒有關係，我們今天再一起複習，大家要專心和記起來喔！老師等等會有問題問大家。 3. 我們先看看裡面有哪些樂器（引導者拿出一個樂器），並詢問大家：記得老師手上的樂器嗎？有沒有人要說說看！（等待的同時觀察學生的反應與回應） 4. ○○說：鈴鼓。引導者說：答對了！現在我們聽聽鈴鼓的聲音。（之後）現在請大家選出自己喜歡的樂器，並輪流告知老師樂器的名稱。（說不出來時，引導者以第一個字提示，再依照狀況決定是否告知完整的樂器名稱） 5. 很棒！大家都選好自己喜歡的樂器，現在放好樂器，跟著老師一起敲樂器。老師會數1、2、3、4，你們的耳朵要注意聽！好～預備～開始。（觀察大家是否有一起敲鼓） 6. 很棒！現在我們要請大家耳朵注意聽，這是大聲還是小聲？好～注意聽。（接著引導者大聲敲鈴鼓） 7. 誰可以告訴我這是大聲還是小聲？……很棒喔！○○耳朵有注意聽，現在再來試試看，這是大聲還是小聲呢？好～注意聽。（接著引導者小聲敲鈴鼓，依此類推） 8. 剛剛敲的是大聲還是小聲呢？（等待回應） 9. 很棒……○○（或大家）的耳朵都有注意聽，都答對了！	銅鐘		

目標號碼	教學活動步驟	教學資源	進行時間	評量方式
	10. 現在再來試試看，這是大聲還是小聲呢？好～預備～開始。（觀察大家是否有一起敲鼓，依此類推）			
	11. 現在老師要來問大家，看看大家可不可以自己敲出大聲或小聲呢？			
	12. ○○，請你敲小聲，嗯！很好，現在請你敲大聲。……很棒喔！現在換大聲，喔！都答對了！沒有被老師騙到，這次還是大聲。○○有專心聽喔！			
	13. 好！現在我們要換成快快敲或慢慢敲。你們現在先告訴我，老師敲的是快還是慢？耳朵聽～是快還是慢？			
	14. 嗯！太好了！答對了！現在請大家一起快快敲自己的樂器，一樣要聽老師數1、2、3、4，老師說停時，就要立刻停下，知道嗎？			
	15. 準備好了嗎？（等待回應並觀察大家是否準備好了）預備～開始。（連續四次八拍快板敲奏自己的樂器快—慢，依此類推上述步驟）			
	16. 現在我們把大聲、小聲、快和慢都加在一起，你們的耳朵要注意聽喔！耳朵準備好了嗎？老師快的時候，你們要_____（讓學生回應）；老師大聲的時候呢？你們是_____（學生回應，如果學生沒有回答或回答不出來，視狀況給予合宜的提示）。			
	17. 耳朵準備好了嗎？預—備—開—始。（依學生狀況，以延長每個字的發音讓尚未專心的學生有時間調整，引導			

目標號碼	教學活動步驟	教學資源	進行時間	評量方式
	者也藉此觀察此策略是否可以吸引學生注意，又或是需要再提供更進一步的協助）			
	18. 很棒喔！老師看到也聽到大家都好認真一起敲大聲，你們也有注意到老師敲慢了，所以也跟著老師敲慢。（依此類推大小快慢）			
	19. 現在我們來試試看，大家是否可以聽老師的指示，自己可以敲出大聲、小聲、快和慢。			
	20. 哇！很棒喔～現在請大家把樂器拿回來，輕輕放進箱子裡。			

活動名稱	身體動一動
活動目標	1. 在示範、肢體協助與聽覺提示下，學生了解當聽到一個指定樂器聲音時，一個聲音代表走一步，學生只能往前跨出一步。 2. 在示範、肢體協助與聽覺提示下，學生能依循快—慢聲音的變化在教室中移動。

目標號碼	教學活動步驟	教學資源	進行時間	評量方式
1-1 1-2 2-1 2-2	1. 現在請大家站起來。（等待與觀察） 2. 大家記得上次上課老師要大家動一動時，要求大家耳朵注意聽，老師敲很快時，你們要＿＿＿＿＿（等待學生回答），老師敲慢時，你們要＿＿＿＿＿（等待學生回答）。 3. 對！很好……剛剛大家都有注意聽。 4. 現在老師要再一次提醒大家注意喔！聽到一聲鼓聲時，你只能往前走一步，	鈴鼓	15分鐘	觀察實作評量

目標號碼	教學活動步驟	教學資源	進行時間	評量方式
1-1 1-2 2-1 2-2	來！大家試試看。（在此過程中，學生可能因為協調與認知問題，引導者可提供協助或示範，如果看著別人做而不相信自己做的是對的，也就是依賴視覺與他人，而不是運用自己的聽覺判斷，以致於弄亂自己的步伐，引導者除了示範外，也應給予正增強的語言鼓勵。此外，要適時停止大家一起進行活動而改成輪流，以釐清學生的問題） 5. 現在先原地踏步試試看，嗯……很好，一聲一步，就像走路一樣，左腳右腳走走走。 6. 要開始囉，我們再一次，一聲一下，來！耳朵聽，左腳—右腳—走走走，左腳跨出去，右腳跨出去，左腳右腳輪流往前跨。 7. 現在跟著鼓聲再來一次，記得，一個鼓聲走一步，要分清楚快和慢喔！預—備—開—始。 8. 記得上次還有要大家耳朵聽，鼓聲停下來，你們要＿＿＿＿＿（等待回應），對……所以你們耳朵要注意聽，當鼓聲停下，沒有鼓聲的時候，你們就要立即停下來。（學生隨著引導者彈奏的音樂速度在教室中移動，例如：音樂～移動／音樂停～不動）			
活動名稱	**樂器敲奏**			
活動目標	1. 學生能隨引導者的速度在音磚／鐵琴上下行來回敲奏每一個音。 2. 學生能追視並敲出引導者在音磚上敲奏的位置，從單音到雙音。			

目標 號碼	教學活動步驟	教學 資源	進行 時間	評量 方式
1-1 1-2 2-1 2-2	1. 現在請大家坐回位子上，休息一下。（10秒） 2. 剛剛動一動後，我們要再一起練習敲音磚，大家都有拿到自己的琴槌嗎？ 3. 記得眼睛要注意看每一個數字，一個一個慢慢敲，也要注意看老師的琴槌。（請學生跟隨引導者的速度在音磚來回敲奏每一個音，看學生是否能追視並敲出引導者在音磚上敲奏的位置，從單音再逐漸增加到雙音，從到隔壁音變成跳到另一個比較遠的音） 4. 很棒……要有耐心喔！好～現在老師要請你們注意看。 5. 你們的眼睛要注意看音磚上的數字，可以看著老師的臉嗎？嗯！對～不行，為什麼不行呢？因為＿＿＿＿（等待回應和觀察，再決定是否提供合宜的協助）。 6. 現在眼睛注意看，老師敲 1 的時候，你們要敲 1，老師敲 2 的時候，你們要敲 2，眼睛一定要注意看老師的琴槌敲在哪一個數字上。 7. 好～現在大家輪流試試看是否能看到老師敲的音，並敲出老師在音磚上敲奏的位置。先從一個音開始；嗯，現在要變成一次兩個音喔！（視狀況分句講，而不是一次講完） 8. 剛剛是眼睛注意看，現在我們的耳朵和眼睛都要注意。	音磚 琴槌	20 分鐘	觀察 實作 評量

目標號碼	教學活動步驟	教學資源	進行時間	評量方式
	9. 大家耳朵注意聽，老師說 1 的時候，你們要敲＿＿＿＿＿，老師說 2 的時候，你們要敲＿＿＿＿＿，耳朵一定要注意聽老師說的數字，先從一個音開始！（視狀況分句講，而不是一次講完）			
	10. 在過程中，引導者要觀察學生並適時提醒眼睛注意看和耳朵注意聽。			
活動名稱	下課歌			
活動目標	1. 準備下課了！ 2. 讓學生調整心情準備下課了！			
目標號碼	教學活動步驟	教學資源	進行時間	評量方式
	1. 現在我們要準備下課了！下課前要先唱下課歌才能下課，現在請大家站起來囉！ 2. 下課歌歌詞： 時間到了！下課了！鞠個躬，行個禮。 我們一起說再見。 時間到了！下課了！伸出手，揮揮手。 我們一起說再見。 註：引導者可以節奏性唸謠方式進行。		2～3分鐘	

課程三

課程 日期		課程 帶領者	一至二位協同帶領者 （依人數而定）
課程 時間		學生 程度	中／重度障礙者
教學 模式	上課歌、節奏時間、身體動一動、樂器敲奏、下課歌		
提示 策略	肢體輔助（全部協助→部分協助） 提示（歌詞、口語動作、視覺） 示範模仿 褪除		
課程 目標	1-1 增進集中性注意力。 1-2 增進持續性注意力。 1-3 增進選擇性注意力。 1-4 增進交替性注意力。 1-5 增進分配性注意力。 2-1 增進執行任務的持續專注時間長度。		
課程 器材	1. 節奏性樂器：高低音木魚、三角鐵、手搖鈴、響板、響棒、鈴 　　鼓、木魚、銅鐘。 2. 旋律性樂器：音磚、音管鐘、鍵盤。 3. 數字圖卡。		
課程活動過程			
活動 名稱	**上課歌**		
活動 目標	1. 準備進入上課活動。 2. 讓學生能夠調整與準備上課！		

目標號碼	教學活動	教學資源	進行時間	評量方式
	請大家都坐在位子上，我們要一起唱上課歌了！大家也要注意聽歌詞，要記得做出歌詞裡的動作。 上課歌歌詞＋旋律（兒歌「小星星」）： 我們現在上課了，伸出手來拍拍手。 我們一起來唱歌，我們一起玩樂器。 我們現在上課了，伸出手來拍拍手。 （再重複一次）		2～3分鐘	

活動名稱	**節奏時間**
活動目標	1. 在肢體協助、視覺與聽覺提示下，學生能夠隨引導者的速度變化或音量強弱交替敲奏樂器。 2. 在肢體協助、視覺與聽覺提示下，學生能夠依循引導者的指令在樂器上敲出快—慢—強—弱的動作。 3. 在肢體協助、視覺與聽覺提示下，學生能夠跟著引導者以快慢或強弱交替敲奏，例如：快八拍—慢八拍—快八拍—慢八拍、快八拍—快八拍—慢八拍—慢八拍、強八拍—弱八拍—強八拍—弱八拍、弱八拍—弱八拍—強八拍—弱八拍。

目標號碼	教學活動步驟	教學資源	進行時間	評量方式
1-1 1-2 2-1	1. 我們要來複習，請○○告訴我這是大聲（強）或小聲（弱）。很棒，請○○也像老師一樣，大聲敲出自己的樂器聲音。（依此類推）剛剛大家都表現很棒，現在耳朵聽，請○○把自己的樂器敲大聲。（依此類推） 2. 剛剛是大聲和小聲，現在要請大家的耳朵注意聽，這是快還是慢？請○○告訴老師剛剛是快還是慢呢？是嗎？來，再聽一次。很好，是快喔！現在請○○跟著老師一起敲。	響棒 鈴鼓 木魚	20分鐘	觀察實作評量

目標號碼	教學活動步驟	教學資源	進行時間	評量方式
	3. 現在請○○耳朵聽，請敲慢。對了！現在大家一起耳朵聽，要一起敲喔！現在大家一起敲快，預─備─開─始。 4. 現在每個人輪流自己敲，大家耳朵聽老師是說快，還是慢，還有老師也會數 1、2、3、4、5、6、7、8，總共連續四次，○○先開始，請慢慢敲。預─備─開─始。			

活動名稱	身體動一動
活動目標	1. 在示範、肢體協助與聽覺提示下，學生了解當聽到一個指定樂器聲音時，一個聲音代表走一步，學生只能往前跨出一步。 2. 在示範、肢體協助與聽覺提示下，學生能依循快─慢聲音的變化在教室中移動。

目標號碼	教學活動步驟	教學資源	進行時間	評量方式
1-1 1-2 2-1 2-2	1. 現在請大家站起來。（等待與觀察） 2. 大家記得上次上課老師要大家動一動時，要求大家耳朵注意聽，老師敲很快時，你們要_____（等待學生回答），老師敲慢時，你們要_____（等待學生回答）。 3. 很好……大家都有記得聽到一聲鼓聲時，只能往前走一步，來！大家試試看。（過程中，學生可能因為協調與認知問題，引導者可提供協助或示範，如果看著別人做而不相信自己做的是對的，也就是依賴視覺與他人，而不是運用自己的聽覺判斷，以致於弄亂自己的步伐，引導者除了示範和給予正增強	鈴鼓	15分鐘	觀察實作評量

目標 號碼	教學活動步驟	教學 資源	進行 時間	評量 方式
	的語言鼓勵。此外，要適時停止大家一起進行活動而改成輪流，以釐清學生的問題）			
	4. 現在先原地踏步試試看，嗯……很好，一聲一步，就像走路一樣，左腳右腳走走走。我們再一次，一聲一下，來！耳朵聽，左腳—右腳—走走走，左腳跨出去，右腳跨出去，左腳右腳輪流往前跨。			
	5. 記得上次要大家耳朵聽，鼓聲停下來，你們要_____（等待回應），對……所以你們耳朵要注意聽，當鼓聲停下，沒有鼓聲的時候，你們就要立即停下來。準備了！現在要開始，預備—耳朵聽。很棒喔！			
	6. 現在耳朵注意聽，每個人去找自己喜歡的位置站好。（等待與觀察）選好了嗎？我看看……好～那現在注意聽新的遊戲規則。			
	7. 大家聽到鼓聲時，可以自由走動和跑動，但必須要注意音樂停的時候必須要立即跑到剛剛自己喜歡的位置上站好且靜止不動。好……大家現在來試試看。			
	8. 很好……現在大家注意聽，剛剛大家的表現很棒，這次會不一樣，也就是大家在教室走來走去的時候，耳朵要聽鼓聲是快還是慢，然後等鼓聲停下時，必須要立即跑到剛剛自己喜歡的位置上站好且靜止不動。			

活動名稱	樂器敲奏			
活動目標	1.學生能追視並敲出引導者在音磚上敲的位置，每次一個數字音。 2.學生能追視並敲出引導者在音磚上敲的位置，每次兩個數字音。 3.學生能聽到引導者說出的數字，並在音磚上敲出所指定的數字，每次一個數字音。 4.學生能聽到引導者說出的數字，並在音磚上敲出所指定的數字，每次兩個數字音。			
目標號碼	教學活動步驟	教學資源	進行時間	評量方式
1-1 1-2 2-1 2-2	1.現在請大家坐回位子上，休息一下。（10秒）動一動之後，我們現在要一起練習敲音磚。 2.現在先複習，記得眼睛要注意看每一個數字，一個一個慢慢敲，也要注意看老師的琴槌。 3.請學生跟隨引導者的速度在音磚來回敲奏每一個音，看學生是否能追視並敲出引導者在音磚上敲奏的位置，從單音再逐漸增加到雙音，從到隔壁音變成跳到另一個比較遠的音。 4.要有耐心喔！好～現在老師要請你們注意看，也就是你們的眼睛，眼睛要注意看音磚上的數字，可以看著老師的臉嗎？嗯！對～不行，為什麼不行呢？因為_____（等待回應和觀察，再決定提供合宜的協助）。 5.現在眼睛注意看，老師敲1的時候，你們要敲1，老師敲2的時候，你們要敲2，眼睛一定要注意看老師的琴槌敲在哪一個數字上面。	音磚 琴槌	20分鐘	觀察實作評量

目標號碼	教學活動步驟	教學資源	進行時間	評量方式
	6. 我們會先從一個音開始，再變成兩個音，所以大家要專心看喔！ 7. 剛剛是眼睛注意看，現在換成耳朵和眼睛都要注意。 8. 大家耳朵注意聽，老師說 1 的時候，你們要敲 1，老師說 2 的時候，你們要敲 2，耳朵一定要注意聽老師說的數字，先從一個音開始。 9. 現在要變成一次兩個音！（在過程中，引導者需要同時觀察學生並適時提醒眼睛注意音和耳朵注意聽）			
活動名稱	**下課歌**			
活動目標	1. 準備下課了！ 2. 讓學生調整心情準備下課了！			
目標號碼	教學活動步驟	教學資源	進行時間	評量方式
	1. 現在我們要準備下課了！下課前要先唱下課歌才能下課，現在請大家站起來囉！ 2. 下課歌歌詞： 時間到了！下課了！鞠個躬，行個禮。 我們一起說再見。 時間到了！下課了！伸出手，揮揮手。 我們一起說再見。 註：引導者可以節奏性唸謠方式進行。		2～3分鐘	

課程四

課程 日期		課程 帶領者	一至二位協同帶領者 （依人數而定）
課程 時間		學生 程度	中／重度障礙者
教學 模式	上課歌、節奏時間、身體動一動、樂器敲奏、下課歌		
提示 策略	肢體輔助（全部協助→部分協助） 提示（歌詞、口語動作、視覺） 示範模仿 褪除		
課程 目標	1-1 增進集中性注意力。 1-2 增進持續性注意力。 1-3 增進選擇性注意力。 1-4 增進交替性注意力。 1-5 增進分配性注意力。 2-1 增進執行任務的持續專注時間長度。		
課程 器材	1. 節奏性樂器：高低音木魚、三角鐵、手搖鈴、響板、響棒、鈴 　 鼓、木魚、銅鐘。 2. 旋律性樂器：音磚、音管鐘、鍵盤。 3. 數字圖卡。		
課程活動過程			
活動 名稱	**上課歌**		
活動 目標	1. 準備進入上課活動。 2. 調整上課情緒與聚焦於上課內容。		

目標 號碼	教學活動	教學 資源	進行 時間	評量 方式
	請大家都坐在位子上，我們要一起唱上課歌了！大家也要注意聽歌詞，要記得做出歌詞裡的動作。 上課歌歌詞＋旋律（兒歌「小星星」）： 我們一起上課了，上課了。 我們一起拍拍手，拍拍手。 我們一起來唱歌，啦啦啦啦啦。 我們一起上課了，上課了。 （再重複一次）		2～3 分鐘	
活動 名稱	**節奏時間**			
活動 目標	1. 在肢體協助、視覺與聽覺提示下，學生要背對引導者，以耳朵聆聽並仍然能在敲奏過程中依循引導者指定的快／慢／強／弱，敲奏自己所選擇的樂器。 2. 在肢體協助、視覺與聽覺提示下，學生可以跟著引導者以快慢或強弱交替敲奏，例如：快八拍—慢八拍—快八拍—慢八拍、快八拍—快八拍—慢八拍—慢八拍、強八拍—弱八拍—強八拍—弱八拍、弱八拍—弱八拍—強八拍—弱八拍。 3. 在聽覺提示下，學生可以依照不同的速度與音量變化結合敲奏，例如：快—慢—快、快—快—慢、慢—快—慢、強—弱—強、弱—強—弱、強—強—弱、快／弱—慢／弱—快／弱、快／強—快／強—慢／強、慢／強—快／強—慢／弱。 4. 在肢體協助、視覺與聽覺提示下，學生能夠在兩種樂器（鈴鼓和音磚）的聲音輪流出現下，聽到鈴鼓聲而敲奏樂器，聽到音磚聲則是停下不敲奏。 5. 在肢體協助、視覺與聽覺提示下，學生能依循鈴鼓聲敲奏，忽略音磚聲而不受影響。			

目標 號碼	教學活動步驟	教學 資源	進行 時間	評量 方式
1-1 1-2 1-3 2-1 2-2	1. 今天要請你們自己敲樂器，所以耳朵要 　　＿＿＿＿（等待學生回應並觀察學生反 　　應）；現在耳朵聽老師數1、2、3、4、 　　5、6、7、8，要跟老師敲一樣快。老師 　　敲大聲時，你們可以敲小聲嗎？（等待 　　回應）那現在我們準備要開始了！ 2. 現在每個人輪流自己敲，大家耳朵聽老 　　師是說快，還是慢，還有老師也會數 　　1、2、3、4、5、6、7、8，總共連續四 　　次，○○先開始，請慢慢敲。預─備─ 　　開─始。〔學生必須要先專注聆聽引導 　　者的指令：大聲（強）或小聲（弱）， 　　或快或慢而進行敲奏，連續四次〕 3. 注意！老師會在你們大家一起敲奏，有 　　樂器聲音的時候說話；所以你們要一直 　　注意老師什麼時候會說話，也要專心聽 　　老師說的指令，這樣你們才會敲對。 4. 現在有鈴鼓和音磚兩種樂器的聲音輪流 　　出現，所以當你們聽到鈴鼓聲才能敲奏 　　樂器。（等待與觀察學生是否注意聽與 　　理解） 5. 當音磚聲出現時，你們要停下，不可以 　　敲樂器。（等待與觀察學生是否注意聽 　　與理解）好！老師要問問大家，剛剛老 　　師說了什麼？ 6. 鈴鼓和音磚兩個樂器的聲音會同時出 　　現，你們耳朵要聽鈴鼓的聲音敲，不能 　　被音磚影響喔！大家拿好樂器，準備開 　　始！（接著，兩種聲音同時出現，學生 　　只能依循鈴鼓聲敲奏，不能被音磚聲影 　　響，連續敲奏）	鈴鼓 一個 高音C 音磚 琴槌	20 分鐘	觀察 實作 評量

目標號碼	教學活動步驟	教學資源	進行時間	評量方式
	＊在上述過程中，引導者要持續觀察學生是否可以連續敲奏並持續維持一樣的注意力，而專注眼前的活動。 ＊在上述過程中，引導者要觀察學生是否常轉向他處或發呆。 ＊為釐清影響注意力問題，也要觀察學生常轉向他人的原因，例如：焦慮自己聽不懂，或對自己沒有信心做好等。			

活動名稱	身體動一動
活動目標	1. 在歌詞提示與示範下，學生了解當聽到兩個高低音磚的聲音時，一個聲音代表走一步，學生只能往前跨出一步，並依循快—慢聲音的變化在教室中移動。 2. 在歌詞提示與示範下，學生聽到音樂停止時，記得回到指定位置站著不動。

目標號碼	教學活動步驟	教學資源	進行時間	評量方式
1-1 1-2 1-4 2-1 2-2	1. 今天我們聽音磚組和鈴鼓的聲音，我們先聽鈴鼓，現在再來聽聽看音磚。這兩個聲音聽起來有一樣嗎？ 2. 音磚聲聽起來是＿＿＿＿＿（等待回應）， 　鈴鼓聲聽起來是＿＿＿＿＿（等待回應）。 3. 現在大家在教室找一個位置站好，不能選跟之前一樣的位置。耳朵必須要注意，音樂停的時候必須要立即跑回自己現在站的位置站好，站好後不可以再離開或動來動去的。	鈴鼓一個 高音C音磚一個 低音C音磚琴槌	15分鐘	觀察實作評量

目標 號碼	教學活動步驟	教學 資源	進行 時間	評量 方式
	4. 現在大家一邊聽音磚聲，一邊跟著音磚 聲原地踏步。預—備—開—始。（觀察 學生左右腳是否輪流，還是因為需要聽 聲音，以致於影響腳步行進） 5. 很好！現在大家要開始在教室走動，整 個教室都可以，要自己走，自己耳朵 聽。記得！別人不一定是對的，要相信 自己。（上述提醒是為了：(1)避免學生 移動過程因為左右腳不同，懷疑自己做 錯，因為看著別人而忘記聆聽引導者的 聲音；(2)因為覺得自己做錯，為了和別 人一樣右腳在前而連續移動，忽略一聲 一下的規則且忽略環境聲音變化，也就 是引導者已經停止敲奏） 6. 在整個活動過程中，引導者會自編歌詞 以適時提示大家在空間中一起行進時， 要注意耳朵聽和做動作。 歌詞提示： 大家耳朵注意聽，一步一步往前走， 右腳左腳往前走，右腳左腳輪流走， 大家耳朵注意聽，右腳左腳往前走。 7. 學生耳朵需要提高警覺聽音磚聲快慢的 變化，以及聲音何時會停止，在停止後 記得立即回到原來位置站好！ 8. 記得剛剛也有聽鈴鼓的聲音嗎？現在聽 到鈴鼓的聲音時，表示你們要停下來不 可以動。現在來試試看。音磚旋律～走 走走，音磚旋律停止消失～走回原來位 置，鈴鼓聲～停止不動。			

目標號碼	教學活動步驟	教學資源	進行時間	評量方式
	9. 音樂要開始囉！（引導者也可以以敲奏音階方式代替旋律）大家要跟著音樂動一動，記住音樂變快，大家也要變快。（可以改成問題詢問）音樂變慢，大家也要變慢。（可以改成問題詢問）〔鼓聲出現（觀察大家的動作）；音磚旋律出現（觀察大家的動作）；旋律停止（觀察大家的動作），依此類推，上述順序可以依照引導者對團體的觀察做改變〕 10. 上述活動可適時給予提示。			

活動名稱	樂器敲奏
活動目標	1. 學生能追視並敲出引導者在音磚上敲的位置，由單音逐漸增加到三個數字音。 2. 學生能聽到引導者說出的數字並在音磚上敲出所指定的數字，由單音逐漸增加到兩個數字音。

目標號碼	教學活動步驟	教學資源	進行時間	評量方式
1-1 1-2 2-1 2-2	1. 敲音磚時，眼睛要注意看著音磚上的數字。 2. 現在我們從一個音開始，老師敲 1 的時候，你們要敲 1，老師敲 2 的時候，你們要敲 2，眼睛一定要注意看老師的琴槌敲在哪一個數字上面。很好，繼續注意看，現在是兩個音。 3. 剛剛是眼睛注意看，現在換成耳朵和眼睛都要注意。	音磚 琴槌	20分鐘	觀察 實作 評量

目標號碼	教學活動步驟	教學資源	進行時間	評量方式
	4. 大家耳朵注意聽，老師說 1 的時候，你們要敲 1，老師說 2 的時候，你們要敲 2，耳朵一定要注意聽老師說的數字，先從一個音開始。 5. 現在要變成一次兩個音！ ＊在過程中，引導者要觀察學生並適時提醒眼睛注意看和耳朵注意聽。			

活動名稱	下課歌
活動目標	1. 準備下課了！ 2. 讓學生調整心情準備下課了！

目標號碼	教學活動步驟	教學資源	進行時間	評量方式
	1. 現在我們要準備下課了！下課前要先唱下課歌才能下課，現在請大家站起來囉！ 2. 下課歌： 　時間到了！下課了！鞠個躬，行個禮。 　我們一起說再見。 　時間到了！下課了！伸出手，揮揮手。 　我們一起說再見。 註：引導者可以節奏性唸謠方式進行。		2～3分鐘	

課程五

課程 日期		課程 帶領者	一至二位協同帶領者 （依人數而定）
課程 時間		學生 程度	中／重度障礙者
教學 模式	上課歌、節奏時間、身體動一動、樂器敲奏、下課歌		
提示 策略	肢體輔助（全部協助→部分協助） 提示（歌詞、口語動作、視覺） 示範模仿 褪除		
課程 目標	1-1 增進集中性注意力。 1-2 增進持續性注意力。 1-3 增進選擇性注意力。 1-4 增進交替性注意力。 1-5 增進分配性注意力。 2-1 增進執行任務的持續專注時間長度。		
課程 器材	1. 節奏性樂器：高低音木魚、三角鐵、手搖鈴、響板、響棒、鈴 　　鼓、木魚、銅鐘。 2. 旋律性樂器：音磚、音管鐘、鍵盤、鐵琴。 3. 數字圖卡。		
課程活動過程			
活動 名稱	**上課歌**		
活動 目標	1. 準備進入上課活動。 2. 調整與準備上課。		

目標號碼	教學活動	教學資源	進行時間	評量方式
	請大家都坐在位子上，我們要一起唱上課歌了！大家也要注意聽歌詞，要記得做出歌詞裡的動作。 上課歌歌詞＋旋律（兒歌「小星星」）： 我們一起上課了，上課了。 我們一起拍拍手，拍拍手。 我們一起來唱歌，啦啦啦啦啦。 我們一起上課了，上課了。 （再重複一次）		2～3分鐘	
活動名稱	**節奏時間**			
活動目標	1. 在部分視覺與聽覺提示協助下，學生能背對引導者，耳朵仍然可以聆聽，依循引導者指定的快／慢／強／弱等，敲奏自己所選擇的樂器。 2. 在部分視覺與聽覺提示協助下，學生在鈴鼓聲出現時，能依循鈴鼓聲敲奏自己的樂器，音磚聲出現時，則停下不敲奏。 3. 在部分視覺與聽覺提示協助下，學生在兩種樂器（鈴鼓和音磚）的聲音同時出現時，能依循鈴鼓聲敲奏自己的樂器，不受音磚聲在速度或音量上的變化之影響。 4. 在部分視覺與聽覺提示協助下，學生能在不同樂器敲奏，每個樂器拍八下後都需要回到鈴鼓聲。			

目標號碼	教學活動步驟	教學資源	進行時間	評量方式
1-1 1-2 1-3 1-4 2-1 2-2	1. 今天要請你們自己敲樂器，所以耳朵要_____（等待學生回應並觀察學生反應）；請大家背對老師，只能用耳朵聽。現在每個人輪流自己敲，大家耳朵聽老師是說快，還是慢，還有老師也會數 1、2、3、4、5、6、7、8，總共連續四次。	鈴鼓一個 高音C音磚 琴槌	20分鐘	觀察 實作 評量

目標號碼	教學活動步驟	教學資源	進行時間	評量方式
	2. 注意！老師會在你們大家一起敲奏，有樂器聲音的時候說話；所以你們要一直注意老師什麼時候會說話，也要專心聽老師說的指令，這樣你們才會敲對。 3. 當音磚聲出現時，你們要停下，音磚和鈴鼓兩個樂器的聲音會同時出現，你們耳朵要聽鈴鼓的聲音敲，不能被音磚影響喔！大家拿好樂器，準備開始！（接著，兩種聲音同時出現，學生只能依循鈴鼓聲敲奏，不能被音磚聲影響，連續敲奏） 4. 今天要做另一個練習，剛剛每個人都有拿鈴鼓，現在要再給大家一人一個音磚。拿好後要安靜等待，等老師說遊戲規則。 5. 現在先把鈴鼓和音磚跟老師擺放的位置一樣。（因為學生座位角度不同，觀察的擺放順序會不同） 34　　12/56　　78↓ ┌─────────────┐ │ 上課擺放樂器的墊子 │ └─────────────┘ 6. 大家都放好了！注意聽，大家要在每個不同位置敲八下，但是記得每次敲完八下都要再回到鈴鼓，敲完鈴鼓後，才能移到下一個位置，現在老師先示範，例如：鈴鼓八下—音磚八下—鈴鼓八下—墊子八下—鈴鼓八下。			

目標號碼	教學活動步驟	教學資源	進行時間	評量方式
	7. 現在我們慢慢來練習，一樣……眼睛（看）—耳朵（聽）。（等待學生回應）			
	8. 好，現在大家都清楚了！那我們要開始變快了，開始……好，那我們要開始變慢了，開始……現在誰可以大聲又敲的很快呢？開始……現在誰可以小聲又敲的很慢呢？開始……（依此類推）			
	9. 都做的很好！現在先收樂器，收好後，就可以去找自己喜歡的位置站好，要安靜等待。			
	＊歌詞提醒：從這一堂課程起會開始減少歌詞提示，逐漸建立學生可獨立進行課程與自我注意力的控制能力。			
	＊樂器擺放位置：在「節奏時間」的活動中，引導者必須要注意學生們的樂器擺放位置是否正確，因為當學生與引導者坐的方向不同時，上下左右角度不同，擺放位置也會不同，而不是他們不知道如何擺放。			
活動名稱	身體動一動			
活動目標	1. 在歌詞提示與示範下，學生了解當聽到兩個高低音磚的聲音時，一個聲音代表走一步，學生只能往前跨出一步，並依循快—慢聲音的變化在教室中移動。 2. 在歌詞提示與示範下，學生聽到音樂停止時，記得回到指定位置站著不動。			

目標號碼	教學活動步驟	教學資源	進行時間	評量方式
1-1 1-2 1-4 2-1 2-2	1. 我們上次上課是同時聽鈴鼓和音磚的聲音，現在再聽一次，注意聽～音磚聲聽起來是_____（等待回應），鈴鼓聲聽起來是_____（等待回應）。 2. 現在大家在教室找一個位置站好，不能選跟之前一樣的位置。耳朵必須要注意，音樂停的時候必須要立即跑回自己現在站的位置站好，站好後不可以再離開或動來動去的。 3. 現在大家一邊聽音磚聲，一邊跟著音磚聲原地踏步。大家要開始在教室走動，整個教室都可以，要自己走，自己耳朵聽。記得！別人不一定是對的，要相信自己。預—備—開—始。（觀察學生左右腳是否輪流，還是因為需要聽聲音，以致於影響腳步行進。除此之外，上述提醒是為了：(1)避免學生移動過程因為左右腳不同，懷疑自己做錯，因為看著別人而忘記聆聽引導者的聲音；(2)因為覺得自己做錯，為了和別人一樣右腳在前而連續移動，忽略一聲一下的規則且忽略環境聲音變化，也就是引導者已經停止敲奏） 4. 學生耳朵需要提高警覺聽音磚聲快慢的變化，以及聲音何時會停止，在停止後記得立即回到原來位置站好。 5. 聽到鈴鼓的聲音時，表示你們要停下來不可以動。現在來試試看。音磚旋律～走走走，音磚旋律停止消失～走回原來位置，鈴鼓聲～停止不動。	一個高音 C 音磚 一個低音 C 音磚 琴槌	8分鐘	觀察實作評量

目標號碼	教學活動步驟	教學資源	進行時間	評量方式
	6. 音樂要開始囉！（引導者也可以敲奏音階方式代替旋律）大家要跟著音樂動一動，記住音樂變快，大家也要變快。（可以改成問題詢問）音樂變慢，大家也要變慢。（可以改成問題詢問）〔鼓聲出現（觀察大家的動作）；音磚旋律出現（觀察大家的動作）；旋律停止（觀察大家的動作），依此類推，上述順序可以依照引導者對團體的觀察做改變〕			
活動名稱	**樂器敲奏**			
活動目標	1. 學生能追視並敲出引導者在音磚上敲的位置，由單音逐漸增加到三個數字音。 2. 學生能聽到引導者說出的數字並在音磚上敲出所指定的數字，由單音逐漸增加到兩個數字音。 3. 學生能聽到引導者說出的數字並在音磚上敲出所指定的數字，由單音逐漸增加到三個數字音。 4. 在部分協助下，學生能夠一邊看數字圖卡，一邊敲音磚，每次一個音。 5. 在部分協助下，學生能夠一邊看數字圖卡，一邊敲音磚，每次兩個音。 6. 在部分協助下，學生能夠一邊看數字圖卡，一邊敲音磚，每次三個音。			
目標號碼	教學活動步驟	教學資源	進行時間	評量方式
1-1 1-2 1-5 2-1 2-2	1. 今天一人有一組音磚或是鐵琴，所以等一下大家都有獨立練習的時間。記得敲音磚時，眼睛要注意看音磚上的數字。 2. 眼睛一定要注意看老師的琴槌敲在哪一個數字上面。很好，繼續注意看，現在是兩個音。好，現在進入三個音。	音磚 鐵琴 琴槌 數字圖卡	18～25分鐘	觀察實作評量

目標號碼	教學活動步驟	教學資源	進行時間	評量方式
	3. 現在我們要練習看數字圖卡敲奏，看一個音敲一個音，我們從一個音開始。 4. 現在是兩個音，記得規則是練習看數字圖卡敲奏，是看一個音敲一個音，不能用背的敲。 ＊在過程中，引導者要觀察學生並適時提醒眼睛注意看和耳朵注意聽。 ＊在過程中，要提醒看一個音敲一個音，而不是一次背好多個音才敲音磚或鐵琴。			
活動名稱	下課歌			
活動目標	1. 準備下課了！ 2. 讓學生調整心情準備下課了！			

目標號碼	教學活動步驟	教學資源	進行時間	評量方式
	1. 現在我們要準備下課了！下課前要先唱下課歌才能下課，現在請大家站起來囉！ 2. 下課歌： 時間到了！下課了！鞠個躬，行個禮。 我們一起說再見。 時間到了！下課了！伸出手，揮揮手。 我們一起說再見。 註：引導者可以節奏性唸謠方式進行。		2～3分鐘	

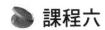 **課程六**

課程 日期		課程 帶領者	一至二位協同帶領者 （依人數而定）
課程 時間		學生 程度	中／重度障礙者
教學 模式	上課歌、節奏時間、身體動一動、樂器敲奏、下課歌		
提示 策略	肢體輔助（全部協助→部分協助） 提示（歌詞、口語動作、視覺） 示範模仿 褪除		
課程 目標	1-1 增進集中性注意力。 1-2 增進持續性注意力。 1-3 增進選擇性注意力。 1-4 增進交替性注意力。 1-5 增進分配性注意力。 2-1 增進執行任務的持續專注時間長度。		
課程 器材	1. 節奏性樂器：高低音木魚、三角鐵、手搖鈴、響板、響棒、鈴 　　鼓、木魚、銅鐘。 2. 旋律性樂器：音磚、音管鐘、鍵盤、鐵琴。 3. 數字圖卡。		
課程活動過程			
活動 名稱	**上課歌**		
活動 目標	1. 準備進入上課活動。 2. 準備上課與聚焦。		

目標號碼	教學活動	教學資源	進行時間	評量方式
	請大家都坐在位子上，我們要一起唱上課歌了！大家也要注意聽歌詞，要記得做出歌詞裡的動作。 上課歌歌詞＋旋律（兒歌「小星星」）： 我們一起上課了，上課了。 我們一起拍拍手，拍拍手。 我們一起來唱歌，啦啦啦啦啦。 我們一起上課了，上課了。 （再重複一次）		2～3分鐘	
活動名稱	**節奏時間**			
活動目標	1. 在部分視覺與聽覺提示協助下，學生能背對引導者，耳朵仍然可以聆聽，依循引導者指定的快／慢／強／弱等，敲奏自己所選擇的樂器。 2. 在部分視覺與聽覺提示協助下，學生在鈴鼓聲出現時，能依循鈴鼓聲敲奏自己的樂器，音磚聲出現時，則停下不敲奏。 3. 在部分視覺與聽覺提示協助下，學生在兩種樂器（鈴鼓和音磚）的聲音同時出現時，能依循鈴鼓聲敲奏自己的樂器，不受音磚聲在速度或音量上的變化之影響。 4. 在部分視覺與聽覺提示協助下，學生能在不同樂器敲奏，每個樂器拍八下後都需要回到鈴鼓聲。			
目標號碼	教學活動步驟	教學資源	進行時間	評量方式
1-1 1-2 1-3 1-4 2-1 2-2	1. 現在要請大家拿好鈴鼓和背對老師，記得也不能面對著同學。快的時候快，慢的時候慢，停的時候停。現在只能用耳朵聽老師敲的鼓聲。 2. 你們的眼睛也要注意看，因為老師今天不叫名字，會用手指向要敲鈴鼓的人。所以大家的眼睛要注意看老師的手，如	鈴鼓一個 高音C音磚 琴槌	20分鐘	觀察實作評量

目標號碼	教學活動步驟	教學資源	進行時間	評量方式
	果指著你，就是換你敲，當別人在敲的時候，可以發呆嗎？（觀察與等待回應）可以不注意聽嗎？（觀察與等待回應） 3. 準備開始！現在是兩種聲音同時出現，只能依循鈴鼓聲敲奏，不能被音磚聲影響，連續敲奏。現在注意聽。（在敲鈴鼓前，提醒）快的時候快，慢的時候慢，停的時候停。現在只能用耳朵聽老師敲的鼓聲。 4. 今天一樣，每個人都可以選一個自己喜歡的音磚顏色，拿好後要安靜等待，等老師說遊戲規則。 5. 現在先把鈴鼓和音磚跟老師擺放的位置一樣。（因為學生座位角度不同，觀察的擺放順序會不同） 34　　12/56　　78↓ 上課擺放樂器的墊子 6. 大家都放好了！注意聽，大家要在每個不同位置敲八下，但是記得每次敲完八下都要再回到鈴鼓，敲完鈴鼓後，才能移到下一個位置，現在我們大家直接一起敲。 7. 一樣……眼睛（看）、耳朵（聽）。（等待學生回應）好，大家都清楚了！現在我們一開始要敲快的，聽到「慢」時，我們要敲慢，放慢速度敲樂器，當老師說「大聲」時，大家要一起敲「大聲」。好，現在準備開始。（依此類推）			

目標 號碼	教學活動步驟	教學 資源	進行 時間	評量 方式
	8. 現在換成另一個位置，眼睛注意看，想一想怎麼放才是跟老師的一樣？ 12/56 34　　　　　　　　　78 上課擺放樂器的墊子 9. 大家都放好了！注意聽，大家一樣要在不同位置敲八下，記得每次敲完八下再回到鈴鼓，敲完鈴鼓後，才能移到下一個位置，現在老師先示範，例如：音磚八下—鈴鼓八下—音磚八下—墊子八下—音磚八下。（最後再回到音磚，從1開始數，連續四次32拍後才算完成） 10. 現在我們慢慢來練習，一樣……眼睛（看）、耳朵（聽）。（等待學生回應）好，大家都清楚了！現在我們一開始要敲快的，聽到「慢」時，我們要敲慢，放慢速度敲樂器，當老師說「大聲」時，大家要一起敲「大聲」。好，現在準備開始。（依此類推） 11. 都做的很好！現在先收樂器，收好後，就可以去找自己喜歡的位置站好，要安靜等待。			
活動 名稱	身體動一動			
活動 目標	1. 在歌詞提示與示範下，學生了解當聽到兩個高低音磚的聲音時，一個聲音代表走一步，學生只能往前跨出一步，並依循快—慢聲音的變化在教室中移動。 2. 在歌詞提示與示範下，學生聽到音樂停止時，記得回到指定位置站著不動。			

目標號碼	教學活動步驟	教學資源	進行時間	評量方式
1-1 1-2 1-4 2-1	1. 與之前一樣，大家在教室找一個位置站好，耳朵必須要注意，音樂停的時候必須要立即跑回自己現在站的位置站好，站好後不可以再離開或動來動去的。 2. 記住規則：音磚旋律～走走走，音磚旋律停止消失～走回原來位置，鈴鼓聲～停止不動。 3. 預備，現在大家要開始在教室走動，開始～音樂要開始囉！（引導者也可以敲奏音階方式代替旋律）大家要跟著音樂動一動，記住音樂變快，大家也要變快。（可以改成問題詢問）音樂變慢，大家也要變慢。（可以改成問題詢問）〔鼓聲出現（觀察大家的動作）；音磚旋律出現（觀察大家的動作）；旋律停止（觀察大家的動作），依此類推，上述順序可以依照引導者對團體的觀察做改變〕 ＊另外，活動進行會由慢到快後，停留在快板的時間久一些，且速度會愈來愈快，瞬間再變慢，這是為了觀察學生在持續的快板速度中是持續保有警覺，持續偵測並專注聽，還是愈變愈亢奮而忘記聆聽？另外，由快變慢是否可以立即意識到？又或是需要被提醒或失去警覺度？ ＊此活動的難度稍微提升，如果引導者觀察到團體成員還沒有能夠達到課程六的能力，該活動可以延續到課程七，以學生能力的提升為主，而不是急於完成此教案的所有活動。也因為如此，活動都會依序向後延用。	一個高音 C 音磚 一個低音 C 音磚 琴槌	8分鐘	觀察實作評量

活動名稱	樂器敲奏			
活動目標	1. 學生能追視並敲出引導者在音磚上敲的位置，由單音逐漸增加到三個數字音。 2. 學生能聽到引導者說出的數字並在音磚上敲出所指定的數字，由單音逐漸增加到兩個數字音。 3. 學生能聽到引導者說出的數字並在音磚上敲出所指定的數字，由單音逐漸增加到三個數字音。 4. 在部分協助下，學生能夠一邊看數字圖卡，一邊敲音磚，每次一個音。 5. 在部分協助下，學生能夠一邊看數字圖卡，一邊敲音磚，每次兩個音。 6. 在部分協助下，學生能夠一邊看數字圖卡，一邊敲音磚，每次三個音。			
目標號碼	教學活動步驟	教學資源	進行時間	評量方式
1-1 1-2 1-5 2-1	1. 今天每個人都有一組音磚或是鐵琴，大家可以選自己想要的音磚或鐵琴，等一下大家都要獨立練習。記得，大家在敲音磚的時候，你們的眼睛要注意看音磚或是鐵琴上的數字。 2. 你們的眼睛一定要注意看老師的琴槌敲在哪一個數字上面，而我們會從一個音開始，再慢慢往上增加到一次三個音。 3. 現在我們要練習看圖卡敲奏，看一個音敲一個音，我們從一個音開始。 4. 現在是兩個音，記得規則是練習看圖卡敲奏，是看一個音敲一個音，不能用背的敲。 ＊在過程中，引導者要觀察學生並適時提醒眼睛注意看和耳朵注意聽。	音磚 鐵琴 琴槌 數字圖卡	18～25分鐘	觀察實作評量

目標號碼	教學活動步驟	教學資源	進行時間	評量方式
	＊在過程中，要提醒看一個音敲一個音，而不是一次背好多個音才敲音磚或鐵琴。 ＊在過程中，要提醒或適時告知個體由左到右敲奏，而不是由右到左。			

活動名稱	下課歌			
活動目標	1. 準備下課了！ 2. 讓學生調整心情準備下課了！			

目標號碼	教學活動步驟	教學資源	進行時間	評量方式
	1. 現在我們要準備下課了！下課前要先唱下課歌才能下課，現在請大家站起來囉！ 2. 下課歌： 　時間到了！下課了！鞠個躬，行個禮。 　我們一起說再見。 　時間到了！下課了！伸出手，揮揮手。 　我們一起說再見。 註：引導者可以節奏性唸謠方式進行。		2～3分鐘	

課程七

課程 日期		課程 帶領者	一至二位協同帶領者 （依人數而定）
課程 時間		學生 程度	中／重度障礙學生
教學 模式	上課歌、節奏時間、身體動一動、樂器敲奏、下課歌		
提示 策略	肢體輔助（全部協助→部分協助） 提示（歌詞、口語動作、視覺） 示範模仿 褪除		
課程 目標	1-1 增進集中性注意力。 1-2 增進持續性注意力。 1-3 增進選擇性注意力。 1-4 增進交替性注意力。 1-5 增進分配性注意力。 2-1 增進執行任務的持續專注時間長度。		
課程 器材	1. 節奏性樂器：高低音木魚、三角鐵、手搖鈴、響板、響棒、鈴鼓、木魚、銅鐘。 2. 旋律性樂器：音磚、音管鐘、鍵盤、鐵琴。 3. 數字圖卡。		
課程活動過程			
活動 名稱	上課歌		
活動 目標	準備進入上課活動。		

目標號碼	教學活動	教學資源	進行時間	評量方式
	請大家都坐在位子上，我們要一起唱上課歌了！大家也要注意聽歌詞，要記得做出歌詞裡的動作。 上課歌歌詞＋旋律（兒歌「小星星」）： 我們一起上課了，上課了。 我們一起拍拍手，拍拍手。 我們一起來唱歌，啦啦啦啦啦。 我們一起上課了，上課了。 （再重複一次）		2～3分鐘	

活動名稱	**節奏時間**
活動目標	1. 在部分視覺與聽覺提示協助下，學生能背對引導者，耳朵仍然可以聆聽，依循引導者指定的快／慢／強／弱等，敲奏自己所選擇的樂器。 2. 在部分視覺與聽覺提示協助下，學生在鈴鼓聲出現時，能依循鈴鼓聲敲奏自己的樂器，音磚聲出現時，則停下不敲奏。 3. 在部分視覺與聽覺提示協助下，學生在兩種樂器（鈴鼓和音磚）的聲音同時出現時，能依循鈴鼓聲敲奏自己的樂器，不受音磚聲在速度或音量上的變化之影響。 4. 在部分視覺與聽覺提示協助下，學生能在不同樂器敲奏，每個樂器拍八下後都需要回到鈴鼓聲。

目標號碼	教學活動步驟	教學資源	進行時間	評量方式
1-1 1-2 1-3 1-4 2-1	1. 今天會有兩種樂器（鈴鼓和音磚），大家聽到鈴鼓聲才能敲奏樂器，聽到音磚聲則是停下不敲奏，連續四次八拍。 2. 老師今天也不叫名字，會用手指向要敲鈴鼓的人。所以大家要眼睛注意看老師的手，如果指著你，就是換你敲，當別人在敲的時候，可以發呆嗎？（觀察與	鈴鼓一個 高音 C 音磚 琴槌	15分鐘	觀察實作評量

目標號碼	教學活動步驟	教學資源	進行時間	評量方式
	等待回應）可以不注意聽嗎？（觀察與等待回應）			
	3. 兩種聲音同時出現時，你們依然只依循鈴鼓聲敲奏，不能被音磚聲影響，連續四次八拍。			
	4. 提醒你們，快的時候快，慢的時候慢，停的時候停。現在只能用耳朵聽老師敲的鈴鼓聲。			
	5. 音磚和鈴鼓兩種聲音會同時出現，老師敲音磚的時候，會突然很快又突然很慢，會小聲後又變大聲，變來變去的。（節奏會有所改變，敲奏速度也會改變，不是單純固定拍與慢板，學生必須不受影響而繼續依循鈴鼓聲敲奏；也就是說，學生不能被音磚聲和節奏變化或敲奏速度變化而影響，連續六次八拍才算完成）			
	6. 現在每個人都選一個自己喜歡的音磚顏色，拿好後要安靜等待，等老師說遊戲規則。			
	7. 現在先把鈴鼓和音磚跟老師擺放的位置一樣。（因為學生座位角度不同，觀察的擺放順序會不同） 34　　　12/56　　78↓ 上課擺放樂器的墊子			
	8. 大家都放好了！注意聽，大家要在每個不同位置敲八下，但是記得每次敲完八			

目標 號碼	教學活動步驟	教學 資源	進行 時間	評量 方式
	下都要再回到鈴鼓，敲完鈴鼓後，才能移到下一個位置，一樣……眼睛（看）、耳朵（聽）。（等待學生回應）好，大家都清楚了！現在我們大家直接一起敲。 9. 現在換成另一個位置，眼睛注意看，想一想怎麼放才是跟老師的一樣？ 　　　　12/56 　　34　　　　　78 　上課擺放樂器的墊子 10. 大家都放好了！注意聽，大家一樣要在不同位置敲八下，記得每次敲完八下再回到鈴鼓，敲完鈴鼓後，才能移到下一個位置，現在老師先示範，例如：音磚八下—鈴鼓八下—音磚八下—墊子八下—音磚八下。（最後再回到音磚，從1開始數，連續四次32拍後才算完成）			
活動 名稱	身體動一動			
活動 目標	1. 在無歌詞提示與示範下，學生了解當聽到兩個高低音磚的聲音時，一個聲音代表走一步，學生只能往前跨出一步，並依循快—慢聲音的變化在教室中移動。 2. 在無歌詞提示與示範下，學生聽到音樂停止時，記得回到指定位置站著不動。 3. 在無歌詞提示與示範下，在聽到附點的聲音出現時，同時可以做出跳的動作。			

目標 號碼	教學活動步驟	教學 資源	進行 時間	評量 方式
1-1 1-2 1-4 2-1	1. 與之前一樣，大家在教室找一個位置站好。 2. 記住規則：音磚旋律～走走走，音磚旋律停止消失～走回原來位置，鈴鼓聲～停止不動。 3. 今天老師不會提醒大家，所以你們要自己注意聽，預備，現在大家要開始在教室走動，音樂要開始囉！（引導者也可以敲奏音階方式代替旋律）大家要跟著音樂動一動，記住音樂變快，大家也要變快。（可以改成問題詢問）音樂變慢，大家也要變慢。（可以改成問題詢問）〔鼓聲出現（觀察大家的動作）；音磚旋律出現（觀察大家的動作）；旋律停止（觀察大家的動作），依此類推，上述順序可以依照引導者對團體的觀察做改變〕 4. 注意聽，老師敲奏附點節奏，大家聽到這個聲音要變成跳起來，也就是不能走，也不能跑。 5. 來試試看……聽到慢的是＿＿＿＿（走走走），那聽到快的是＿＿＿＿（跑跑跑），聽到這個是＿＿＿＿（要跳起來）…… 6. 現在老師不要一個一個問，要大家自己耳朵注意聽，自己去想。好的……預備－現在準備開始了！耳朵，對，注意聽。 ＊學生必須能夠聽著鈴鼓聲在教室走動，在過程中，他們必須要注意鈴鼓聲速度變化改變步行速度，音樂停的時候必須	一個 高音 C 音磚 一個 低音 C 音磚 琴槌	15 分鐘	觀察 實作 評量

目標 號碼	教學活動步驟	教學 資源	進行 時間	評量 方式
	要立即跑到原指定位置站好且靜止不動，當聽到音磚以附點節奏聲音響起時，則是以跳動的方式在教室空間進行移動，連續八次才能算是完成。			
活動 名稱	樂器敲奏			
活動 目標	1. 學生能追視並敲出引導者在音磚上敲的位置，由單音逐漸增加到三個數字音。 2. 學生能聽到引導者說出的數字並在音磚上敲出所指定的數字，由單音逐漸增加到三個數字音。 3. 在部分協助下，學生能夠聽到引導者說出的數字並在音磚上敲出所指定的數字，由單音逐漸增加到三個數字音。 4. 在部分協助下，學生能夠一邊看數字圖卡，一邊敲音磚，共十組三個音。 5. 在部分協助下，學生能夠一邊看數字圖卡，一邊敲音磚，共五組四個音。			
目標 號碼	教學活動步驟	教學 資源	進行 時間	評量 方式
1-1 1-2 1-5 2-1	1. 你們的眼睛一定要注意看老師的琴槌敲在哪一個數字上面。很好，繼續注意看，現在是兩個音。好，現在進入三個音。 2. 現在每個人自己選要音磚還是要鐵琴，等一下大家都要獨立練習。 3. 今天是從三個音開始，記得規則是練習看數字圖卡敲奏，看一個音敲一個音，不能用背的敲。 4. 現在老師給每個人共十組三個音和五組四個音。 5. 等一下老師會檢查，會讓你們敲給老師聽。好，開始練習。	音磚 鐵琴 琴槌 數字 圖卡	25 分鐘	觀察 實作 評量

目標 號碼	教學活動步驟	教學 資源	進行 時間	評量 方式
	＊在過程中，引導者要觀察學生並適時提 　醒眼睛注意看和耳朵注意聽。 ＊在過程中，要提醒看一個音敲一個音， 　而不是一次背好多個音才敲音磚或鐵 　琴。 ＊由學生獨立練習，引導者要提供部分協 　助，同時觀察過程中學生的注意力和行 　為表現。			
活動 名稱	下課歌			
活動 目標	1. 準備下課了！ 2. 讓學生調整心情準備下課了！			
目標 號碼	教學活動步驟	教學 資源	進行 時間	評量 方式
	1. 現在我們要準備下課了！下課前要先唱 　下課歌才能下課，現在請大家站起來 　囉！ 2. 下課歌： 　時間到了！下課了！鞠個躬，行個禮。 　我們一起說再見。 　時間到了！下課了！伸出手，揮揮手。 　我們一起說再見。 註：引導者可以節奏性唸謠方式進行。		2～3 分鐘	

🥄 課程八

課程 日期		課程 帶領者	一至二位協同帶領者 （依人數而定）
課程 時間		學生 程度	中／重度障礙者
教學 模式	上課歌、節奏時間、身體動一動、樂器敲奏、下課歌		
提示 策略	肢體輔助（全部協助→部分協助） 提示（歌詞、口語動作、視覺） 示範模仿 褪除		
課程 目標	1-1 增進集中性注意力。 1-2 增進持續性注意力。 1-3 增進選擇性注意力。 1-4 增進交替性注意力。 1-5 增進分配性注意力。 2-1 增進執行任務的持續專注時間長度。		
課程 器材	1. 節奏性樂器：高低音木魚、三角鐵、手搖鈴、響板、響棒、鈴鼓、木魚、銅鐘。 2. 旋律性樂器：彩色音磚（組）、音管鐘、鍵盤、鐵琴。 3. 數字圖卡、呼啦圈或墊子。		
課程活動過程			
活動 名稱	**上課歌**		
活動 目標	準備進入上課活動。		

目標號碼	教學活動	教學資源	進行時間	評量方式
	請大家都坐在位子上，我們要一起唱上課歌了！大家也要注意聽歌詞，要記得做出歌詞裡的動作。 上課歌歌詞＋旋律（兒歌「小星星」）： 我們一起上課了，上課了。 我們一起拍拍手，拍拍手。 我們一起來唱歌，啦啦啦啦啦。 我們一起上課了，上課了。 （再重複一次）		2～3分鐘	

活動名稱	節奏時間
活動目標	1. 在部分視覺與聽覺提示協助下，學生能背對引導者，耳朵仍然可以聆聽，依循引導者指定的快／慢／強／弱等，敲奏自己所選擇的樂器。 2. 在部分視覺與聽覺提示協助下，學生在鈴鼓聲出現時，能依循鈴鼓聲敲奏自己的樂器，音磚聲出現時，則停下不敲奏。 3. 在部分視覺與聽覺提示協助下，學生在兩種樂器（鈴鼓和音磚）的聲音同時出現時，能依循鈴鼓聲敲奏自己的樂器，不受音磚聲在速度或音量上的變化之影響。 4. 在部分視覺與聽覺提示協助下，學生能在不同樂器敲奏，每個樂器拍八下後都需要回到鈴鼓聲。

目標號碼	教學活動步驟	教學資源	進行時間	評量方式
1-1 1-2 1-3 1-4 2-1 2-2	1. 現在每個人都選一個自己喜歡的音磚顏色，拿好後要安靜等待，等老師說遊戲規則。 2. 現在先把鈴鼓和音磚跟老師擺放的位置一樣。（因為學生座位角度不同，觀察的擺放順序會不同）大家都放好了！注意聽，大家一樣要在每個不同位置敲八	鈴鼓 彩色音磚組 琴槌	15分鐘	觀察實作評量

目標號碼	教學活動步驟	教學資源	進行時間	評量方式
	下，記得每次敲完八下再回到鈴鼓，敲完鈴鼓後，才能移到下一個位置。最後再回到音磚，從1開始數，連續四次32拍後才算成功。 78↓　12/56　34 上課擺放樂器的墊子 3. 好，現在要換位置了！注意看，把鈴鼓和音磚換成跟老師擺放的位置一樣。 12/56 78↓　34 上課擺放樂器的墊子 4. 大家都放好了嗎？老師檢查一下，看看大家是否都有跟老師擺一樣。嗯～很好！現在大家注意聽，大家一樣要在不同位置敲八下後，記得每次敲完再回到鈴鼓，敲完鈴鼓後，才能移到下一個位置，現在老師先示範，例如：音磚8下—鈴鼓8下—音磚8下—墊子8下—音磚8下。（最後再回到音磚，從1開始數，連續四次32拍後才算完成）準備好了嗎？ 5. 都做的很好！現在先收樂器，收好後，就可以去找自己喜歡的位置站好，要安靜等待。 ＊在上述過程中，引導者要觀察學生是否可以連續敲奏並持續維持一樣的注意			

目標號碼	教學活動步驟	教學資源	進行時間	評量方式
	力，專注眼前的活動。 ＊為釐清影響注意力問題，也要觀察學生常轉向他人的原因，例如：焦慮自己聽不懂，或對自己沒有信心做好等。 ＊節奏會有所改變，敲奏速度也會改變，不是單純固定拍與慢板，學生必須在不受影響下，繼續敲奏鈴鼓；也就是說，學生不能被音磚聲和節奏變化或敲奏速度變化所影響，而連續六次八拍才算完成。			
活動名稱	身體動一動			
活動目標	1. 在無歌詞提示與示範下，學生了解當聽到兩個高低音磚的聲音時，一個聲音代表走一步，學生只能往前跨出一步，並依循快—慢聲音的變化在教室中移動。 2. 在無歌詞提示與示範下，學生聽到音樂停止時，記得回到指定位置站著不動。 3. 在無歌詞提示與示範下，在聽到附點的聲音出現時，同時可以做出跳的動作。 4. 在口語提示與示範下，可以跟隨引導者的腳步動作做出正確動作。			
目標號碼	教學活動步驟	教學資源	進行時間	評量方式
1-1 1-2 1-4 2-1 2-2	1. 今天老師不會提醒大家，所以你們要自己注意聽，注意看自己做的對不對，知道嗎？好，預備，耳朵，對，注意聽。 2. 你們的耳朵需要提高警覺聽音磚聲快慢的變化，以及聲音何時會停止，在停止後立即記得回到原來位置站好！ 3. 注意聽。（引導者敲奏附點節奏，並告知聽到這個聲音要變成跳起來，也就是不能走，也不能跑）來試試看……聽到慢的是_____（走走走），那聽到快的是	一個高音 C 音磚 一個低音 C 音磚 琴槌 呼拉圈或墊子	15分鐘	觀察實作評量

目標號碼	教學活動步驟	教學資源	進行時間	評量方式
1-1 1-2 1-4 2-1 2-2	＿＿＿＿＿＿（跑跑跑），聽到這個是＿＿＿＿＿（要跳起來）……現在老師不要一個一個問，要大家自己耳朵注意聽，自己去想。 4. 今天要再練習新的動作，下週再加入音樂。 5. 每個人站在自己的呼拉圈裡面，和老師的動作一起動一動，沒有限定哪一隻腳開始。（如果為了團體統一性，則可以規定，可以節奏方式給予口語提示，提示如下：向前向後向前向後，轉個圓圈，跳前跳後跳前跳後，轉個圓圈，向前向後向前向後，原地踏步走）		15分鐘	觀察實作評量

活動名稱	樂器敲奏

活動目標	1. 學生能追視並敲出引導者在音磚上敲的位置，由單音逐漸增加到四個數字音。 2. 學生能聽到引導者說出的數字並在音磚上敲出所指定的數字，由兩個數字音增加到三個數字音。 3. 在部分協助下，學生能夠聽到引導者說出的數字並在音磚上敲出所指定的數字，由單音逐漸增加到三個數字音。 4. 在部分協助下，學生能夠一邊看數字圖卡，一邊敲音磚，共十組三個音。 5. 在部分協助下，學生能夠一邊看數字圖卡，一邊敲音磚，共十組四個音。

目標號碼	教學活動步驟	教學資源	進行時間	評量方式
1-1 1-2 1-5 2-1 2-2	1. 大家耳朵注意聽，老師說 1 的時候，你們要敲在樂器上的數字 1，老師說 2 的時候，你們要敲 2，耳朵要注意聽老師說的數字，先從一個音開始，再變成一次兩個音！最後要進入三個音，預備……	音磚 鐵琴 琴槌 數字圖卡	25分鐘	觀察實作評量

目標號碼	教學活動步驟	教學資源	進行時間	評量方式
	2. 你們的眼睛一定要注意看老師的琴槌敲在哪一個數字上面。很好，繼續注意看，現在是兩個音。好，現在進入三個音。 3. 等一下大家都要獨立練習，記得敲音磚時，眼睛要注意看音磚上的數字。 4. 今天是從三個音開始，記得規則是練習看數字圖卡敲奏，看一個音敲一個音，不能用背的敲。 5. 現在老師給每個人共十組三個音和十組四個音。			
活動名稱	下課歌			
活動目標	1. 準備下課了！ 2. 讓學生調整心情準備下課了！			
目標號碼	教學活動步驟	教學資源	進行時間	評量方式
	1. 現在我們要準備下課了！下課前要先唱下課歌才能下課，現在請大家站起來囉！ 2. 下課歌： 時間到了！下課了！鞠個躬，行個禮。 我們一起說再見。 時間到了！下課了！伸出手，揮揮手。 我們一起說再見。 註：引導者可以節奏性唸謠方式進行。		2～3分鐘	

課程九

課程 日期		課程 帶領者	一至二位協同帶領者 （依人數而定）
課程 時間		學生 程度	中／重度障礙者
教學 模式	上課歌、節奏時間、身體動一動、樂器敲奏、下課歌		
提示 策略	肢體輔助（全部協助→部分協助） 提示（歌詞、口語動作、視覺） 示範模仿 褪除		
課程 目標	1-1 增進集中性注意力。 1-2 增進持續性注意力。 1-3 增進選擇性注意力。 1-4 增進交替性注意力。 1-5 增進分配性注意力。 2-1 增進執行任務的持續專注時間長度。		
課程 器材	1. 節奏性樂器：高低音木魚、三角鐵、手搖鈴、響板、響棒、鈴 　 鼓、木魚、銅鐘。 2. 旋律性樂器：彩色音磚（組）、音管鐘、鍵盤、鐵琴。 3. 數字圖卡、呼拉圈或墊子。		
課程活動過程			
活動 名稱	**上課歌**		
活動 目標	1. 準備進入上課活動。 2. 調整與準備上課的情緒。		

目標號碼	教學活動	教學資源	進行時間	評量方式
	請大家都坐在位子上，我們要一起唱上課歌了！大家也要注意聽歌詞，要記得做出歌詞裡的動作。 上課歌歌詞＋旋律（兒歌「小星星」）： 我們一起上課了，上課了。 我們一起拍拍手，拍拍手。 我們一起來唱歌，啦啦啦啦啦。 我們一起上課了，上課了。 （再重複一次）		2～3分鐘	

活動名稱	**節奏時間**			
活動目標	1. 在部分視覺與聽覺提示協助下，學生能背對引導者，耳朵仍然可以聆聽，依循引導者指定的快／慢／強／弱等，敲奏自己所選擇的樂器。 2. 在部分視覺與聽覺提示協助下，學生在鈴鼓聲出現時，能依循鈴鼓聲敲奏自己的樂器，音磚聲出現時，則停下不敲奏。 3. 在部分視覺與聽覺提示協助下，學生在兩種樂器（鈴鼓和音磚）的聲音同時出現時，能依循鈴鼓聲敲奏自己的樂器，不受音磚聲在速度或音量上的變化之影響。 4. 在部分視覺與聽覺提示協助下，學生能在不同樂器敲奏，每個樂器拍八下後都需要回到鈴鼓聲。			

目標號碼	教學活動步驟	教學資源	進行時間	評量方式
1-1 1-2 1-3 1-4 2-1 2-2	1. 還是要提醒大家注意，老師敲音磚的時候，會突然很快又突然很慢，會小聲後又變大聲，變來變去的。 2. 現在聽到鈴鼓聲時與老師一起敲奏，聽到音磚聲時則需要停止，連續四次八拍。提醒大家，快的時候快，慢的時候慢，停的時候停。現在只能用耳朵聽老師敲的鈴鼓聲。	鈴鼓 彩色音磚組 琴槌	20分鐘	觀察實作評量

目標號碼	教學活動步驟	教學資源	進行時間	評量方式
	3. 等一下大家注意聽，老師會敲鈴鼓，也會同時敲音磚和木魚，所以你們會聽到一樣的聲音。但是你們要跟著鈴鼓敲樂器，不能被木魚的聲音影響。不要被老師騙了，這是陷阱喔！ 4. 現在先把鈴鼓和音磚跟老師擺放的位置一樣。（因為學生座位角度不同，觀察的擺放順序會不同）注意聽，大家一樣要在每個不同位置敲八下，記得每次敲完八下再回到鈴鼓，敲完鈴鼓後，才能移到下一個位置。最後再回到音磚，從1開始數，連續四次32拍後才算成功。 78↓ 12/56 34 上課擺放樂器的墊子 5. 好，現在要換位置了！注意看，把鈴鼓和音磚換成跟老師擺放的位置一樣。 12/56 78↓ 34 上課擺放樂器的墊子 6. 好，現在又要換位置了！注意聽，把音磚和琴槌放旁邊，現在改成用手拍，記得每次換位置都要先回到鈴鼓，例如：拍鈴鼓八下—拍手八下—拍鈴鼓八下—拍腿八下，我們要連續做四次八拍。			

目標號碼	教學活動步驟	教學資源	進行時間	評量方式
	7. 好！現在會一下快一下慢，一下小聲一下大聲，也會突然停下，所以大家眼睛都要_____（等待與觀察學生的回應），耳朵要_____（等待與觀察學生的回應）。			
	8. 都做的很好！現在先收樂器，收好後，就可以去找自己喜歡的位置站好，要安靜等待。			
	＊節奏會有所改變，敲奏速度也會改變，不是單純固定拍與慢板，學生必須在不受影響下，繼續敲奏鈴鼓；也就是說，學生不能被音磚聲和節奏變化或敲奏速度變化所影響，而連續六次八拍才算完成。			
活動名稱	**身體動一動**			
活動目標	1. 在無歌詞提示與示範下，學生了解當聽到兩個高低音磚的聲音時，一個聲音代表走一步，學生只能往前跨出一步，並依循快—慢聲音的變化在教室中移動。 2. 在無歌詞提示與示範下，學生聽到音樂停止時，記得回到指定位置站著不動。 3. 在無歌詞提示與示範下，在聽到附點的聲音出現時，同時可以做出跳的動作。			
目標號碼	教學活動步驟	教學資源	進行時間	評量方式
1-1 1-2 1-4 2-1 2-2	1. 聽到附點節奏，（引導者要敲奏節奏）動作是要跳起來，聽到慢的是_____（走走走），那聽到快的是_____（跑跑跑），聽到這個是_____（要跳起來）。現在要大家自己耳朵注意聽，自己判斷。	一個高音C音磚一個低音C音磚	15分鐘	觀察實作評量

目標 號碼	教學活動步驟	教學 資源	進行 時間	評量 方式
	2. 今天要再複習上週新的動作，現在拿好 呼拉圈後，站在自己的呼拉圈裡面和老 師做一樣的動作。（沒有限定哪一隻腳 開始，如果為了團體統一性，則可以規 定，可以節奏方式給予口語提示，提示 如下：音樂搭配可為「小星星」或任何 四四拍的音樂，若是音樂較長，可以自 由組合。 向前 向後 向前 向後，轉個圓圈， 跳前 跳後 跳前 跳後，轉個圓圈， 向前 向後 向前 向後，轉個圓圈， 跳前 跳後 跳前 跳後，原地 踏步 走。 動作的擴展可以配合音樂長度，動作不 宜複雜，可以把上述動作反覆組合，同 時在此練習中，學生也不會因為動作過 於複雜而有挫折感，而影響到注意力） 3. 上述口語提示的拍子節奏，兩個字為一 組，也就是一拍，沒有在框框內的為一 拍長度。 ＊音樂搭配小提醒： 音樂也可以是三四拍，不限定於四四拍 的音樂，例如：動作的擴展時，組合可 以如下，動作也可以改變成其他動作， 但需要是學生們容易學習、能力所及的 動作，引導者需要考量的是協助注意力 與持續專注的時間，而非動作的難易 度。如果是三四拍的音樂，可以想像成 是圓舞曲，動作可以是： 左搖搖 右搖搖 轉一個 圈—， 左搖搖 右搖搖 轉一個 圈—， 走一走 跳一跳 我們來 跳舞—，	琴槌 呼拉圈		

目標號碼	教學活動步驟	教學資源	進行時間	評量方式
	左搖搖 右搖搖 轉一個 圈—， 左搖搖 右搖搖 我們來 跳舞—。			
活動名稱	**樂器敲奏**			
活動目標	1. 學生能追視並敲出引導者在音磚上敲的位置，由單音逐漸增加到四個數字音。 2. 學生能聽到引導者說出的數字並在音磚上敲出所指定的數字，由兩個數字音增加到三個數字音。 3. 在部分協助下，學生能夠聽到引導者說出的數字並在音磚上敲出所指定的數字，由單音逐漸增加到三個數字音。 4. 在部分協助下，學生能夠一邊看數字圖卡，一邊敲音磚，共十組三個音。 5. 在部分協助下，學生能夠一邊看數字圖卡，一邊敲音磚，共十組四個音。			
目標號碼	教學活動步驟	教學資源	進行時間	評量方式
1-1 1-2 1-5 2-1 2-2	1. 今天是從三個音開始，記得規則是練習看數字圖卡敲奏，看一個音敲一個音，不能用背的敲。 2. 現在引導者給每個人共十組三個音和十組四個音。 3. 等一下大家都要獨立練習，記得敲音磚時，眼睛要注意看音磚上的數字。 4. 等一下老師會檢查，會讓你們敲給老師聽。好，開始練習。 5. 如果有多餘的時間，可以試著加入鈴鼓，也就是把鈴鼓聲當作節拍器，學生耳朵需要聽著鈴鼓聲敲奏數字，此時可以降低數字數量，建議從兩個音開始。	音磚 鐵琴 琴槌 數字圖卡	25分鐘	觀察實作評量

活動名稱	下課歌			
活動目標	1. 準備下課了！ 2. 讓學生調整心情準備下課了！			
目標號碼	教學活動步驟	教學資源	進行時間	評量方式
	1. 現在我們要準備下課了！下課前要先唱下課歌才能下課，現在請大家站起來囉！ 2. 下課歌： 　時間到了！下課了！鞠個躬，行個禮。 　我們一起說再見。 　時間到了！下課了！伸出手，揮揮手。 　我們一起說再見。 註：引導者可以節奏性唸謠方式進行。		2～3分鐘	

 課程十

課程日期		課程帶領者	一至二位協同帶領者（依人數而定）
課程時間	60 分鐘	學生程度	中／重度障礙者
教學模式	上課歌、節奏時間、身體動一動、樂器敲奏、下課歌		
提示策略	肢體輔助（全部協助→部分協助） 提示（歌詞、口語動作、視覺） 示範模仿 褪除		
課程目標	1-1 增進集中性注意力。 1-2 增進持續性注意力。 1-3 增進選擇性注意力。 1-4 增進交替性注意力。 1-5 增進分配性注意力。 2-1 增進執行任務的持續專注時間長度。		
課程器材	1. 節奏性樂器：高低音木魚、三角鐵、手搖鈴、響板、響棒、鈴鼓、木魚、銅鐘。 2. 旋律性樂器：彩色音磚（組）、音管鐘、鍵盤、鐵琴。 3. 數字圖卡、墊子（也可以椅子或桌子替代）。		
課程活動過程			
活動名稱	**上課歌**		
活動目標	1. 準備進入上課活動。 2. 調整與準備上課的情緒。		

目標號碼	教學活動	教學資源	進行時間	評量方式
	請大家都坐在位子上，我們要一起唱上課歌了！大家也要注意聽歌詞，要記得做出歌詞裡的動作。 上課歌歌詞＋旋律（兒歌「小星星」）： 我們一起上課了，上課了。 我們一起拍拍手，拍拍手。 我們一起來唱歌，啦啦啦啦啦。 我們一起上課了，上課了。 （再重複一次）		2～3分鐘	

活動名稱	節奏時間

活動目標	1. 在部分視覺與聽覺提示協助下，學生能背對引導者，耳朵仍然可以聆聽，依循引導者指定的快／慢／強／弱等，敲奏自己所選擇的樂器。 2. 在部分視覺與聽覺提示協助下，學生在兩種樂器（鈴鼓和音磚）的聲音同時出現時，能依循鈴鼓聲敲奏自己的樂器，不受音磚聲在速度或音量上的變化之影響。 3. 在部分視覺與聽覺提示協助下，學生能在不同樂器敲奏，每個樂器拍八下後都需要回到鈴鼓聲。 4. 在部分視覺與聽覺提示或肢體協助下，右手敲樂器，左手拍響板，每次四拍。

目標號碼	教學活動步驟	教學資源	進行時間	評量方式
1-1 1-2 1-3 1-4 2-1 2-2	1. 現在先把鈴鼓和音磚跟老師擺放的位置一樣。注意聽，在不同位置敲八下，要記得每次敲完八下要再回到鈴鼓，敲完鈴鼓後，才能移到下一個位置。 2. 好，現在要換位置了！注意看，把鈴鼓和音磚換成跟老師擺放的位置一樣。	鈴鼓一個 高音音磚C 響板 琴槌	20分鐘	觀察實作評量

目標 號碼	教學活動步驟	教學 資源	進行 時間	評量 方式
	12/56 78 ↓ 34 上課擺放樂器的墊子 3. 好，現在把鈴鼓放前面！注意聽，記得每次換位置都要先回到鈴鼓，例如：雙手同時拍鈴鼓—左右手同時拍鈴鼓兩側—雙手同時拍鈴鼓—拍手，每個位置都要拍八下，要連續做四次八拍。 ⇊ 上課擺放樂器的墊子 4. 現在會一下快一下慢，一下小聲一下大聲，也會突然停下，所以大家眼睛都要_____（等待與觀察學生的回應），耳朵要_____（等待與觀察學生的回應）。 5. 現在要加入這個，還記得名字嗎？ 6. 響板，大家一起說一次。響板，不是響棒。跟著唸，響板—板—ㄅㄢˇ。 7. 現在大家跟老師一樣把鈴鼓、音磚、響板放在不同位置。 8. 現在注意聽，一樣要按照拍子順序敲奏和拍奏，每組四拍，連續八組，且速度會由慢開始轉快再轉慢。			

目標號碼	教學活動步驟	教學資源	進行時間	評量方式
	 上課擺放樂器的墊子 9. 都做的很好！現在先收樂器，收好後，就可以去找自己喜歡的位置站好，要安靜等待。			
活動名稱	身體動一動			
活動目標	1. 在無歌詞提示與示範下，學生了解當聽到兩個高低音磚的聲音時，一個聲音代表走一步，學生只能往前跨出一步，並依循快—慢聲音的變化在教室中移動。 2. 在無歌詞提示與示範下，學生聽到音樂停止時，記得回到指定位置站著不動。 3. 在無歌詞提示與示範下，在聽到附點的聲音出現時，同時可以做出跳的動作。			
目標號碼	教學活動步驟	教學資源	進行時間	評量方式
1-1 1-2 1-4 2-1 2-2	1. 現在大家要開始在教室走動。注意，整個教室都可以走動，不要跟在同學後面，要自己走，自己耳朵聽。記得，別人一定是對的嗎？（觀察與等待回應）要相信自己。 2. 老師一樣會敲鈴鼓，也會同時敲音磚和木魚，所以你會聽到一下大聲一下小聲，一下快一下慢，一下木魚一下音磚，也會突然停下來。嗯！剛剛大家都有注意聽。	一個高音 C 音磚 一個低音 C 音磚 鈴鼓 木魚 琴槌 墊子	10分鐘	觀察實作評量

目標 號碼	教學活動步驟	教學 資源	進行 時間	評量 方式
	3. 請站起來。現在後方有墊子，一人一個。像是樓梯，聽到音磚的聲音，就把腳放在墊子上，聽到鈴鼓聲，就把腳放回地板上。 4. 音磚和鈴鼓的聲音並不會輪流出現，有可能連續音磚後轉為鈴鼓，又或是連續鈴鼓後再轉為音磚。所以你們必須要耳朵注意聽與想清楚聲音和動作。 5. 好，來試試看！聽，這是＿＿＿＿＿（鈴鼓聲），所以是＿＿＿＿＿（等待回應與觀察）。好，腳還是在地板上。那這個聲音呢？所以是＿＿＿＿＿（等待回應與觀察）。 6. 大家一起開始試試看！現在輪流試試看！ 7. 現在請回位子上坐好，我們要練習敲音磚。			
活動 名稱	**樂器敲奏**			
活動 目標	1. 學生能追視並敲出引導者在音磚上敲的位置，由單音逐漸增加到四個數字音。 2. 學生能聽到引導者說出的數字並在音磚上敲出所指定的數字，由兩個數字音增加到三個數字音。 3. 在部分協助下，學生能夠聽到引導者說出的數字並在音磚上敲出所指定的數字，由單音逐漸增加到三個數字音。 4. 在部分協助下，學生能夠一邊看數字圖卡，一邊敲音磚，共十組三個音。 5. 在部分協助下，學生能夠一邊看數字圖卡，一邊敲音磚，共十組四個音。			

目標 號碼	教學活動步驟	教學 資源	進行 時間	評量 方式
1-1 1-2 1-5 2-1	1. 耳朵要注意聽老師說的數字，今天從兩個音直接到三個音開始，很棒，最後是四個音了！加油。 2. 好！現在換眼睛看！眼睛一定要注意看老師的琴槌敲在哪一個數字上面。很好，繼續注意看，現在是兩個音。好，現在進入三個音。很棒，最後是四個音了！加油。 3. 等一下大家都要獨立練習，記得敲音磚時，眼睛要注意看音磚上的數字。 4. 今天是從三個音開始，記得規則是練習看數字圖卡敲奏，看一個音敲一個音，不能用背的敲。 5. 現在老師給每個人共十組三個音和十組四個音。	音磚 鐵琴 琴槌 數字 圖卡	25 分鐘	觀察 實作 評量
活動 名稱	**下課歌**			
活動 目標	1. 準備下課了！ 2. 讓學生調整心情準備下課了！			
目標 號碼	教學活動步驟	教學 資源	進行 時間	評量 方式
	1. 現在我們要準備下課了！下課前要先唱下課歌才能下課，現在請大家站起來囉！ 2. 下課歌： 時間到了！下課了！鞠個躬，行個禮。 我們一起說再見。 時間到了！下課了！伸出手，揮揮手。 我們一起說再見。 註：引導者可以節奏性唸謠方式進行。		2～3 分鐘	

課程十一

課程 日期		課程 帶領者	一至二位協同帶領者 （依人數而定）
課程 時間	60分鐘	學生 程度	中／重度障礙者
教學 模式	上課歌、節奏時間、身體動一動、樂器敲奏、下課歌		
提示 策略	肢體輔助（全部協助→部分協助） 提示（歌詞、口語動作、視覺） 示範模仿 褪除		
課程 目標	1-1 增進集中性注意力。 1-2 增進持續性注意力。 1-3 增進選擇性注意力。 1-4 增進交替性注意力。 1-5 增進分配性注意力。 2-1 增進執行任務的持續專注時間長度。		
課程 器材	1. 節奏性樂器：高低音木魚、三角鐵、手搖鈴、響板、響棒、鈴鼓、木魚、銅鐘。 2. 旋律性樂器：彩色音磚（組）、音管鐘、鍵盤、鐵琴。 3. 數字圖卡、墊子（或桌子、椅子等替代物）。		
課程活動過程			
活動 名稱	**上課歌**		
活動 目標	準備進入上課活動。		

目標 號碼	教學活動	教學 資源	進行 時間	評量 方式
	請大家都坐在位子上，我們要一起唱上課 歌了！大家也要注意聽歌詞，要記得做出 歌詞裡的動作。 上課歌歌詞＋旋律（兒歌「小星星」）： 我們一起上課了，上課了。 我們一起拍拍手，拍拍手。 我們一起來唱歌，啦啦啦啦啦。 我們一起上課了，上課了。 （再重複一次）		2～3 分鐘	
活動 名稱	**節奏時間**			
活動 目標	1. 在部分視覺與聽覺提示協助下，學生能背對引導者，耳朵仍然可 　以聆聽，依循引導者指定的快／慢／強／弱等，敲奏自己所選擇 　的樂器。 2. 在部分視覺與聽覺提示協助下，學生在兩種樂器（鈴鼓和音磚） 　的聲音同時出現時，能依循鈴鼓聲敲奏自己的樂器，不受音磚聲 　在速度或音量上的變化之影響。 3. 在部分視覺與聽覺提示協助下，學生能在不同樂器敲奏，每個位 　置拍八下後都需要回到鈴鼓聲。 4. 在部分視覺與聽覺提示或肢體協助下，右手敲樂器，左手拍響 　板，每次四拍。			
目標 號碼	教學活動步驟	教學 資源	進行 時間	評量 方式
1-1 1-2 1-3 1-4 2-1 2-2	1. 今天要持續複習過去課程所學，並融入 　與延伸至其他活動，例如：複習聽兩種 　樂器（鈴鼓和音磚）的聲音，且聽到鈴 　鼓聲才能敲奏樂器，音磚聲則是停下不 　敲奏，連續四次八拍；聽到鈴鼓聲時與 　引導者一起敲奏，聽到音磚聲時則需要 　停止，連續四次八拍。	鈴鼓 彩色 音磚組 響板 琴槌	20 分鐘	觀察 實作 評量

目標 號碼	教學活動步驟	教學 資源	進行 時間	評量 方式
	2. 音磚和鈴鼓兩種聲音會同時出現，且音 磚上的節奏也會有所改變，敲奏速度也 會改變，不是單純固定拍與慢板，而你 們依然只依循鈴鼓聲敲奏，不能被音磚 聲和節奏變化或敲奏速度變化所影響， 連續六次八拍。 3. 鈴鼓、音磚、響板擺放不同位置，再按 照拍子順序右手敲鈴鼓、音磚和左手拍 響板，每組四拍，連續八組，且速度會 由慢開始轉快再轉慢。擺放位置如下： 上課擺放樂器的墊子 上課擺放樂器的墊子			
活動 名稱	**身體動一動**			
活動 目標	1. 在無歌詞提示與示範下，學生了解當聽到兩個高低音磚的聲音 時，一個聲音代表走一步，學生只能往前跨出一步，並依循快— 慢聲音的變化在教室中移動。 2. 在無歌詞提示與示範下，學生聽到音樂停止時，記得回到指定位 置站著不動。 3. 在無歌詞提示與示範下，在聽到附點的聲音出現時，同時可以做 出跳的動作。			

目標號碼	教學活動步驟	教學資源	進行時間	評量方式
1-1 1-2 1-4 2-1 2-2	1. 請站起來。遊戲規則跟上一堂課有一點點不一樣。大家今天要背對聽樂器的聲音，只能用耳朵聽聲音來判斷自己要怎麼做，不能依賴眼睛看老師敲樂器來判斷是腳要放在墊子上或是地板上。 2. 好！現在就請大家走到後方的墊子並且背對老師。注意—聽—這是_____（鼓聲），所以_____（等待回應與觀察）。好，腳還是在地板上。那這個聲音呢？所以是_____（等待回應與觀察）。 3. 音磚和鈴鼓的聲音並不會輪流出現，有可能連續音磚後轉為鈴鼓，又或是連續鈴鼓後再轉為音磚。所以你們必須要耳朵注意聽與想清楚聲音和動作。 4. 但是，大家如果聽到老師敲高低音木魚，就要隨著木魚聲快速在教室走動。當聲音一停，要立即站回墊子前並且注意聽什麼聲音出現，腳是要放在墊子上面還是地板上？ 5. 老師一樣會敲鈴鼓，也會同時敲音磚和木魚，所以你會聽到一下大聲一下小聲，一下快一下慢，一下木魚一下音磚，也會突然停下來。嗯！剛剛大家都有注意聽。 6. 大家一起開始試試看！現在輪流試試看！ 7. 現在請回位子上坐好，我們要練習敲音磚。	音磚 高低音木魚 鈴鼓 墊子	10分鐘	觀察實作評量
活動名稱	樂器敲奏			

目標號碼	教學活動步驟	教學資源	進行時間	評量方式
活動目標	1. 學生能追視並敲出引導者在音磚上敲的位置，由單音逐漸增加到四個數字音。 2. 學生能聽到引導者說出的數字並在音磚上敲出所指定的數字，由兩個數字音增加到三個數字音。 3. 在部分協助下，學生能夠聽到引導者說出的數字並在音磚上敲出所指定的數字，由單音逐漸增加到三個數字音。 4. 在部分協助下，學生能夠一邊看數字圖卡，一邊敲音磚，共十組三個音。 5. 在部分協助下，學生能夠一邊看數字圖卡，一邊敲音磚，共十組四個音。			
目標號碼	教學活動步驟	教學資源	進行時間	評量方式
1-1 1-2 1-5 2-1	1. 耳朵要注意聽老師說的數字，先從一個音開始，現在要變成一次兩個音；嗯！三個音了，很棒；最後是四個音了！加油，好！現在換眼睛看！ 2. 眼睛一定要注意看老師的琴槌敲在哪一個數字上面。很好，繼續注意看，現在是兩個音。好，現在進入三個音。很棒，最後是四個音了！加油！ 3. 現在每個人自己選要音磚還是要鐵琴。 4. 等一下大家都要獨立練習，記得敲音磚時，眼睛要注意看音磚或鐵琴上的數字。 5. 今天是從三個音開始，記得規則是練習看數字圖卡敲奏，看一個音敲一個音，不能用背的敲。 6. 現在老師給每個人共十組三個音和五組四個音。	音磚 鐵琴 琴槌 數字圖卡	25分鐘	觀察實作評量

活動名稱	下課歌			
活動目標	1. 準備下課了！ 2. 讓學生調整心情準備下課了！			
目標號碼	教學活動步驟	教學資源	進行時間	評量方式
	1. 現在我們要準備下課了！下課前要先唱下課歌才能下課，現在請大家站起來囉！ 2. 下課歌： 　時間到了！下課了！鞠個躬，行個禮。 　我們一起說再見。 　時間到了！下課了！伸出手，揮揮手。 　我們一起說再見。 註：引導者可以節奏性唸謠方式進行。		2～3分鐘	

🎵 課程十二

課程 日期		課程 帶領者	一至二位協同帶領者 （依人數而定）
課程 時間	60 分鐘	學生 程度	中／重度障礙者
教學 模式	上課歌、節奏時間、身體動一動、樂器敲奏、下課歌		
提示 策略	肢體輔助（全部協助→部分協助） 提示（歌詞、口語動作、視覺） 示範模仿 褪除		
課程 目標	1-1 增進集中性注意力。 1-2 增進持續性注意力。 1-3 增進選擇性注意力。 1-4 增進交替性注意力。 1-5 增進分配性注意力。 2-1 增進執行任務的持續專注時間長度。		
課程 器材	1. 節奏性樂器：高低音木魚、三角鐵、手搖鈴、響板、響棒、鈴鼓、木魚、銅鐘。 2. 旋律性樂器：彩色音磚（組）、音管鐘、鍵盤、鐵琴。 3. 數字圖卡。		
課程活動過程			
活動 名稱	**上課歌**		
活動 目標	準備進入上課活動。		

目標號碼	教學活動	教學資源	進行時間	評量方式
	大家都坐在位子上，我們要一起唱上課歌了！大家也要注意聽歌詞，要記得做出歌詞裡的動作。 上課歌歌詞＋旋律（兒歌「小星星」）： 我們一起上課了，上課了。 我們一起拍拍手，拍拍手。 我們一起來唱歌，啦啦啦啦啦。 我們一起上課了，上課了。 （再重複一次）		2～3分鐘	

活動名稱	**節奏時間**			
活動目標	1. 在部分視覺與聽覺提示協助下，學生能背對引導者，耳朵仍然可以聆聽，依循引導者指定的快／慢／強／弱等，敲奏自己所選擇的樂器。 2. 在部分視覺與聽覺提示協助下，學生在兩種樂器（鈴鼓和音磚）的聲音同時出現時，能依循鈴鼓聲敲奏自己的樂器，不受音磚聲在速度或音量上的變化之影響。 3. 在部分視覺與聽覺提示協助下，學生能在不同樂器敲奏，每個位置拍八下後都需要回到鈴鼓聲。 4. 在部分視覺與聽覺提示或肢體協助下，右手敲樂器，左手拍響板，每次四拍。			

目標號碼	教學活動步驟	教學資源	進行時間	評量方式
1-1 1-2 1-3 1-4 2-1 2-2	1. 今天也要持續複習並融入與延伸至其他活動，例如：複習聽兩種樂器（鈴鼓和音磚）的聲音，且聽到鈴鼓聲才能敲奏樂器，音磚聲則是停下不敲奏，連續四次八拍；聽到鈴鼓聲時與引導者一起敲奏，聽到音磚聲時則需要停止，連續四次八拍。	鈴鼓 彩色音磚組 響板 琴槌	20分鐘	觀察實作評量

目標 號碼	教學活動步驟	教學 資源	進行 時間	評量 方式
	2. 音磚和鈴鼓兩種聲音會同時出現，且音 磚上的節奏也會有所改變，敲奏速度也 會改變，不是單純固定拍與慢板，而你 們依然只依循鈴鼓聲敲奏，不能被音磚 聲和節奏變化或敲奏速度變化所影響， 連續六次八拍。 3. 鈴鼓、音磚、響板擺放不同位置，再按 照拍子順序右手敲鈴鼓、音磚和左手拍 響板，每組四拍，連續八組，且速度會 由慢開始轉快再轉慢。擺放位置如下： ※進入最後課程，維持上一堂課程，做為 複習和觀察學生能力在活動中的表現。			
活動 名稱	身體動一動			
活動 目標	1. 在無歌詞提示與示範下，學生了解當聽到兩個高低音磚的聲音 時，一個聲音代表走一步，學生只能往前跨出一步，並依循快— 慢聲音的變化在教室中移動。			

目標號碼	教學活動步驟	教學資源	進行時間	評量方式
	2. 在無歌詞提示與示範下，學生聽到音樂停止時，記得回到指定位置站著不動。 3. 在無歌詞提示與示範下，在聽到附點的聲音出現時，同時可以做出跳的動作。			

目標號碼	教學活動步驟	教學資源	進行時間	評量方式
1-1 1-2 1-4 2-1 2-2	1. 同上週的課程一樣，請站起來，走到後方的墊子並且背對老師。注意聽，這是_____（鼓聲），所以_____（等待回應與觀察）。好，腳還是在地板上。那這個聲音呢？所以是_____（等待回應與觀察）。 2. 音磚和鈴鼓的聲音並不會輪流出現，有可能連續音磚後轉為鈴鼓，又或是連續鈴鼓後再轉為音磚。所以你們必須要耳朵注意聽與想清楚聲音和動作。 3. 但是，大家如果聽到老師敲高低音木魚，就要隨著木魚聲快速在教室走動。當聲音一停，要立即站回墊子前並且注意聽什麼聲音出現，腳是要放在墊子上面還是地板上？ 4. 老師一樣會敲鈴鼓，也會同時敲音磚和木魚，所以你會聽到一下大聲一下小聲，一下快一下慢，一下木魚一下音磚，也會突然停下來。嗯！剛剛大家都有注意聽。 5. 大家一起開始試試看！現在輪流試試看！	音磚 高低音 木魚 鈴鼓 墊子	10分鐘	觀察實作評量

活動名稱	樂器敲奏			
活動目標	1. 學生能追視並敲出引導者在音磚上敲的位置，由單音逐漸增加到四個數字音。 2. 學生能聽到引導者說出的數字並在音磚上敲出所指定的數字，由兩個數字音增加到三個數字音。 3. 在部分協助下，學生能夠聽到引導者說出的數字並在音磚上敲出所指定的數字，由單音逐漸增加到三個數字音。 4. 在部分協助下，學生能夠一邊看數字圖卡，一邊敲音磚，共十組三個音。 5. 在部分協助下，學生能夠一邊看數字圖卡，一邊敲音磚，共十組四個音。			
目標號碼	教學活動步驟	教學資源	進行時間	評量方式
1-1 1-2 1-5 2-1	1. 今天從三個音開始，很棒；現在是四個音了！加油，好！現在換眼睛看！ 2. 眼睛一定要注意看老師的琴槌敲在哪一個數字上面。很好，繼續注意看，現在是兩個音。好，現在進入三個音。很棒，最後是四個音了！加油！ 3. 等一下大家都要獨立練習，記得敲音磚時，眼睛要注意看音磚上的數字。 4. 今天是從三個音開始，記得規則是練習看數字圖卡敲奏，看一個音敲一個音，不能用背的敲。 5. 現在老師給每個人共十組三個音和十組四個音。 6. 等一下老師會檢查，會讓你們敲給老師聽。好，開始練習。	音磚 鐵琴 琴槌 數字圖卡	25分鐘	觀察實作評量

目標號碼	教學活動步驟	教學資源	進行時間	評量方式
	＊引導者要針對學生需求給予協助，例如：指數字，協助學生可以找到數字位置敲奏音磚。 ＊數字圖卡並不是每次課程都一樣，例如：每次在二十張中抽十組三個音。			
活動名稱	下課歌			
活動目標	1. 準備下課了！ 2. 讓學生調整心情準備下課了！			
目標號碼	教學活動步驟	教學資源	進行時間	評量方式
	1. 現在我們要準備下課了！下課前要先唱下課歌才能下課，現在請大家站起來囉！ 2. 下課歌： 　時間到了！下課了！鞠個躬，行個禮。 　我們一起說再見。 　時間到了！下課了！伸出手，揮揮手。 　我們一起說再見。 註：引導者可以節奏性唸謠方式進行。		2～3分鐘	

第十一章
音樂模式注意力訓練活動
（補充篇）

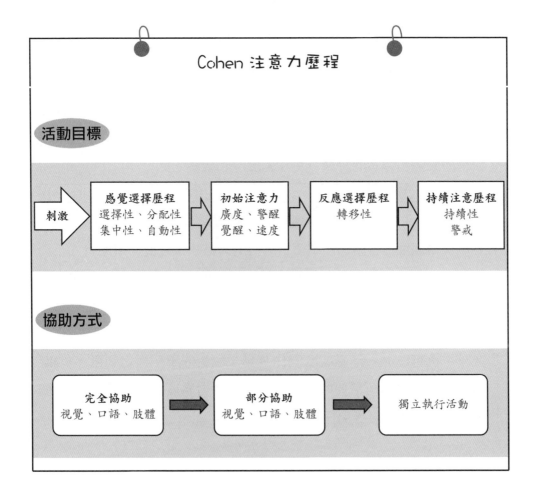

Cohen 注意力歷程

活動目標

刺激 ➡️

感覺選擇歷程	初始注意力	反應選擇歷程	持續注意歷程
選擇性、分配性 集中性、自動性	廣度、警醒 覺醒、速度	轉移性	持續性 警戒

協助方式

完全協助 視覺、口語、肢體	➡️	部分協助 視覺、口語、肢體	➡️	獨立執行活動

活動一：敲鈴鼓、拍鈴鼓

1. 個體和引導者各拿一個鈴鼓，並介紹音量強度是大聲（強）或小聲（弱）。

2. 請個體跟隨引導者的鈴鼓音量和強度一起敲奏。

3. 接著，以 大聲（強）八拍→小聲（弱）八拍→大聲（強）八拍→小聲（弱）八拍 為一個循環，連續四個循環敲奏。

4. 介紹快慢速度，並請個體跟隨引導者的鈴鼓快慢速度一起敲奏。

5. 接著，以 快八拍→慢八拍→快八拍→慢八拍 為一個循環，連續四個循環敲奏。

6. 接著，將速度和音量做結合，此時個體必須看、聽與敲。

7. 此外，也可以加入伴奏或歌唱作為另一個新的不一樣之刺激，以維持個體的注意力所需要的警醒和延展注意力廣度，以讓分配性注意力可以同時注意更多項任務。

說明

　　透過視覺與聽覺同時接收引導者所敲奏的音量和速度（刺激），

在進入「感覺選擇歷程」時，藉由選擇性注意力鈴聽引導者的鈴鼓聲變化，不因為周圍環境的聲響或視覺刺激所影響而持續跟隨引導者的鈴鼓聲。又因為分配性注意力所以能同時一邊聽鈴鼓聲、一邊看前方又一邊鈴敲鼓，這過程也需要集中性注意力的協助，以進入下一階段：「初始注意力」。敲鈴鼓的拍子可以從少拍延長到多拍，例如：由二拍到四拍到八拍等，由一個循環到二個到四個到六個循環等，其廣度、警醒、覺醒和速度必須存在才能讓這活動得以繼續進行；相對之下，這過程可以協助個體增進初始注意力所需要具備的能力。個體在「反應選擇歷程」時，能夠順利的在快慢或大小聲之間做轉換，如果個體這階段的轉移注意力不佳，會因為速度快而情緒高亢、無法控制自己敲慢，或忘記要注意耳朵聽鈴鼓聲。個體也會因為鈴鼓聲速度持續都是慢板，而進入發呆的狀況或是躁動的想要敲快，音量也是如此。因為前段的注意力狀況良好而進入最後的「持續注意歷程」，避免自動化而削弱注意力，失去警醒，引導者需要在進行過程中彈性的轉換上述之循環結構，例如：

原 大聲（強）八拍→小聲（弱）八拍→大聲（強）八拍→
　　小聲（弱）八拍

變 大聲（強）四拍→小聲（弱）二拍→大聲（強）四拍→
　　小聲（弱）六拍→大聲（強）八拍

這樣一來，個體在最後的階段即能運用警戒和持續性注意力，以完成此項活動。

活動二：大家一起敲敲敲

1. 將二個高低音木魚排在一起，呈現長短長短的方式，剛好一個為一拍，共四拍。

2. 一開始可以先由引導者數 1、2、3、4，讓個體敲奏，以確定他可以依序敲奏木魚。

3. 請個體跟著音樂敲奏高低音木魚。為了符合四拍子，若音樂無法由引導者彈奏，而是播放音樂的方式，則建議從較慢版的音樂開始且拍子簡單分明，例如：「小星星」和「小蜜蜂」（都是四四拍）。也就是說，拍子長度多是以四分音符為主，每個聲音長度是一拍；其次為二分音符，每個聲音長度為二拍；最後是全音符，每個聲音長度為四拍。又或是可以唱歌方式進行，因其彈性大，引導者可以加入速度變化，增添新刺激。

説明

　　刺激物為木魚和伴奏聲音，在進入第一個「感覺選擇歷程」的過程中，個體眼睛要持續看著兩個排在一起的高低音木魚，並且依序敲奏在眼前的長短長短木魚。因為木魚有凹凸的刻紋，上方是空心的口，過程中必須要選擇正確敲奏的位置，且避免用棒子刮木魚上的紋

路，又或是只想把棒子放進空心的口，而不敲木魚。此外，個體必須要集中眼前的敲奏任務並且分配自己的注意力，以同時聽著伴奏音樂聲和敲奏眼前的木魚。當個體進入「初始注意力」歷程時，也表示需要個體的廣度、警醒、覺醒和速度，以便順利完成此階段的任務。不管音樂的快慢變化或是原本只聽一遍的音樂變成了兩遍，個體都可以因為廣度、警醒、覺醒和速度等能力而應付自如，也就是可以利用這過程訓練個體此階段的注意力向度。在「反應選擇歷程」中，個體要能夠在快慢之間自由轉換，不受變化影響下，才能進行到最後的「持續注意歷程」。

同樣的，引導者在此活動中也需要加入新刺激，以增加變化，提升需要被訓練的注意力向度。當個體已經耳熟能詳四四拍的曲子時，並不適合將音樂從頭到尾完整播放，例如：「捕魚歌」。這時為避免自動化降低注意力和維持警醒，以及延展注意力廣度等，應適時加入休止符，或是前一段唱快一點，接著突然唱慢，又或是引導者可以一下用女生聲音唱，再假裝男生低沉的聲音。

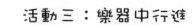

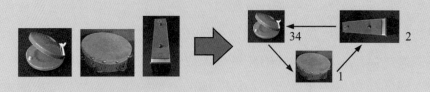

1. 在個體前方放五種不同樂器，其中有上方所呈列的三種樂器：響板、鈴鼓、音磚。

2. 請個體依照引導者所擺放的位置來放置自己的樂器（引導者需要注意，因為座位的方向與角度不同，會影響上下左右前後的擺放位置，在時間允許下，可以讓個體仔細觀察與擺放）。

3. 延續上面的步驟，引導者請個體注意所敲奏的是哪一個樂器，如果是鈴鼓，就要用鼓棒敲，如果是響板，就要用手拍響板，在樂器轉換過程的速度也是由慢變快。

4. 接著，引導者告訴個體樂器的敲奏順序，一開始先是 鈴鼓八拍→音磚八拍→響板八拍 為一循環，連續四個循環；如果個體無法一次八拍，引導者可以先行減拍數（例如：由八拍減為四拍）。如同之前所說的由少到多的原則，等個體能力足以負擔一次八拍時，引導者再協助個體達到上述所寫的拍數和順序。

5. 也就是說，鈴鼓、音磚、響板擺放不同位置，再按照上方所寫的拍子順序敲奏和拍奏，每組四拍，連續八組。

6. 上述過程也必須遵守速度是由慢到快，並適時彈性調整拍長，以因應個體的能力。

7. 如果一次無法執行上述步驟，引導者也必須透過工作分析了解個體能力且適時調整。

説明

　　個案眼前的五項樂器為視覺刺激物，個體從接收刺激物到進入第一階段，需要運用集中性注意力於當前的五種樂器，接著個體必須要在五種樂器中運用選擇性注意力來注意當前要擺放的主要樂器，而忽略其他兩種樂器（例如：必須控制自己想要玩這兩種樂器的意圖）。之後需要分配性注意力讓個體可以找到正確的三種樂器，且可以觀察、思考與判斷引導者的樂器擺放位置，並把樂器擺放在確實的位置。多數個體在快結束擺放樂器時，會開始覺得原來這一點都不難，而說：「這好簡單」等話語，也因為如此，有的個體會因為鬆懈而降低注意力。因此，開始敲奏樂器的第三步驟起，是讓個體有機會重新接受新的刺激（從原有的視覺加入聽覺與動覺）。此時，個體仍需要有「感覺選擇歷程」的能力以利其順利進入「初始注意力」歷程，不管是速度和音量的變化又或是拍奏與敲奏交替，其注意力的廣度、警醒、覺醒和速度都需要同時展開。速度快慢與音量大小也同樣考驗個體是否有能力控制自己從快轉為慢或是從大聲轉為小聲，又或是敲奏過程中的突然停止。接著，引導者可以請大家一起重新開始敲奏，速度則是由慢開始。在最後的「持續注意歷程」所呈現的持續性和警戒能力，也是為了完成此活動所需要具備的。因為如此，此活動可以訓練個體上面所提的注意歷程所需要之各種注意力向度。

活動四：顏色遊戲

1. 引導者可以和個體坐在一起或面對面坐，隨後把拍鐘放置在桌上，可以一人一組拍鐘，也可以多人共用一組拍鐘。

2. 請個體眼睛注意看引導者拍的鐘之顏色，之後再由個體把看到的顏色拍出來。

3. 速度由慢開始，再逐漸轉為快，之後再轉為慢。

4. 當個體表現良好時，可以由一個鐘增加為兩個鐘。

5. 增為兩個鐘後，引導者可以分開拍兩個鐘，例如：先拍紅色、再拍橘色（聲音以和聲音程呈現），又或是同時拍兩個鐘（聲音以旋律音程出現），速度由慢開始，再逐漸轉為快，之後再轉為慢。

說明

　　個體必須要專注看顏色（需要集中性、視覺性）並拍正確的鐘（需要分配性協助個體看→記住→拍奏），又因為必須拍出指定顏色且不能被其他顏色所吸引（需要選擇性），在藉由緩慢與重複性練習建立能力後，反應速度和正確率會提高，慢慢轉為自動化。因為熟練而不需要注意力，此時速度轉稍微快再轉為慢，或是拍奏音量稍微大些再變小聲些，即可以觀察個體的警醒度。當再次覺醒時，可以擴充其注意力廣度與速度。此外，引導者也能觀察個體是否可以適時在音量大小或速度快慢中轉移，直到最後。

　　當一個音熟練後再轉為兩個音時，上述歷程會重新再啟動；各注意力向度在這些過程都必須反覆被開啟與運用。

　　若是以臨床注意力模式說明，一開始需要運用集中性、選擇性和分配性注意力。個體在活動進行時，除了要應付速度和音量的變化，也必須從各種顏色的拍鐘中選出引導者所拍的顏色，音量和速度之間的變化也藉由轉換性注意力處理，以上能力能夠不受影響而可以順暢進行，相對讓持續性注意力得以成功被運用。

活動五：音樂木頭人

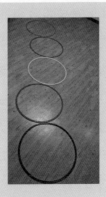

1. 將呼拉圈擺成一圈或一直線或多條平行線。

2. 音樂速度從慢開始，若是個體無法控制以致於一直處於快板或高亢情緒，引導者可以先從快板開始再轉為慢。

3. 引導者請個體耳朵注意聽，個體要跟著音樂交替走在呼拉圈中間和呼拉圈外的地板上，快的時候要變快，而引導者會以音樂停止代替「不許動」。因此，當音樂停止時，個體必須立即停止當下的動作。

4. 當個體可以執行快慢速度變化和休止符之間的交替時，此時可以變換動作，聽到滑奏時，個體要以走路方式行進，斷奏時，個體則是做出跳的動作。

5. 當個體可以區分兩種不同的彈奏方式後，隨之加入前面所練習的速度變化。

6. 動作轉換速度也是由慢轉快，也就是音樂速度的長度可以從八小節減為四小節再減為一小節，在這過程的速度可快可慢，再停下音樂，接著轉為四小節停下音樂，也可以八小節與四小節交替，一下音樂進行四小節立即結束。同樣的，原本音樂停止休息時間為四

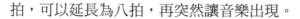

拍，可以延長為八拍，再突然讓音樂出現。

7. 此活動可以再延伸至個體隨著音樂走在地板上，當音樂一停下時，個體要立即跑到呼拉圈裡面，等到音樂一開始，個體再離開呼拉圈。這過程也可以融入速度變化和運音，讓個體需要維持警醒與注意力。

説明

　　個體必須要耳朵注意聽（需要集中性、聽覺性），當音樂停下時做出停止動作（需要分配性協助個體聽→記住動作指令→停下動作），又因為必須注意聽且不能被其他聲音所影響（需要選擇性），在藉由緩慢與重複性練習建立能力後，反應速度和正確率都提高，再慢慢轉為自動化。因為熟練而不需要注意力，此時速度轉稍微快再轉為慢或是將拍奏音量稍微大些再變小聲些，可以觀察個體的警醒度。當再次覺醒時，可以擴充其注意力廣度與速度。此外，要觀察個體是否可以適時在音量大小或速度快慢中轉移，直到最後。因為需要維持警醒度，引導者需要適時的變化音量、速度和音樂的開始與停止。音樂開始與停止長度變化之間的轉移是否能讓個體順利運用注意力以持續到最後，各注意力向度在這些過程都必須反覆被開啟與運用。

　　若是以臨床注意力模式說明，一開始需要運用集中性、選擇性和分配性（三項不同事情：聽、看、動）的注意力進行，同樣的速度變化與開始／停止之間的變化也藉由轉換性注意力處理，假設轉換性注意力無法處理時，個體在音樂持續快板時會忘記持續聆聽，以致於當音樂轉慢時，個體無法察覺而一直沉浸在快板的移動動作中。

活動六：顏色配對遊戲

1. 此活動延伸自上一個活動，秉持第八章所提到的五項基本原則，由簡單到難，由單一到複雜。
2. 一開始可以由個體選擇要拍鐘或呼拉圈，也可以由引導者指定。
3. 以下是以引導者下指令做為說明。
4. 一開始由引導者負責拍鐘，而由個體負責呼拉圈。
5. 個體跟從音樂行進，在音樂停下時停止不動，並且需要注意看自己所停的呼拉圈顏色，再走過去拍同樣顏色的鐘，拍完鐘後必須記得回到原來的位置。

說明

　　一開始耳朵需要聽到外界訊息並接收，也就是從刺激進入「感覺選擇歷程」時，個體需要選擇性、分配性和集中性三項注意力。因為必須要集中注意力才能夠不受其他狀況影響，且過程中會有速度的變化、音樂旋律的縮短／延長，以及休止符時間的延長或縮短的改變，這時即進入初始注意力所需要的注意力向度。適時加入音樂的反覆記號延長音樂的進行，可以延展注意力的廣度，也因為有新元素進入，因此個體雖然進入自動化狀態，仍需要提高警覺注意什麼時候會有變

化；又因為個體的注意力速度較高時，可以立即對新刺激做出反應。接著，在活動中個體停下時要記得看呼拉圈顏色並與拍鐘的顏色配對，拍完拍鐘後又必須回到原來的呼拉圈位置。這時會進到「反應選擇歷程」所需要的轉移性注意力，之後才能再進入最後的「持續注意歷程」。同樣的，上述歷程只要無法順利處理，就無法進行到歷程的最後階段。

　　若是以臨床注意力模式說明，個體需要選擇性注意力在活動中選擇主要刺激（顏色拍鐘）而不受其他次要刺激的影響，也需要分配性注意力同時執行多項任務，即一邊聽音樂何時停，一邊在教室中行進。個體從呼拉圈→拍鐘→再回到呼拉圈的過程需要轉換性注意力，而當個體在上述注意力狀況良好下，方能順利完成整個活動，這樣子集中性和持續性注意力也就可以延續到最後。假如上述所運用的選擇性、分配性和轉換性注意力有狀況時，相對的，個體也就無法集中注意力並持續到最後。

活動七：樂器練習

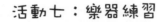

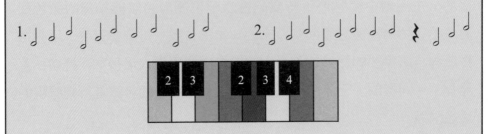

1. 引導者提供上方的譜例，可以是樂曲，也可以是無調性音樂，主要是音與音的距離需要從二度開始，如果音與音的距離一下子太遠，個體可能有搜尋的困難。另外，因為不是教琴，所以並不會要求個體用多隻手指頭，只用單支手指頭也可以。

2. 引導者可以利用彩色標籤紙在不同琴鍵上貼不同顏色貼紙，而上方的音符則是利用不同顏色的彩色筆標示和琴鍵上的標籤相對應。讓個體可以依據上圖的音符彈奏，鍵盤可以是鋼琴、管風琴、口風琴，也可以利用音磚或鐵琴。

3. 關於琴鍵位置：引導者可以選擇七種不同顏色放置在不同琴鍵上（可依彩虹順序），待確定後，再劃上音符所屬的顏色。

4. 過程中並不是如上圖，而是需要從單音開始確定個體可以執行後，再往上增加，從單一到複雜，從少到多。

5. 在進行時，如果需要引導者協助指出要看的位置，這過程的速度也是由慢到快，當個體慢慢建立能力，再增加難度，為維持警醒度與因為自動化而削弱注意力，可適時加入新的刺激符號，例如：一個四分休止符 ${}$。

說明

　　接收刺激（例如上圖第一個音是黃色）且集中注意，再到鍵盤上找到黃色並按出聲音（進入「感覺選擇歷程」），所以個體可以選擇對的顏色，而不會被其他顏色（像是黑色鍵盤）所吸引，也能分配自己的注意力同時一邊看譜和一邊按下琴鍵，因為自動化讓個體之注意力可能會減低，可加入一個不一樣的符號作為新的刺激，這樣聲音時而出現時而消失，這時個體已經進入「初始注意力歷程」。在上述過程中，個體也需要開啟第三階段，也就是「反應選擇歷程」的轉換性注意力，不能因為想要玩鍵盤或被鍵盤吸引而忘記要回到上方譜例。如果要繼續將上述活動完整順利的完成，最後的「持續注意歷程」是很重要的，因為個體需要保持警戒注意譜例是否有改變，或是由引導者協助指著譜例的速度是否變快，以便能持續到最後的結束階段。

　　以臨床注意力模式說明，看譜彈琴需要個體的分配性注意力，以致於個體可以邊看譜邊把琴鍵按出聲音。另外，因為個體的選擇性注意力而不會將注意力轉移到其他鍵，會直接按出相對應的顏色鍵；又因為轉換性注意力執行良好，可以讓個體不沉溺在玩鍵盤的聲音上，而忘記回到看眼前的譜例。最後，因為上述注意力的執行狀況良好，個體的集中性和持續性注意力在不被打擾下，能持續專注到最後。

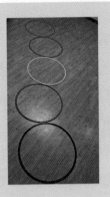

1. 引導者和個體一人一個呼拉圈，並讓個體在多種顏色的呼拉圈中挑選一個自己喜歡的呼拉圈。

2. 請個體和引導者一樣站在呼拉圈裡面，以呼拉圈為視覺提示。

3. 動作可以從任一腳開始，順序如下且以下列歌詞做為口語提示，歌詞可以是唱，也可以是以節奏方式唸出：

（右腳）向前向後（左腳）向前向後

我們一起踏踏步

（右腳）向前向後（左腳）向前向後

我們一起轉圓圈

向前跳　向後跳

我們一起跳跳跳

（右腳）向前向後（左腳）向前向後

我們一起踏踏步

説明

　　透過視覺接收動作刺激，個體必須集中注意力觀察引導者的動作，也必須要分配其注意力，以便一邊觀察引導者的動作，一邊注意自己的動作是否有做對。當踏步動作讓個體覺得簡單容易時，也就容易失去注意力觀察，此時可適時換個動作轉個圓圈，以重新喚醒注意力，相對也就是可以訓練「初始注意力」階段會出現的警醒度，讓個體了解環境可能會出現的變動。速度轉換和動作變化也考驗個體在「反應選擇歷程」所需要的轉換性注意力。當上述能力都可以順利時，才能進入最後的「持續注意歷程」。在活動過程中同樣有快有慢，引導者也要視當下狀況調整動作的長度，藉以讓個體維持警醒，也可以延伸注意力廣度，因為隨時的小小變化，才能讓個體需要維持警戒狀態。

1. 告訴個體必須聽鼓聲行進，聽到一聲鼓聲就往前走一步，也就是個體聽到一聲，右腳伸出去（一步），而不是像走路一樣的右左腳，最後停在右腳，也就是右左右（三步）。因此，引導者必須注意個體是否左右腳轉換有難度，又或是不懂規則，又或是無法控制自己；如果是採團體進行，則可能是其他成員以不同腳開始往前走，而個體會以為自己是錯的。

2. 聽鼓聲往前走，也要有速度變化和音量變化。

3. 等熟練後，可加入新元素，請個體先選一個屬於自己的呼拉圈，並將呼拉圈放在教室的任何一個位置，且站在裡面，也要請個體必須記住當下的位置。

4. 告知規則是隨著鼓聲在空間移動，但必須要注意音樂停的時候必須要立即跑到原本的呼拉圈位置站好且靜止不動。

5. 彈性調整：速度變化、音量變化、旋律長短的變化、旋律和休止符的轉換變化時間。

說明

鼓聲為聽覺刺激點，在「感覺選擇歷程」階段必須集中並選擇專注聽鼓聲往前走，並不會因為環境聲響而影響注意力，同時也要分配注意力在聽覺和行進間的動作，接著需要有警醒以預備音樂停下時，個體也必須要立即靜止不動。除此之外，也會有速度變化和音量變化，以避免在旋律持續沒有變化下而導致聽覺注意力下降，這與其自動化能力有關。也因為「反應選擇歷程」的轉換性注意力，讓個體從呼拉圈出發，隨音樂在教室移動且在音樂停下時，記得立即回到原本的呼拉圈位置。在這一來一往的過程中，因為上述能力進行得宜而讓個體能夠進入最後階段，直到完成該活動。

活動十：跟著聲音敲鼓之一

1. 引導者先讓個體聽聽兩種樂器的聲音，如果擔心個體無法做到，則可以先選一個音管鐘和鈴鼓搭配。

2. 請個體聽聽鈴鼓聲，聽到一個聲音，敲一下音管鐘，如果音樂沒有停，個體必須持續敲奏，也就是耳朵要持續聽鈴鼓聲敲奏，而忽略音管鐘的聲音。

3. 音管鐘一開始可以在敲四拍後只出現一次音管鐘的聲音，之後再延長為敲八拍鈴鼓後再加入音管鐘，而音管鐘可以是敲一聲，也可以是連續敲。

4. 反之，可以先敲音管鐘的聲音，適時加入鈴鼓，此時個體需要注意聽鈴鼓聲何時會出現。

5. 除了上述分開敲奏或輪流出現，也可以是兩項樂器同時開始，但是引導者要告訴個體注意聽鈴鼓聲，跟隨鈴鼓聲敲奏，而不要被音管鐘影響。

6. 上述可以由簡單到難，由少到多，由單一到複雜，也可以由短到長。

說明

　　不管樂器聲音是分開輪流出現或是兩種聲音同時出現，兩者都是

聽覺刺激。當個體接收刺激而進入第一階段：「感覺選擇歷程」，必須利用的元素有選擇性注意力，意指耳朵聽著鈴鼓的聲音且過濾隨時可能出現的音管鐘之聲音；分配性注意力能協助個體同時執行在聽和敲兩種不同任務；也需要集中性注意力讓個體專注於當前的敲奏是需要聽鈴鼓聲再敲奏自己的樂器，當選擇性和分配性注意力任一項表現不佳時，集中性注意力也相對會被影響。在此階段有自動化，也就是個體在逐漸熟悉甚至於精通時，又加上個體長時間執行已熟悉的活動時，可能只會用少許的注意力。因此，速度與音量變化或是適時加入其他樂器聲，也可以調節個體的注意力，也就是為讓個體維持良好的初始注意力，則必須利用此階段的元素：廣度、警醒、覺醒和速度。就像個體必須維持警醒，才能注意到當出現音管鐘的聲音時，不能被影響而敲自己的樂器，又或是當鈴鼓聲突然變快或變慢時，而注意到聲音速度變化的反應速度讓個體可以立即執行任務，而能夠立即敲快敲慢又或是隨著鈴鼓聲停止動作。當進入第三個階段「反應選擇歷程」時，轉移性注意力扮演重要的角色。個體需要此注意力讓其能夠依循鈴鼓聲敲奏，不會因為一次依循鈴鼓聲敲奏後就忘記繼續聆聽鈴鼓聲以持續敲奏，有的個體會在敲完一次後就呈現發呆，或開始玩鈴鼓或玩音管鐘，忘記當下正執行的活動或應該要注意的任務。在活動中會隨時有新元素，例如：聲音速度、聲音音量、聲音的高低或音色等，因此，持續性與警戒是最後「持續注意歷程」所會需要的元素。

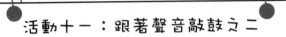

活動十一：跟著聲音敲鼓之二

　　若是以播放音樂方式進行活動，以下是一首可運用的音樂例子：

Unicornio Azul（Silvio Rodríguez）：Martha Psyko-Violin cover。

音樂來源：https://www.youtube.com/watch? v=rMOd3kCcg9Y&feature=share

1. 本活動可說是活動十的延伸，當引導者協助個體把活動十的能力建構好以後，可以試試用較為複雜的背景音樂，也就是引導者可以試著把現場音樂改為播放性音樂。因為當音樂是採取播放形式時，音樂是無法像現場彈奏一樣彈性，無法視個體當下狀況而調整速度、音量、力度或音樂的長度。所以，引導者需要先協助個體建立活動十的能力，才能進入此活動。當音樂改為播放方式時，個體需要配合音樂的速度敲奏，不再像之前的訓練是由引導者配合個體的狀況做調整，相對也算是一種之前活動成果的評估，可觀察個體在現場音樂和播放性音樂的差異性。

2. 建議引導者在一開始時，要先播放整首音樂讓個體聆聽，與個體一起欣賞該首音樂曲子，且在這個聆聽過程中需要專心聽音樂，稍後會有問題要提問。

3. 引導者和個體在聽完整首音樂之後，需要詢問個體聽到什麼聲音，再視其回答內容做討論。

4. 此首音樂有整段式撥放的方式，第一次先一起聽音樂，引導者再詢問有沒有聽到不一樣的聲音，聽起來是低低的，如果不懂，引導者可以給予聲音提示，也就是引導者可以模仿撥放的聲音（像是ㄅㄥ-ㄅㄥ-ㄅㄥ-ㄅㄥ）。

5. 以範例做說明，撥放的聲音一開始是一拍一拍的固定拍，再逐漸轉

為長拍和短拍交錯的節奏。

6. 又或是第一次大家先一起聆聽後，引導者直接告訴個體主要要跟隨的聲音，再進行第二次聆聽並分解與指出聲音。

7. 隨之再開始活動，一開始只需要先進行 1～2 小節，確定個體了解所要聽的聲音之後，再逐漸增加，從 1/4 首旋律到 1/2 首旋律的增加，再慢慢擴展到整首曲子。由少到多慢慢增加也比較能建立個體參與活動的動機和自信心，避免個體在活動中的挫折感而拒絕投入練習活動。

8. 因為從活動十所使用的是現場音樂，到活動十一所使用的是播放性音樂，此時個體需要適應聆聽音樂方式的不同，也可能會想等等自己要獨立拍奏的想法下，轉換過程可能會產生情緒，不願意配合或是拒絕參與。

9. 因此，筆者建議引導者在這個過程要和個體一起進行練習，而不是在旁邊看著個體練習。因為對個體而言，陪伴也是讓其願意投入活動的重要因素。引導者需要等到個體能力較為穩定下，才能放手，並告知個體「我相信你自己做得到」或「我相信你可以自己一邊聽音樂一邊拍鼓」。若是個體因為擔憂而不願意自己練習，引導者必須要避免負向或是否定性語言。引導者可以與個體先訂定約定，例如：「我今天陪你一起練習，明天你要自己試試看喔！」

說明

　　音樂為聽覺刺激，但有兩種不同樂器音色的聽覺刺激，主要刺激為低沉的撥弦聲，次要刺激則為拉奏的提琴聲音。當進入到第一階段「感覺選擇歷程」時，個體須集中注意力並選擇聽撥弦的聲音敲鼓，

而過濾與忽略此首音樂主要的提琴旋律。這過程也需要分配性注意力同時邊聽邊敲。又因為提琴旋律是此首音樂的主旋律，音量會比撥奏的聲音大，因此個體需要非常集中自己的注意力在撥弦聲音上，過濾與抑制自己不被主旋律所吸引。當個體習慣穩定的一拍一拍敲奏後，突然的長短音交錯也考驗其廣度、警醒、覺醒和速度，也就是進入「初始注意力」階段。當進入「反應選擇歷程」的時候，除了上述能力會持續進行之外，注意力轉移能力也是必要的，例如：個體會被提琴聲音影響而想要聽聽提琴的聲音，但是並不會忘記要把注意力再轉回到原本的撥奏聲音上。在注意力歷程的最後階段為「持續注意歷程」，而所涵蓋的注意力元素為持續性和警戒二種能力。一項活動能夠被完整的執行到最後需要依賴警戒能力，此能力協助個體不會因為習慣而忽略該要接收的聲音，或是協助個體在需要時擷取主要刺激。當音樂旋律持續進行，暫停的撥奏聲音再次出現時，個體即可以立即反應與敲奏，直到音樂結束。

參考文獻

中文部分

毛佩琦（譯）（2014）。**0～4歲的兒語潛能開發寶典**（原作者：S. Ward）。臺北市：如何。（原著出版年：2004）

王心瑩（譯）（2013）。**迷戀音樂的腦**（原作者：D. J. Levitin）。臺北市：大家。（原著出版年：2007）

王立志（2010）。注意力缺陷過動症學生的聽覺注意力問題。**特殊教育季刊**，**114**，16-21。

王立志、張藝闡、何美慧（2011）。從注意力的成分探討學習障礙學生與注意力缺陷過動症學生在鑑定與教學上的迷思。載於中華民國特殊教育學會（主編），**2011年中華民國特殊教育學會年刊**（頁331-360）。臺北市：中華民國特殊教育學會。

王立志、楊憲明（2008）。提高信噪比對注意力缺陷過動症學生遵守指令、持續性注意力以及短期記憶的影響。**特殊教育與復健學報**，**19**，51-89。

王欣宜、王淑娟、吳亭芳、沈慶盈、林寶貴、邱滿艷……簡明建（2016）。**特殊教育理論與實務**（第五版）。臺北市：心理。

朱穎君、陶振超（2011）。你玩的遊戲決定你看的廣告：以知覺負載理論探討遊戲內置廣告效果。「2011年中華傳播學會年會學術研討會」發表之論文，國立交通大學竹北六家校區客家文化學院。

江淑蓉、彭雅凌、姜忠信、林家慶（2012）。共享式注意力多元介入方案療效研究：三名學前中高功能自閉症男童的探究。**特殊教育研究學刊**，**37**（2），59-84。

江源泉（2006）。從聽障的口語復健目標看助聽器材的「不能」。**特教論壇，創刊號**，1-11。

何美慧（2010）。前言：注意力缺陷／過動症學生的注意力教學。載於鄭榗蓁（主編），**注意力不足過動症教戰手冊：專注力訓練教材**。臺南市：臺南市政府。

吳孟窈、楊艾倫、徐宛伶、張嘉真、蔡妙慧、蘇佳廷（2007）。中文化感覺訊息處理評估表（第四版）在臺灣應用之信度與效度。**職能治療學會雜誌，25**（1），12-33。

吳瑞美（2013 年 12 月）。*Gait disorders in neurodegeneratives: Clinical characteristics and different diagnosis*。「2013 Unio Symposium」發表之論文，臺北市喜來登大飯店二樓瑞穗園。

吳端文（2013）。**感覺統合**。臺北市：華都文化。

呂怡萱、蔡振家（2009）。從神經科學的觀點探討動作想像對於音樂演奏的重要性。**關渡音樂學刊，11**，175-190。

李仁豪、葉素玲（2004）。選擇注意力：選空間或物體。**應用心理研究，21**，165-194。

李玉琇、蔣文祁（譯）（2010）。**認知心理學**（第五版）（原作者：R. J. Sternberg）。臺北市：雙葉書廊。（原著出版年：2009）

李宏鎰（2007）。注意力不足型 ADHD 成人之學習策略。**中華心理衛生學刊，20**（4），317-341。

李宏鎰、趙家嬅、黃淑琦、蔡靜怡（2006）。注意力缺陷過動症之注意力系統初探。**特殊教育季刊，101**，17-24。

李芃娟（2012）。**聽覺障礙**。臺南市：國立臺南大學特殊教育中心。

李惠蘭（2015）。居家介入自閉症幼兒社會性趨向與共享式注意力有效策略。**特殊教育季刊，134**，1-8。

汪彥青（編）（2002）。**音樂治療：治療心靈的樂音**。臺北市：先知文化。

阮啟弘、呂岱樺、劉佳蓉、陳巧雲（2005）。視覺注意力的研究議題與神經生理機制。**應用心理研究**，**28**，25-50。

周曉琪（譯）（2014）。**專注的力量**（原作者：D. Goleman）。臺北市：時報。（原著出版年：2013）

孟瑛如、陳季翎、謝瓊慧（2013）。國小階段注意力缺陷過動症學生行為特徵調查研究。**特教論壇**，**14**，40-56。

孟瑛如、簡吟文（2016）。**孩子可以比你想得更專心：談注意力訓練**（第二版）。新北市：心理。

孟瑛如、簡吟文、陳虹君（2016）。**K～9 注意力缺陷過動症學生行為特徵篩選量表**。新北市：心理。

孟瑛如、簡吟文、陳虹君、張品穎、周文聿（2014）。**電腦化注意力診斷測驗**。新北市：心理。

林朱彥（2009）。幼兒聽覺與音樂能力發展知多少。**國教之友**，**60**（1），37-44。

林朱彥、陳靜雯、崔梓渝（2007）。幼兒音樂概念發展學習與多感官教學遊戲應用初探。**崑山科技大學學報**，**4**，81-96。

林宜親、李冠慧、宋玟欣、柯華葳、曾志朗、洪蘭、阮啟弘（2011）。以認知神經科學取向探討兒童注意力的發展和學習之關聯。**教育心理學報**，**42**（3），517-542。

林芳如（2012）。淺談執行功能及其在特殊教育上的應用。**國小特殊教育**，**54**，23-32。

林芳蘭（2014）。音樂經驗的豐富多樣性強化發展遲緩兒童的學習。「第十四屆發展遲緩兒童早期療育國際論文發表大會」發表之論文，新北

市政府。取自 http://www.caeip.org.tw/modules/AMS/index.php? storyto-
pic=20

林孟穎、劉俊榮、羅豪章、曹傑漢、劉樹玉、蘇茂昌（2012）。聽覺損傷
兒童在線上音樂聽能訓練平台的表現：試探性研究。**台灣聽力語言學
會雜誌，28**，49-74。

林迺超（2009）。自閉症光譜障礙與注意力缺陷過動症共病現象之探討。
特殊教育季刊，111，18-25。

林惠芬（2009）。智能障礙者之教育，載於許天威、徐享良、張勝成（主
編），**新特殊教育通論**（頁133-158）。臺北市：五南。

林鋐宇（2009）。注意力缺陷過動症學童注意力問題的亞型探究。**職能治
療學會雜誌，27**（2），49-63。

林鋐宇（2011）。**國小兒童注意力量表**。臺北市：中國行為科學社。

林鋐宇、周台傑（2010）。國小兒童注意力測驗之編製。**特殊教育研究學
刊，35**（2），29-53。

林鋐宇、張文典、洪福源（2011）。注意力的神經生理機制。**身心障礙研
究，9**（2），123-134。

林鋐宇、劉國政、張文典、洪福源（2012）。特殊需求學生之注意力表現
探究。**身心障礙研究，10**（3），179-195。

林寶貴（2015）。**聽覺障礙者的特質**。取自 http://disable.yam.org.tw/life/65

花茂棽、楊啟正、王瑋瀚、余睿羚、楊政璋、徐晏萱、邱建業（2011）。
神經心理在腦與心智醫學的應用。**臺灣醫學，15**，391-397。

施淳俐、陳譽齡、陳嘉玲（2012年10月）。**音樂遊戲團體對自閉症兒童
注意力行為影響之個案研究**。「第九屆發展遲緩兒童早期療育國際論
文發表大會」發表之論文。取自 http://www.caeip.org.tw/modules/AMS/
article.php?storyid=346

洪榮照、蒲筠姍（2009）。情緒障礙與音樂治療。**特殊教育與輔助科技，3**，1-5。

商志雍、高淑芬（2011）。注意力不足過動症：從行為表現型到內在表現型與基因型。**台灣醫學，15**（4），375-383。

許正典（2014）。**大人也有閃神的時候：終止注意力不集中與 3 分鐘熱度的症頭！**臺北市：晶冠。

崔恒武、章士正、狄海波、劉海、祝一虹、張峭巍……陳宜張（2005）。音樂家與非音樂家的核磁共振腦功能成像研究。**浙江大學學報（醫學版），34**（4），326-330。

張乃文（2007）。音樂治療與腦中風。**腦中風會訊，14**（3），16-17。

張世彗、洪雅慧、孔淑萱、詹士宜、梁碧明、胡永崇、吳訓生（譯）（2012）。**學習障礙與其他障礙學習困難**（原作者：J. W. Lerner & B. Johns）。臺北市：華騰。（原著出版年：2011）

張春興（2013）。**教育心理學：三化取向的理論與實踐**（第二版）。臺北市：東華。

教育大辭書（2012 年 10 月）。國家教育研究院：**雙語詞彙、學術名詞暨辭書資訊網**。取自 http://terms.naer.edu.tw/detail/1453920/

教育部（2013）。**身心障礙及資賦優異學生鑑定辦法**。臺北市：作者。

曹純瓊、郝佳華、梁真今、董瑞林（譯）（2015）。**注意力不足過動症、學習障礙、自閉症類群障礙、妥瑞氏症、焦慮症以及更多：混合症候群的輔導指引**（原作者：M. L. Kutscher, T. Attwood, & R. R. Wolff）。臺北市：華騰。（原著出版年：2014）

符碧真（2012）。設計一堂精彩的課程：善用教學曲線安排教學流程。取自 http://ctld.ntu.edu.tw/_epaper/news_deta il.php? nid=183

郭乃文（2003）。以 **Cohen** 認知神經心理學概念探討注意力功能測量研究

（未出版之博士論文）。國立臺灣大學，臺北市。

郭俊弘（2007）。聽覺障礙學生在融合教育環境之探究。**聲暉雙月刊**，6-17。

郭美女（1999）。兒童的音樂聆聽：感知和再現。**台東師院學報**，**10**，173-200。

郭美滿（2012）。高登診斷系統（GDS）之初探。**國小特殊教育**，**54**，1-12。

陳正雄（2008）。曲式篇（二）。**臺灣月刊雙月電子報**。

陳秀佩（2011）。感覺統合訓練實例分享。**新北市學前特教季刊**。新北市：新北市學前特殊教育資源中心。

陳姿瑾、殷細芸、楊靜怡、吳柱龍（2014）。以功能性評量與介入國中輕度智能障礙學生上課不專注行為。**特殊教育與輔助科技**，**11**，46-51。

陳烜之（2007）。**認知心理學**。臺北市：五南。

陳淑瑜（2011）。創作音樂治療的理論和應用。**國小特殊教育**，**51**，41-50。

陳淑瑜（2013）。特殊兒童音樂治療之音樂選擇和樂器應用。**國小特殊教育**，**56**，17-40。

陳淑瑜（2014）。音樂治療應用於特教老師職業倦怠與工作壓力之探究。**特殊教育發展期刊**，**57**，1-12。

陳惠琴、楊憲明（2008）。國小學童文本朗讀速度之分析研究。**特殊教育與復健學報**，**18**，1-30。

陳惠華、郭紘嘉、曾麗蓉（2011）。學習傳統武術對提昇學童專注力之影響。**北台運動休閒學刊**，**4**，10-27。

陳湘淳、蔣文祈（2011）。注意力控制在工作記憶發展中的角色（1）。**應用心理研究**，**52**，95-127。

陶振超（2011）。媒介訊息如何獲得注意力：突出或相關？認知取徑媒體研究之觀點。**新聞學研究，107**，245-290。

曾美惠（2004）。我的孩子怎麼會這樣～一種隱藏的障礙：談感覺統合障礙和治療。**醫學教育通訊，28**。

曾美惠、陳姿蓉（譯）（2008）。**感覺處理能力剖析量表（中文版）使用手冊**（原作者：W. Dunn）。臺北市：中國行為科學社。（原著出版年：1999）

游婉雲、陶振超（2009）。**從視覺顯著與習慣化探討陳列式廣告注意力效果**。「未來的傳播‧傳播的未來：2009 年中華傳播學會年會學術研討會」發表之論文，玄奘大學。

游婷雅（譯）（2009）。**兒童發展：以生物、心理與社會架構探討兒童的發展**（原作者：R. V. Kail & J. C. Cavanaugh）。臺北市：洪葉文化。（原著出版年：2006）

鈕文英（2003）。**啟智教育課程與教學設計**。新北市：心理。

黃秉紳（2006）。運用專注力提升國小學童學習自我效能之研究。**網路社會學通訊期刊，56**。2016 年 2 月 16 日，取自 http://www.nhu.edu.tw/~society/ei.htm

黃惠聲（2011）。感覺統合面面觀。**新北市學前特教季刊**。新北市：新北市學前特殊教育資源中心。

黃慧娟（2013）。融入式音樂活動教學於幼兒專注力訓練課程之探究。**幼兒保育學刊，10**，137-149。

楊文麗、葉靜月（譯）（2003）。**兒童注意力訓練手冊**（原作者：G. W. Lauth & P. F. Schlottke）。臺北市：張老師文化。（原著出版年：2002）

楊文麗、葉靜月（譯）（2016）。**專注力：幫助孩子更輕鬆有效學習──**

決定孩子學習成敗的關鍵（原作者：P. Thorbrietz）。臺北市：親子天下。（原著出版年：2007）

楊坤堂（2000）。**注意力不足過動異常：診斷與處遇**。臺北市：五南。

楊宗仁（2006）。提升注意力的訓練方法。**國語日報**，19-21。

楊雅婷、陳奕樺（2014）。認知策略、心情沉靜狀態、課室專注力與學業成就之關聯：以臺灣一所高級職業學校為例。**教育學報**，**42**（2），23-50。

溫卓謀（1999）。視覺注意力分配彈性之探討：以男女排球舉球員、攻擊手與非運動員為析論對象。**臺東師院學報**，**10**，215-236。

葉品陽、陳彰惠、吳景寬、粘晶菁（2014）。使用大腦神經科學協助教師改善單純注意力缺乏兒童的學習問題。**特殊教育季刊**，**131**，13-21。

詹元碩（2015）。**每天 15 分鐘，動出孩子的專注力**。臺北市：新手父母。

詹雅雯、陳信昭、郭乃文（2006）。注意力缺失／過動疾患不注意型與合併型之多面向注意力功能分析。**臨床心理學刊**，**3**（2），85-92。

鄒啟蓉（2015）。自閉症兒童非語言溝通能力及與表達性詞彙發展關係研究。**特殊教育研究學刊**，**40**（3），1-26。

廖月娟（譯）（2008）。**腦袋裝了 2000 齣歌劇的人**（原作者：O. Sack）。臺北市：天下文化。（原著出版年：2007）

廖御圻、郭乃文、陳信昭（2015）。以神經生理回饋為主之神經心理治療對改善注意力監控之療效研究：以注意力缺陷／過動疾患兒童為例。**教育心理學報**，**47**（2），281-304。

翟敏如、謝妃涵（2010）。你家寶寶總是分心嗎？淺談幼兒注意力。**幼教資訊**，**234**，38-40。

劉佳蓉（2006）。注意力分配及眼球運動準備歷程對於眼動潛伏時間與眼

動軌跡的影響（未出版之碩士論文）。國立中央大學，桃園市。

劉樹玉（2003）。有聽沒有到？兒童聽知覺障礙大解惑。**自由時報**。取自 http://old.ltn.com.tw/2003/new/may/24/life/medicine-1.htm

劉瓊瑛（譯）（2009）。**亞斯伯格症進階完整版：寫給家長、患者和專業 人員的完全手冊**（原作者：T. Attwood）。臺北市：智園。（原著出 版年：2007）

蔡振家（2013）。**音樂認知心理學**。臺北市：國立臺灣大學出版中心。

蔡鴻儒（2012）。從感覺調節的觀點看身心障礙兒童的刻板動作。**身心障 礙研究，10**（2），99-114。

鄧兆軒、陳淑瑜（2009）。**奧福音樂治療活動對國小輕度智能障礙兒童不 專注行為之影響**。「研究與實務的對話：2009 特殊教育暨早期療育 論文研討會」發表之論文，臺北市立教育大學。

鄭立群（2005）。**發展性音樂治療對國小 ADHD 兒童注意力教學成效之 研究**（未出版之碩士論文）。臺北市立教育大學，臺北市。

鄭昭明（2010）。**認知心理學：理論與實踐**。臺北市：學富。

鄭麗玉（2006）。**認知心理學：理論與應用**。臺北市：五南。

蕭瑞玲（2015）。了解視知覺，建構讀譜能力。**國語日報**。取自 http:// mdnkids.com/specialeducation/detail.asp? sn=1205

簡吟文（2008）。**注意力訓練對國小學習障礙學生在課堂學習時注意力影 響之探討**（未出版之碩士論文）。國立新竹教育大學，新竹市。

嚴慧珍（譯）（2011）。**不怕孩子少根筋：輕鬆克服感覺統合障礙**（原作 者：C. S. Kranowitz）。臺北市：智園。（原著出版年：2006）

英文部分

Adams, J. N., Feldman, H. M., Huffman, L. C., & Loe, I. M. (2015). Sensory processing in preterm preschoolers and its association with executive function. *Early Hum Dev., 91*(3), 227-33. doi: 10.1016/j.earlhumdev.2015.01.013

Aigen, K. (2005a). Being music: Foundations of Nordoff-Robbins music therapy. In *Nordoff-Robbins music therapy monograph* (Series #1). St. Louis, MO: MMB Music.

Aigen, K. (2005b). *Music-centered music therapy*. Gilsum, NH: Barcelona Publishers.

American Music Therapy Association [AMTA] (2016, July 5). *What is music therapy*? Retrieved from http://www.musictherapy.org/

American Speech-Language-Hearing Association [ASHA] (1993). *Definitions of communication disorders and variations* [Relevant Paper]. Available from http://www.asha.org/policy

Balkenius, C. (2000). Attention, habituation and conditioning: Toward a computational model. *Cognitive Science Quarterly, 1*(2), 171-214.

Barkley, R. A. (1997). Behavioral inhibition, sustained attention, and executive function: Constructing a unifying theory of ADHD. *Psychological Bulletin, 121*(1), 65-94.

Barkley, R. A. (2001). The executive functions and self-regulation: An evolutionary neuropsychological perspective. *Neuropsychol Rev, 11*(1), 1-29.

Barkley, R. A. (2003). Issues in the diagnosis of attention-deficit/hyperactivity disorder in children. *Brain & Development, 25*(2), 77-83.

Barkley, R. A., & Murphy, K. R. (2006). *Attention-deficit hyperactivity disorder: A clinical workbook* (3rd ed.). New York, NY: Guilford Press.

Berger, D. S. (2002). *Music therapy, sensory integration and the autistic child*. London, UK: Jessica Kingsley.

Biederman, J., Spencer, J., Petty, C., Hyder, L. L., O'Connor, K. B., Surman, C. B. et al. (2012). Severity of the aggression/anxiety-depression/attention (A-A-A) CBCL profile discriminates between different levels of deficits in emotional regulation in youth with ADHD. *J Dev Behav Pediatr, 33*(3), 236-243. doi:10.1097/DBP.0b013e3182475267

Boxill, H. (1985). *Music therapy for the developmentally disabled.* Austin, TX: Pro-ed.

Brunk, B. K. (2004). *Music therapy: Another path to learning and communication for children on the autism spectrum.* Arlington, TX: Future Horizons.

Bruscia, K. E. (1998). *Define music therapy* (2nd ed.). Gilsum, NH: Barcelona Publishers.

Campbell, T. A. (2015). A theory of attentional modulations of the supratemporal generation of the auditory mismatch negativity (MMN). *Frontiers in Human Neuroscience, 8.* doi:10.3389/fnhum.2014.01065

Castle, P., & Buckler, S. (2009). *How to be a successful teacher: Strategies for personal and professional development.* London, UK: Sage.

Chermak, G. (2010). Music and auditory training. *The Hearing Journal, 63*(4), 57-58.

Darrow, A. A. (Ed.) (2008). *Introduction to approaches in music therapy* (2nd ed.). Silver Spring, MD: American Music Therapy Association.

Davis, W. B., Gfeller, K. E., & Thaut, M. H. (2008). *An introduction to music: Therapy theory and practice* (3rd ed.). Dubuque, IA: McGraw-Hill.

Dezfoolian, L., Zarei, M., Ashayeri, H., & Looyeh, M. Y. (2013). A pilot study on the effects of Orff-based therapeutic music in children with autism spectrum disorder. *Music and Medicine, 5*, 162-168. doi:10.1177/ 1943862113491502

Diamond, D. M. (2005). Cognitive, endocrine and mechanistic perspective on non-liner relationships between and brain function. *Nonlinearity in Biology, Toxicology, and Medicine, 3*, 1-7. doi: 10.2201/nonlin.003.01.001

Dunn, W. (2007). Supporting children to participate successfully in everyday life by using sensory processing knowledge. *Infant & Young Children, 20*(2), 84-101.

Edwards, J., & Noone, J. (2015). Developmental music therapy. In *The Oxford handbook of music therapy*. doi: 10.1093/oxfordhb/9780199639755.013.40

Eysenck, M. W. (2004). *Psychology an international perspective*. Hove, UK: Psychology Press.

Fernandez-Duque, D., & Johnson, M. L. (2002). Cause and effect theories of attention: The role of conceptual metaphors. *Review of General Psychology, 6*(2), 153-165.

Gaser, C., & Schlaug, G. (2003). Brain structures differ between musicians and non-musicians. *The Journal of Neuroscience, 23*(27), 9240-9245.

Geist, K., & Geist, K. (2012). Bridging musical neuroscience evidence to music therapy best practice in the early childhood classroom: Implication for using rhythm to increase attention and learning. *Music Therapy Perceptive, 30*(2), 141-144.

Geraldine, D., Toth, K., Abbott, R., Osterling, J., Munson, J., Estes, A., & Liaw, J. (2004). Early social attention impairments in autism: Social orienting, joint attention, and attention to distress. *Developmental Psychology, 40*(2), 271-283.

Ghanizadeh, A. (2011). Sensory processing problems in children with ADHD: A systematic review. *Psychiatry Investigation, 8*(2), 89-94.

Goodwin, D. M. (1989). *A dictionary of neuropsychology*. New York, NY: Spring-

参考文献

er-Verlag.

Gottlieb, J. (2012). Attention, learning and the value of information. *Neuron, 76*(2), 281-295.

Guiraud, J. A., Kushnerenko, E., Tomalski, P., Davies, K., Ribeiro, H. et al. (2011). Differential habituation to repeated sounds in infants at high risk for autism. *Neuroreport, 22*, 845-849.

Hachinski, K. V., & Hachinski, V. (1994). Music and the brain. *CMA J., 151*(3), 293-296.

Hanser, S. B. (2000). *The new music therapist's handbook*. Boston, MA: Berklee Press.

Hart, H., Radua, J., Nakao, T., Mataix-Cols, D., & Rubia, K. (2013). Meta-analysis of functional magnetic resonance imaging studies of inhibition and attention in attention-deficit/hyperactivity disorder exploring task-specific, stimulant medication, and age. *JAMA Psychiatry, 70*(2), 185-198.

Ho, Y. C., Cheung, M. C., & Chan, A. S. (2003). Music training improves verbal but not visual memory: Cross-sectional and longitudinal explorations in children. *Neuropsychology, 17*(3), 439-450.

Hodges, D. A. (1996). *Handbook of music psychology* (2nd ed.). San Antonio, TX: IMR Press.

Hudziak, J. J. et al. (2014). Cortical thickness maturation and duration of music training: Health-promoting activities shape brain development. *J Am Acad Child Adolesc Psychiatry, 53*(11), 1153-1161.

Hyde, K. L., Lerch, J., Norton, A., Forgeard, M., Winner, E., Evans, A. C., & Schlaug, G. (2009). Musical training shapes structural brain development. *The Journal of Neuroscience, 29*(10), 3019-3025.

Jackson, N. A. (2003). A survey of music therapy methods and their role in the treatment of early elementary school children with ADHD. *Journal of Music Therapy, 40*(4), 302-323.

Jacqueline, S. P. (2000). *Music therapy: An introduction* (2nd ed.). Springfield, IL: Charles C. Thomas.

Jansiewicz, E. M., Newschaffer, C. J., Denckla, M. B., & Mostofsky, S. H. (2004). Impaired habituation in children with attention deficit hyperactivity disorder. *Cognitive and Behavioral Neurology, 17*(1), 1-8. doi:10.1097/00146965-200403000-00001

Javan, A. T., Framarzi, S., Abedi, A., & Nattaj, F. H. (2013). Effectiveness of rhythmic play on the attention and memory functioning in children with mild intellectual disability (MID). *International Letters of Social and Humanistic Sciences, 17*, 9-21.

Kahneman, D. (1973). *Attention and effect*. Engleword Cliffs, NJ: Prentice-Hall.

Kavšek, M., & Bornstein, M. H. (2010). Visual habituation and dishabituation in preterm infants: A review and meta-analysis. *Res Dev Disabil., 31*(5), 951-975.

Kennelly, J., & Brien-Elliott, K. (2001). The role of music therapy in pediatric re-habilitation. *Pediatric Rehabilitation, 4*(3), 137-143.

Kern, P., & Humpal, M. (2012). *Early childhood music therapy and autism spectrum disorders: Developing potential in young children and their families*. London, UK: Jessica Kingsley.

Kid Sense Child Development (2016, July 6). *Self regulation*. Retrieved from http://www.childdevelopment.com.au/areas-of-concern/self-care/153

Kiefer, M. (2007). Top-down modulation of unconscious "automatic" processes:

A gating framework. *Advances in Cognitive Psychology, 3*(1-2), 289-306.

Kiefer, M. (2012). Executive control over unconscious cognition: Attentional sensitization of unconscious information processing. *Front. Hum. Neurosci., 6,* 61. doi:10.3389/fnhum.2012.00061

Knox, R., Yokota-Adachi, H., Kershner, J., & Jutai, J. (2003). Musical attention training program and alternating attention in brain injury: An initial report. *Music Therapy Perspective, 21*(2), 99-104.

Kraus, N., & Chandrasekaran (2010). Musical training for the development of auditory skills. *Nature Reviews Neuroscience, 11*, 599-605.

Krause, M. B. (2015). Pay attention!: Sluggish multisensory attentional shifting as a core deficit in developmental dyslexia. *Dyslexia, 21*(4), 285-303. doi: 10.1002/dys.1505. Epub 2015 Sep 3

Lathom-Radocy, W. B. (2002). *Pediatric music therapy*. Springfield, IL: Charles C. Thomas.

Lavie, N. (2005). Distracted and confused? Selective attention under load. *Trends in Cognitive Sciences, 9*, 75-82.

Lavie, N., Beck, D. M., & Konstantinou, N. (2014). Blinded by the load: Attention, awareness and the role of perceptual load. *Philosophical Transactions of the Royal Society B, 369*. Retrieved from http://dx.doi.org/10.1098/rstb.2013.0205

Madsen, C. K. (1999). *A behavioral approach to music therapy*. Clifford Madsen's talk in the plenary session "Five International Models of Music Therapy Practice", held at the IX World Congress of Music Therapy 1999, Washington, DC.

Malhotra, P., Coulthard, E. J., & Husain, M. (2009). Role of right posterior parietal cortex in maintaining attention to spatial locations over time. *Brain, 132*, 645-660. doi:10.1093/brain/awn350

Massa, J., & O'Desky, I. H. (2012). Impaired visual habituation in adults with ADHD. *J Atten Disord, 16*(7), 553-561. doi: 10.1177/1087054711423621. Epub 2011 Dec 12.

Maunsell, J. H. R., & Cook, E. P. (2002). The role of attention in visual processing. *Philosophical Transactions of the Royal Society of London Series B, Biological Sciences, 357*, 1063-1072. doi: 10.1098/rstb.2002.1107

Merriam-Webster's Medical Dictionary (2015, December 23). *Cognitive psychology*. Retrieved from http://www.merriam-webster.com/medical/cognitive%20psychology

Miller, L. J., Nielsen, D. M., & Schoen, S. A. (2012). Attention deficit hyperactivity disorder and sensory modulation disorder: A comparison of behavior and physiology. *Research in Developmental Disabilities, 33*, 804-818.

Miller, L. J., Reisman, J. E., McIntosh, D. N., & Simon, J. (2003). An ecological model of sensory modulation: Performance of children with Fragile X syndrome, autism, attention deficit/hyperactivity disorder and sensory modulation dysfunction. In S. Sniith-Roley, E. I. Blanche, & S. R. C. Schaaf (Eds.), *Understanding the nature of sensory integration with diverse populations* (pp. 57-88). San Antonio, TX: Psychological Corporation.

Navab, A., Gillespie-Lynch, K., Johnson, S. P., Sigman, M., & Hutman, T. (2011). Eye-tracking as a measure of responsiveness to joint attention in infants at risk for autism. *Infancy*, 1-16.

Overy, K. (2000). Dyslexia, temporal processing and music: The potential of music as an early learning aid for dyslexic children. *Psychol Music, 28*, 218-229.

Owen, J. P. et al. (2013). Abnormal white matter microstructure in children with sensory processing disorder. *NeuroImage: Clinical, 2*, 844-853.

Park, M. (2013). Multi-dimensional analysis of dynamic human information interaction. *Information Research, 18*(1), 566. Retrieved from http://Information-R.net/ir/18-1/paper566.html

Petersen, S. E., & Posner, M. (2012). The attention system of the human brain: 20 years after. *Annu Rev Neurosci., 35,* 73-89. doi:10.1146/annurev-neuro-062111-150525

Quinlan, P., & Dyson, B. (2008). *Cognitive psychology*. Harlow, UK: Pearson.

Radocy, R. E., & Boyle, J. D. (2012). *Psychological foundations of musical behavior* (5th ed.). Springfield, IL: Charles C. Thomas.

Robb, S. L. (2000). The effect of therapeutic music intervention on the behavior of hospitalized children in isolation: Developing a contextual support model of music therapy. *Journal of Music Therapy, 37*(2), 118-146.

Rueda, M. R., Checa, P., & Cómbita, L. M. (2011). Enhanced efficiency of the executive attention network after training in preschool children: Immediate changes and effects after two months. *Developmental Cognitive Neuroscience, 2*(1), 192-204. doi:10.1016/j.dcn.2011.09.004

Ruud, E. (2008). Music in the therapy: Increasing possibilities for action. *Music and Arts in Action, 1*(1), 46-60.

Sarter, M., Givens, B., & Bruno, J. (2001). The cognitive neuroscience of sustained attention: Where top-down eets bottom-up. *Brain Research Reviews, 35,* 146-160.

Schlaug, G., Norton, A., Overy, K., & Winner, E. (2005). Effects of music training on the child's brain and cognitive development. *Annals of the New York Acad-*

emy of Sciences, 1060(1), 219-230.

Scovel, M., & Gardstrom, S. (2012). *Music therapy within the context of psychot-herapeutic models*. Retrieved from http://ecommons.udayton.edu/mus_fac_pub/8

Serences, J. T., & Kastner, S. (2014). A multi-level account of selective attention. In K. Nobre & S. Kastner (Eds.), *Oxford handbook of attention* (pp. 76-104). Oxford, UK: Oxford University Press

Sirpal, B. (2013). *Children & age-appropriate attention spans*. Retrieved from http://www.speechtherapycentres.com/blog/2013/03/05/children-and-age-appropriate-attention-spans/

Stephenson, J. (2006). Music therapy and the education of students with severe di-sabilities. *Education and Training in Developmental Disabilities, 41*(3), 290-299.

Sternberg, R. J., Jarvin, L., & Grigorenko, E. L. (2010). *Explorations in giftedness*. Cambridge, MA: Cambridge University Press.

Sterr, A. M. (2004). Attention performance in young adults with learning disabili-ties. *Learning and Individual Difference, 14*, 125-133.

Surujlal, J. (2013). Music and dance as learning interventions for children with in-tellectual disabilities. *Mediterranean Journal of Social Sciences, 4*(10), 68-75. doi:10.5901/mjss.2013.v4n10p68

Sze, S., & Yu, S. (2004). *Effects of music therapy on children with disabilities*. Proceedings of the 8th Annual International Cognitive and Music Perception Conference, Evanston, IL.

Tasker, S. L., & Schmidt, L. A. (2008). The dual usage problem in the explanations of joint attention and children's socioemotional development: A reconceptualization. *Developmental Review, 28*(3), 263-288.

Thaut, M. H. (2005). *Rhythm, music and the brain*. New York, NY: Taylor & Francis Group.

Thaut, M. H. (2008). *Rhythm, music, and the brain: Scientific foundations and clinical applications*. New York, NY: Routledge.

Thaut, M. H., & Abiru, M. (2010). Rhythmic auditory stimulation in rehabilitation of movement disorders: A review of current research. *Music Percept, 27*(4), 263-269. doi:10.1525/mp.2010.27.4.263

Thaut, M. H., McIntosh, G. C., & Hoemberg, V. (2015). Neurobiological foundations of neurologic music therapy: Rhythmic entrainment and the motor system. *Front. Psychol*. Retrieved from http://dx.doi.org/10.3389/fpsyg.2014.01185

The Geisel School of Medicine at Dartmouth (2013). Cellular mechanisms for attention in brain uncovered. *Science Daily*. Retrieved April 9, 2016, from https://www.sciencedaily.com/releases/2013/07/130726121610.htm

Turk-Browne, N. B., Scholl, B. J., & Chun, M. M. (2008). Babies and brains: Habituation in infant cognition and functional neuroimaging. *Frontiers in Human Neuroscience, 2*, 1-11.

Voigt, M. (2003). Orff music therapy: An overview. *Voices: A World Forum for Music Therapy, 3*(3). Retrieved November 21, 2013, from https://normt.uib.no/index.php/voices/article/view/134/110

Wan, Y. C., Rüber, T., Hohmann, A., & Schlaug, G. (2010). The therapeutic effects of singing in neurological disorders. *Music Percept, 27*(4), 287-295. doi:10.1525/mp.2010.27.4.287

Wigram, T., Pedersen, I. N., & Bonde, L. O. (2002). *A comprehensive guide to mu-*

sic therapy theory, clinical practice, research, and training. London, UK: Jessica Kingsley.

Witek, M. A. G., Clarke, E. F., Wallentin, M., Kringelbach, M. L., & Vuust, P. (2014). Syncopation, body-movement and pleasure in groove music. *PLOS ONE, 9*(4), e94446: doi:10.1371/journal.pone.0094446

Zimmer, M., & Desch, L. (2012). Sensory integration therapies for children with developmental and behavioral disorders. *The American Academy of Pediatrics, 129*, 6. Retrieved from http://pediatrics.aappublications.org/content/129/6/1186

筆記欄

國家圖書館出版品預行編目（CIP）資料

注意力交響樂：運用音樂活動改善孩子的注意力／
蕭瑞玲，孟瑛如著. --初版.-- 新北市：
心理，2016.10
面； 公分.--（障礙教育系列；63140）
ISBN 978-986-191-738-2（平裝）

1.學習障礙 2.注意力 3.音樂治療

529.69   105018562

障礙教育系列 63140

注意力交響樂：運用音樂活動改善孩子的注意力

作　　者：蕭瑞玲、孟瑛如
責任編輯：郭佳玲
總　編　輯：林敬堯
發　行　人：洪有義
出　版　者：心理出版社股份有限公司
地　　址：231 新北市新店區光明街 288 號 7 樓
電　　話：(02) 29150566
傳　　真：(02) 29152928
郵撥帳號：19293172 心理出版社股份有限公司
網　　址：http://www.psy.com.tw
電子信箱：psychoco@ms15.hinet.net
駐美代表：Lisa Wu（lisawu99@optonline.net）
排　版　者：辰皓國際出版製作有限公司
印　刷　者：辰皓國際出版製作有限公司
初版一刷：2016 年 10 月
初版二刷：2019 年 7 月
I S B N：978-986-191-738-2
定　　價：新台幣 350 元